★ ★ ★

Lingxiu fangliie lun

领袖方略论

王永生 著

人民出版社

封面题字:张　海

策划编辑:吴学金
责任编辑:李椒元　陈光耀
装帧设计:肖　辉
责任校对:文　正

图书在版编目(CIP)数据

领袖方略论/王永生著.-北京:人民出版社,2011.8
ISBN 978-7-01-010081-4

Ⅰ.①领…　Ⅱ.①王…　Ⅲ.①领导学　Ⅳ.①C933

中国版本图书馆 CIP 数据核字(2011)第 145974 号

领袖方略论
LINGXIU FANGLÜE LUN

王永生　著

人民出版社 出版发行
(100706　北京朝阳门内大街 166 号)

北京四环科技印刷厂印刷　新华书店经销

2011 年 8 月第 1 版　2011 年 8 月北京第 1 次印刷
开本:700 毫米×1000 毫米 1/16　印张:28.5
字数:234 千字　印数:00,001-10,000 册

ISBN 978-7-01-010081-4　定价:55.00 元

目　录
CONTENTS

序　言

　　国防大学副校长王永生中将的《领袖方略论》即将在人民出版社出版，这是作者继《用人方略论》、《领导方略论》、《决策方略论》、《创新方略论》、《智慧方略论》后的又一部力作。这本《领袖方略论》是在伯恩斯《领袖论》、尼克松《领袖们》等领袖论述后的又一部领袖专论。全书就领袖思想、领袖作用、领袖权威、领袖统御、领袖根性、领袖品类、领袖特质和领袖魅力八个方面作了有人有事、有理有据的精辟论述。突出了领袖思想的广袤内涵，展现了领袖人物的风骨和特质，反映了领袖作用的彪炳千秋，其中的"领袖的魅力在修行"所阐述领袖的"立志、立新、立性"、"立学、立识、立力"及"立功、立言、立德"，既囊括了古今中外的领袖修身之道，又结合时代特点予以了创新，是任何一个有志于做大事者的做人之道、成才之道、成功之道。

　　一个长期做领导工作的作者，能在人民出版社连续出版六部领导科学专著，在我的印象里是极少的，给人留下了至深的印象。出版内容从用人方略到领导方略、决策方略，再到创新方略和智慧方略，以至到最高的领袖方略。书中的体系性、系统性、全面性令人称道、令人佩服。作者从团职上校到师职大校再到军职少将，及大区副职中将，都能结合工作实际，进行理论创新、经验升华，好多一线领导干部喜读、愿读，特别是一些生动的案例都能深入浅出，越想越有味道，越悟越有道理，理性和实用性很强。《用人方略论》等五本专著已有二十几所大学和单位列入了教材及必读之书，有的已七次印刷，并收到了反响强烈、主动应用的效果，具有深邃性、生动性、指导性和操作性。这次我社将六本专著重新出版，构成领导科学的系列套书，也可以说是领导科学的一块瑰宝，想必会产生积极的效益。

永生将军六部专著的共同特点是：感情真，作者满怀对党的事业高度负责的真挚情感，每部专著都体现了党喜吾喜、党忧吾忧、党需吾办、党急吾寻的精神，每部书中引证的事例，憎爱分明、激浊扬清，而对每项方略，论之以理、述之以情、循循善诱、恐之不及。起点高，作者运用马克思主义的立场，密切联系实际，从建党、强军、爱国、为民的高度，研究、论证、探寻、创新各项方略，以弘扬优良、匡正时弊，锻铸优秀人格，推动社会文明建设。方略妙，妙在创新上，妙在实用上，妙在有用上。作者很重要的特点就是持之以恒的坚韧精神，《用人方略论》是1993年9月出版的，到《领袖方略论》出版，正好18年。十八度春秋，六部专著，全部诞生在作者领导岗位上的业余时间里，不去应酬，牺牲休闲。尤其是在高级领导位置上还能始终如一的笔耕不辍，应该说摆脱了工作繁忙的压力，摆脱了世俗观念生活的干扰。如果没有一种不抛弃不放弃精神和一干到底的恒心，是不可能完成如此重大领导科学系列方略的。

方略即方法，谋略，乃智慧和勇敢的结晶，当然有人品之光华。永生将军的六部方略，无疑是人生的大方略，是智慧的大才识、创新的大抱负、领导的大作为的体现。期待并坚信大方略给读者以启迪、动力、信念和成功。

黄书元

妨碍人们学习的最大障碍并不是未知的东西，而是已知的东西。

上好礼，则民莫敢不敬；
上好义，则民莫敢不服；
上好信，则民不敢不用情。

第一章　领袖思想

（一）举灯照亮的领袖思想

拭去历史尘埃，跨越时空叠嶂，领袖们傲然挺立伟岸，统御人间卓然不群。领袖思想对国家对国际社会产生着重大的影响，加速了历史发展、社会进步，是人民群众的精神支柱，是时代不可或缺的权威力量。

1. 领袖是思想统帅的放大者

领袖是一个国家集体利益的代表，是拥有影响力的人。领袖人物的个人思想，影响着国家的地位和声誉。领袖思想经过成功和失败的锤炼，形成的经验和教训，是思维能力的体现。领袖具有揭示事物发展规律，迅速找到应对之策的能力。亚里士多德说过：人是天生的政治动物。每一个人都要经历政治社会化的过程，从而在遗传和环境的双重影响下，形成自己独特的政治人格。领袖人物分为正面的和反面的，积极的和消极的。如列宁、毛泽东是正面的、积极的。而希特勒、东条英机是反面的、消极的。领袖思想的深邃力起着对客观物质世界的作用力，只有深邃的思想力，才能在革命实践中做出正确的决策，领袖的抉择影响着国家发展的战略。开国领袖的影响实质是开创力，毛泽东和邓小平，两位领袖不同的治国方略给中国带来了不同的影响力。毛泽东强调社会制度与意识形态的斗争，以意识形态的异同来决定国家关系。邓小平以经济建设为中心的战略，淡化国家之间意识形态的争论。毛泽东的丰功伟业，体现在中国革命始终有着思想上的高度自觉。创建新中国政权时，面对一穷二白，遭遇经济封锁，目标就是尽快赶超西方发达国家。毛泽东提出了著名的"球籍说"：我们这个国家建设起来，是一个伟大的社会主义国家，将完全改变过去一百多年落后的那种情况，被人家看不起的那种情况，倒霉的那种情况，而且会赶上世界上最强大的资本主义国家，就是美国。美国只有一亿七千万人口，我国人口比它多几倍，资源也丰富，气候条件跟它差不多，赶上是可能的。应不应该赶上呢？完全应该。你六亿人口干什么呢？在睡觉呀？是睡觉应该，还是做工作应该？如果说做工作应该，人家一亿七千万人口有一万万吨钢，你六亿人口不能搞它两万万吨，三万万吨钢呀？你赶不上，那你就没有理由，那你就不那么光荣，也就不那么十分伟大。美国建国只有一百八十年，它的钢在六十年前也只有四百万吨，我们比它落后六十年。假如我们再有五十年、六十年，就完全应该赶过它。这是一种责任。你有那么多人，你有那么一块大地方，资源那么丰富，又听说搞了社会主义，据说是有优越性，结果你搞了五六十年还不能超过美国，你像个什么样子呢？那就要从地球上开除你的球籍！所以，超过美国，不仅有可能，而且完全有必要，完全应该。如果不是这样，那中华民族就对不起全世界各民族，对人类的贡献就不大。从毛泽东看，社会主义制度的优越性在于解放了人，使每个人焕发出精神力量，这是使中国由贫穷走向富强的动力。领袖个人思想品格，影响国际政治秩序和政治态势的发展，而领袖个人价值观是选择哪一种可能性的决定因素。如中国抗日战争中期，汪精卫集团提出"亡国论"，选择了卖国求荣之路。而身处延安的毛泽东凭借深邃的思想力，提出了"持久战"的观点，成为中国抗日战争制胜的战略。国家是引申出国际制度的基石，地球上任何一个国家无论多么强大，都不能单独解决全球性的问题，必须依赖国际社会而发展。建立国际组织，遵循国际规则，维系世界和平是理性的选择。代表国家的领袖思辨能力、洞察能力、组织能力、协调能力是国际秩序孕育的智慧宝库和泉源。因此，领导人更替通常会促使国家发展战略和外交政策的重大调整，从而对国际秩序产生影响。国际关系可描绘成显赫人物或者他们构成的集团决策之过程。选择一个正确掌控国家这艘巨轮的舵手，是一个民族的幸事，也是世界民族的幸事。周恩来是20世纪世界政坛的风云人物，是新中国第一任总理，他的外交周旋能力和个人的魅力，对国际政治的深刻影响，在国际上享有崇高的声誉。胡锦涛以他理性稳健、刚柔并济的品格确定中国的国家战略为"和平发展"，用中国儒雅的方式和智慧化解各种矛盾，演绎和延续又好又快的经济传奇，对国内国际无疑都是和谐、共赢的积极因素。胡锦涛的策略运作能力世界瞩目，中国的综合国力和国际威望进一步提升，成为21世纪最有吸引力的发展中国家。他在论述党和人民群众的关系时，引用古训"乐民之乐者，民亦乐其乐；忧民之忧者，民亦忧其忧"，指出人心向背是决定一个政党、一个政权盛衰的根本因素。海外媒体评价：人们为中国政坛荡起这一清新之气怡然，而乐民之乐，民亦乐其乐，上下同心，举国共乐，则中国更上层楼可期。这对领袖的指导思想给予了高度的肯定。当今世界最大的国际组织"联合国"的建立，凝聚了罗斯福、丘吉尔、斯大林三巨头的外交智慧。1941 年 8 月 14 日，罗斯福、丘吉尔代表美、英在纽芬兰沃根基港维尔斯亲王号主力舰上签署的《大西洋宪章》和 1943 年 10 月中、苏、美、英代表在莫斯科会议上签署的四国《普遍安全宣言》，主要内容为：国家主权平等；会员资格普遍；维护国际和平与安全，是它的基础和方针。因而罗斯福、丘吉尔被美、英国民认定为最出色最引以为豪的国家领导人之一。就连世界上第一颗原子弹的研制，也是坐在轮椅上的罗斯福决定的。他深谋远虑，主张与大国合作并适当妥协，开始并不同意研制原子弹，后在爱因斯坦、萨克斯等科学家的利弊分析下，决定实施曼哈顿计划，六年后使美国有了对付德、日的杀手锏。还有，俄罗斯总统普京 2000 年上任后选择了不同于前任叶利钦的治国方略，不菲薄前苏联的历史，而是将俄罗斯的历史传统与当今的社会现实及未来的发展方向巧妙地糅合在一起，提出了能够为大多数俄罗斯精英与民众所接受的新俄罗斯思想。弘扬历史传统和爱国主义，放弃帝国思想，全面融入世界。俄每年 11 月 7 日举行十月革命胜利庆祝活动，让参加过二战的老兵走在阅兵式的最前面，目的就是弘扬俄罗斯的历史传统，将民众团结在爱国主义的旗帜下，重振俄罗斯的辉煌。普京务实、稳健、前瞻的思想风格使得他深得国人崇敬。

2. 领袖是思想指引的掌控者

领袖思想影响民族的凝聚力，领袖以思想影响社会，使自己的思想体系变成大众的行动，从而影响国家乃至国际政治。组织团结大家通过榜样的力量和激情的话语来激励队伍中的每一个人，不管旅途上有多少艰难险阻，都义无反顾，勇往直前。尼克松曾经说过，"历史确实有它自己的力量。如果掌权的领袖人物只是向空中伸出弄湿了的食指去试探民意的风向，历史就会不顾他们而按照自己的方向发展。但如果是由那些对未来能高瞻远瞩而又有能力左右国家的领袖人物执政，他们就能改变历史进程。这就是当历史成为荒无人烟的野地里的几条小路时，可以看到有一个人首先踏上一条小路，接着又说服别人跟着自己走。"尼克松进一步指出，"领袖人物当然要突出地走在百姓的前面。在国家该朝什么方向前进、为什么要这样前进、怎样达到目的地等问题上，要比老百姓有更清晰的认识。但是，领袖必须带领老百姓前进。如果吹起冲锋号之后，回头一看，没人跟上来，那就失去了意义。领袖必须做说服工作，要争取老百姓同意他提出的想法。在争取时要做耐心的说服工作，在这个过程中，就可以大量了解他们关心的是什么，对什么问题有保留，希望什么，害怕什么，而这些都是做领袖的应该处理的问题。"胜利由开始而来，开始由行动而来，开始是成功的一半，每个开始者都可能是成功者。英国的萨穆尔·斯迈尔斯说过，一个伟大的国家领袖在他身后留给国家的财富是，一个毫无瑕疵的生活楷模。英国前首相玛格丽特·撒切尔夫人在她任职期间曾说过："政府官员的政绩在于：给人们更多的自由，更加富裕，外交上享有更好的世界和平前景。"撒切尔夫人在国际舞台上耀眼生辉，她的精明和胆识令老谋深算的法国总统密特朗和财大气粗的西德总理科尔相形见绌。甚至连以第一强国为后盾的里根也让其三分。在国际舞台上，由于空间、时间的原因，人们很难去随意了解一个国家，但往往会从领袖人物的言行去领略该国的国家品格和国民性格。法国自 1958 年以来一直坚持独立自主的外交方针，是欧洲国家中反对美国单边主义最坚定的国家，由此赢得了国际社会的敬重。法国的这一外交立场起始于法兰西第五共和国的创建者戴高乐将军。战后法国政局很不稳定，短短的 12 年换了 23 任政府，社会动荡，国力衰退，内外交困，戴高乐主政后形成了新思想，制定了新宪法，赋予总统享有更大的权力，国内稳定了政权，走上独立自主的外交路线。领袖是引路人，走在队伍的最前面，为大家指明前进的方向，发挥了领袖思想的掌控作用，保障了国家发展和引路人的影响。1930 年 3 月 12 日，甘地与 78 名追随者一起，开始了通往丹迪海滩的历史性长征。数以千计的人们先后加入了这场长征。他们在 24 天中徒步 387 公里，于 4 月 6 日到达丹迪海滩。在这次挑衅英国殖民主义者的行动中，甘地拾起了一把海盐，这是一个被法律明令禁止的行动，并且还把盐放进了袋子里。"今天我们公开反抗食盐法"，甘地宣布，"明天我们会将其他的法令丢入废纸箱。我们将无比坚定地实践不合作，直至殖民者知道执行这些法律全无可能。"在那历史性的一天，在印度五千多个地方，五百多万人参加了甘地拒绝履行食盐法的行动。这项行动得到了英国殖民者、所有印度人甚至全世界其他国家人民的关注，并使得普通人开始严肃地思考印度的现实处境。在食盐长征运动中，甘地不只挑战了殖民政府，他也试图改变印度人的生活观念。他希望这起运动能带给印度人一次了解和学习的体验。在他看来，印度人需要变得更加勤劳，更加有责任感，才能够管理好自己的事务。甘地建议所有参与者每天写日记，记录下旅途中的重要发现与感受。日记启发人们思考食盐长征的目的与重要意义，使他们更加投入地投身运动中。甘地知道这将是场群情激越的游行，暴力事件很可能发生。为了避免暴力，长征开始的前四天，他召集那些将随他长征的人们，要求成千上万的人们立下反对暴力的庄严誓言。食盐长征运动在设计路线时，有意绕到偏远的村落经过无数大大小小的村庄后，最后才到达位于海边的盐场。途经每一个村落，居民成群结队地来朝拜甘地。他用这样的影响力，教育和号召人们加入到争取印度独立的斗争中来。甘地策划这些行动，不仅仅是在对付英国人，更是在教育自己的人民。食盐长征一个月后，甘地被当局拘禁起来。释放后，他与当局签订了《甘地—欧文协议》，该协议承认了印度的完全独立，食盐长征取得了彻底的成功。

3. 领袖是思想领路的导航者

马克思主义的显著特点是领导理论与实践，它不但产生了丰富而深刻的现代领导理论，而且孕育了一大批世界一流的政治家、政治领袖和杰出人物。美国政治学家亨廷顿认为共产主义的力量并不寓于它的经济学说中，也不在于它有世俗宗教的特点。共产主义最有关的特点是它的政治理论与实践，不在于它有马克思主义，而在于它有列宁主义。按照社会主义思想史的传统观点，人们通常把马克思看做是顶峰。但亨廷顿认为马克思不过是政治上的原人，列宁才是它的顶峰。列宁把政治制度即政党提高到社会阶级和社会势力之上的地位。对马克思来说，关键是社会阶级；

对列宁来说，关键却是政党。1840 年以来的近代中国革命之所以不成功，是因为它缺乏杰出的政党领袖人物来领导。新民主主义革命和社会主义革命，从领导人才的角度看，则孕育了以毛泽东为核心的人才辈出的辉煌局面。在中国历史上，特别是现代历史上是惊人的。中国近现代历史上像毛泽东这样的伟人，以他为核心的一代领导人之所以脱颖而出，主要是创造性地解决了时代的问题，并在思想上有着高度自觉。领袖的思想指导起着关键作用，是大海航行的导航者。如台湾问题的战略发展，毛泽东早期就有他的思考。1940 年，他在延安窑洞以特有的缜密思辨和科学预见，写下了《新民主主义论》，发布了"我们要建立一个新中国"的伟大宣言。3 年后，蒋介石在重庆出版了《中国之命运》，断言只有国民党主张的"一个主义、一个政党、一个领袖"才适合中国的需要。《新民主主义论》问世 9 年、《中国的命运》出版 6 年之后，历史就作出了公正的判决。耐人寻味的是，这一历史判决印证了一位美国驻华外交官的预言"共产党将在中国存在下去。中国的命运不是蒋的命运，而是他们的命运。" 1949 年，中国人民解放军以摧枯拉朽之势，跃过长江，解放南京，宣告了统治中国达 22 年的国民党政权的覆灭。年底蒋介石退守台湾，将台湾与大陆之间 100 多公里的海面间隔视为

"海上屏藩"，负隅顽抗。从这时起，如何消灭踞守台湾的国民党残余势力，就成为毛泽东着重考虑的一个问题。应当说，解放台湾是毛泽东在解放战争时期提出的打倒蒋介石，解放全中国这一战略目标的题中之意。随着战略决战的推进，毛泽东和中共中央觉察到蒋介石在无法挽回大陆颓势的情况下，将企图把台湾作为其统治重心和卷土重来的基地。1949 年 3 月 15 日，新华社发表题为《中国人民一定要解放台湾》的时评，强调中国人民将不能容忍美帝国主义对台湾的非法侵犯，亦不能容忍国民党反动派把台湾作为最后挣扎的根据地。中国人民解放斗争的任务就是解放全中国，直至解放台湾、海南岛和属于中国的最后一寸土地，并首次提出了"解放台湾"的口号，这当然反映了此时毛泽东的战略思考。作为解放战争的延续，以武力解放台湾，顺理成章地成为毛泽东这时思考和实际部署的一个重点解决办法。事实上，在三大战役结束后，毛泽东就把解放台湾问题提上了议事日程，并在军事上作了相应部署。蒋介石在退守台湾后，则以反攻复国作为既定方针，成为蒋介石集团自欺欺人、赖以维系孤岛人心的精神支柱。一个相当长时期，海峡两岸处于严重的军事对峙。即使在这个时期，以武力解决台湾问题也并非毛泽东的唯一选择，他积极探索和平解放台湾的可能性。据师哲回忆，

1949 年 2 月初，毛泽东在西柏坡同斯大林的特使米高扬会谈，涉及台湾问题时指出："台湾是中国领土，这是无可争辩的。现在估计国民党的残余力量大概全要撤到那里去，以后同我们隔海相望，不相往来。那里还有一个美国问题，台湾实际上就在美帝国主义的保护下。"他还说："大陆上的事情比较好办，把军队开去就行了，海岛上的事情就比较复杂，需要采取另一种较灵活的方式去解决，或者采用和平过渡的方式，这就要花较多的时间了。"毛泽东充分认识到台湾问题的复杂性和特殊性，不仅在跨海作战军事难度上，也预见到美国插手台湾存在国际干预。虽然新的国共谈判因国民党拒绝签字，使和平解放包括台湾和长江以南的愿望未能实现，但通过和平解决台湾问题作为一种新的思路提了出来。20 世纪 50 年代中期，毛泽东提出从长计议解放台湾的问题，把争取用和平方式解决台湾问题提上了议事日程。毛泽东看到"台湾问题很复杂，又有国内问题，又有国际问题。就美国说，这是一个国际问题。国际问题只能通过和平道路解决，不能用武力解决"。1955 年 4 月，中美两国在日内瓦举行大使级会谈，开始通过正式的外交渠道解决台湾问题。根据形势，毛泽东及时调整了对台工作方针，以武力解放调整为和平解放。万隆会议前，毛泽东指示周恩来在会议上"可相机提出在美国撤退台湾和台湾海峡的武装力量的前提下，和平解放台湾的可能性"。为此，周恩来在万隆会议期间做了大量工作，扩大了国际影响。1956年，中国进入全面建设社会主义的新时期。1月25日，毛泽东在第六次最高国务会议上说："古人有言，不咎既往。只要现在爱国，国内国外一切可以团结的人都团结起来，为我们的共同目标奋斗。比如台湾那里还有一堆人，他们如果是站在爱国主义立场，如果愿意来，不管个别的也好，部分的也好，集体的也好，我们都要欢迎他们，为我们的共同目标奋斗。"他在这次会议上，第一次正式提出了实行"第三次国共合作"的构想，"国共已经合作了两次，我们还准备进行第三次国共合作。"在这前后，毛泽东在会见外宾时，多次阐述了和平解放台湾、实行第三次国共合作的主张，扩大了在国际上的影响。毛泽东说，台湾只要同美国断绝关系，回归祖国，其他一切都好办，台湾可派代表到中央参加政务领导等。据《毛泽东与蒋介石》一书记载，为促进第三次国共合作，和平解决台湾问题，毛泽东、周恩来委托章士钊到香港，沟通国共两党关系。章士钊赴港带了一封中共中央写给蒋介石的信，信中倡导第三次国共合作，并着重提出了台湾回归祖国完成祖国统一大业的办法。要点包括：一是除了外交统一中央外，其他台湾人事安排、军政大权，由蒋介石管理。二是如台湾经济建设资金不足，中央政府可以拨款予以补助。三是台湾社会改革从缓，待条件成熟，亦尊重蒋介石意见和台湾各界人民代表进行协商。四是国共双方要保证不做破坏对方之事，以利两党重新合作。信的结尾特别写道："奉化墓庐依然，溪口花草无恙。"澄清了有关蒋家墓宅遭破坏的谣传。随后又诚挚地写道："台澎金马，唇齿相依，遥望南云，希请珍重。"表达了对和平统一的殷切期望。蒋介石得到中共中央的信件后，经过将近一年时间的反复考虑，始于 1957 年初在台北召见了许孝炎。蒋对许说："基于'知己知彼，百战不殆'的原则，针对中共发动的和平统一攻势，决定派人到北平一行，实际了解一下中共的真实意图。至于人选，不拟自台湾派出，而在海外选择。"许孝炎根据蒋的要求提出三个都在香港的人选，蒋最后选定宋宜山。宋宜山现任立法委员，是蒋介石的学生，忠诚可靠，其胞弟宋希濂是国民党重要将领，被俘后关押在北京功德林战犯看守所，必要时以探亲的名义作掩护；同时宋是湖南人，蒋认为比较容易同湘籍的中共领导人打交道。从人选的选择上，也可以折射出蒋介石对此行的重视。1957 年 4 月间宋宜山由香港经广州抵达北京。周恩来安排了见面谈话，具体事宜则由中共中央统战部长李维汉出面商谈。李维汉代表中共方面请宋转达如下几点意见：两党通过对等谈判实行和平统一，台湾为中央政府统辖下的自治区，实行高度自治，台湾地区的政务仍归蒋介石领导，中共不派人前往干预，而国民党可派人到北京参加对全国政务的领导，美国军事力量撤离台湾海峡，不容许外国干涉中国内政。这是完全合乎情理的，也充分照顾了台方利益。宋宜山返港后写了一份 1.5 万字的报告，经许孝炎转呈蒋介石。现在看来，宋宜山并不完全了解蒋介石当时的复杂心态。他在报告中除叙述与周恩来、李维汉见面商谈的详情外，还描述了沿途及在北京参观的各种见闻，包括农村平畴绿野、丰收在望和工业蓬勃发展，市场供应良好的景象。事实上，蒋介石虽然对这次试探是重视的，但没有从苦撑待变、反攻复国的迷梦中完全清醒过来，因此当他看到宋对大陆景象的如实描述时，立即触动了仇共的神经，便老羞成怒，愤然认为宋被"洗了脑筋"。他对许孝炎讲，希转告宋宜山不必再回台湾了，他立法委员的薪金可以按月汇给。正是由于蒋介石的错误态度，使得这次国共两党的沟通未能继续下去。毛泽东倡导的第三次国共合作、争取海峡两岸和平统一的构想，贯穿了一个基本原则，即台湾问题是中国的内政，必须由中国人自己来解决，美国无权干涉。在毛泽东看来，台湾问题长期得不到解决的根源，在于美国对台湾的霸占，及其对蒋介石国民党的庇护和支持。美国必须从台湾撤军，这是解决台湾问题的前提，美国只要走人台湾问题就会比较容易解决。1958年发动的震惊世界的金门炮战，就是毛泽东为"联蒋抵美"而进行的一场神奇的炮战。美国把台湾置于它的保护之下，阴谋使之朝着"两个中国"的方向发展，竭力加强台湾的防务，从各方面强化台湾的反共实力。经济上对台大量援助，军事上派遣大批军事人员进驻，并设立了永久性海军基地。为将台湾完全纳入美国的全球战略，美国胁迫国民党军队从金门、马祖撤离，使台湾、澎湖远离大陆，从而在政治上、地理上割断台湾同大陆的联系，以达到制造"两个中国"的目的。这是十分阴险的一着。1958年夏爆发了美国武装干涉中东的事件，毛泽东决定抓住这一机会，在台湾问题上采取行动，一方面造成声势支持中东人民的反美斗争，使两个地区的斗争互相支持和配合；另一方面为了打击美国的阴谋，惩治国民党军队的嚣张气焰。经过周密的调查和部署，1958年8月23日，以毛泽东为首的中央军委命令福建前线部队，对国民党金门防卫部队和炮兵阵地等军事目标实施炮击，封锁金门岛，中断台湾方面的补给。在炮击金门的战斗中，毛泽东以高超的指挥艺术，巧妙地运用了"直接对蒋，间接对美，联蒋反美"的策略，既进行炮战又不急于拿下金、马，有意识地将金、马留给蒋介石当局，以保留一条连接大陆同台湾的纽带。这使我在炮战中完全掌握了主动权，达到了预期目的。炮战开始，美国十分恐慌，立即向台湾海峡地区大量增兵，派飞机军舰直接为国民党运输护航，公然入侵我国领海。同时，艾森豪威尔发表谈话，重申美国将不放弃已经承担的，以武力阻止解放台湾的责任。为了打击美国的侵略，毛泽东指示前线如有美舰护航，照打不误，但只打蒋舰，不打美舰。这次炮战前线指挥员叶飞后来回忆说："当我军向有美舰护航的蒋舰开火时，没料到却目睹了一个戏剧性场面，美国海军特混舰队在旗舰指挥下一齐转向180度，一炮不发，便向外海驶去。而中弹累累的国民党军舰上的蒋军，则大骂美国人不够朋友，一开炮便逃之夭夭。事后我才明白，这一切都是在试探美帝国主义所谓美蒋共同防御条约的效力究竟有多大，美军在台湾海峡的介入究竟到什么程度。经过这一次较量，就把美帝国主义的底全部摸清楚了。"

（二）卓尔不群的领袖思想

政治领袖是特定历史时期重要政治事件的发起者与决定者，是政治权力获取与维护过程的重要领导，可以是国家元首，也可是特定政治组织的领导者。政治领袖有其独特品质，拥有较大政治权力与影响力，是政权系统的组织者，是高超的政治艺术大师。

1. 非常职业必有非常之谋

政治领袖以政治作为职业，具有坚定的信念、丰富的知识、超常的远见，具有强大的政治活动能力，对社会发展起着重要影响，是特定阶级和民族的灵魂。主要特性是一定阶级或政治集团的代表，能代表本阶级的利益，带领群众维护阶级利益。政治领袖在社会发展中起到决定性作用。如原始社会，英勇善战成为政治精英的关键因素，中世纪披上合法宗教外衣是政治精英，近代资本主义社会，财富是成为政治精英的重要条件，现代工业化社会，专门知识则是政治精英的必然要求。显然，政治精英要成为政治领袖，还得具备相应的条件。首先，政治领袖是由政治精英中的优秀分子组成。政治领袖既来源于政治精英，又高于普通的政治精英。他们是政治精英中的优秀分子和杰出的领导者，是特定阶级和政治精英的核心之所在。在社会政治生活中一般通过政治精英来统治，但政治领袖不是简单的管理者，而是政治生活的决定者，掌握着重大的政治决策权，决定着政治集团的性质和结构，是特定社会政治发展具有重要影响的人物。其次，进入政治精英行列的普通政治成员是政治领袖的基础和重要组成部分。一方面，政治精英中的普通成员已具备成为政治领袖的潜在特质，可以通过自身的努力和政治实践发展成为领袖。政治精英成为政治领袖除了素质外，还得顺应时代发展要求，提升自身才能，从而发展成为政治领袖。另一方面，普通的政治精英是政治领袖进行政治统治的重要基础，但毕竟政治领袖的权力行使总是借助组织方能实现，得到政治精英们的支持与服从，是发挥影响力的重要保证。政治领袖应该具有很强的个人政治魅力，这是一种无形的政治能力，它可以增强人民的认同感，为顺利进行政治活动提供保障。政治领袖需要具有杰出的才华和超强的能力，要有较高的科学文化水平，通晓古今。在政治实践活动中，深谋远虑，解决社会事务中的实际问题，真正做到"运筹于帷幄之中，决胜于千里之外"。最后，代表不同阶级利益的政治精英造就不同阶级利益的政治领袖。由于根本利益存在差异的政治精英，导致不同的利益追求、价值导向或意识形态上的差异，客观上造就不同阶级利益的政治领袖。因而在特定的社会政治生活中，就有了当权的政治领袖与在野的政治领袖，合法的政治领袖与非法的政治领袖等区分。特别是作为国家元首的政治领袖，不仅是所属阶级的领导者，而且还是其所处民族的领导核心。在和平发展时期，带领国家、民族不断改革创新，走向繁荣与富强。在国家民族危难时刻能挺身而出，领导民族渡过难关，引领国家走向独立与解放。政治领袖具有超人的意志，历经磨难。政治领袖强烈的信念，被理想驱使，影响着国民的凝聚力，影响着世界和平与发展。如南非前总统曼德拉在狱中度过几十年，险些遭遇不测，为废除南非种族歧视付出了几十年的努力，1994年成为南非第一位黑人总统，1999年去职后依然执著反对美国的强权政治和单边主义，连美国总统布什也对这位德高望重的政治家敬畏三分。忍耐力就是任尔风霜雪雨，我自默不作声，执著而不固执，自信而不自负，温和而不附和，忍让而不迁就，它是做人的修行，也是处事的策略，极其可贵，难以企及。政治领袖的制度特性主要表现在不同的社会制度孕育不同的政治领袖。斯大林认为，民族是人们在历史上形成的一个有共同语言、共同地域、共同经济生活以及表现于共同文化上的共同心理素质的稳定的人们共同体。政治领袖在社会历史发展中，是特定历史时期重要政治事件的发起者。掌握着核心政治权力，并作为政治权力的支配者从事和参与社会政治活动。还是特定历史时期重要政治事件的决定者。由于政治领袖是政治权力的核心，不但能够利用自身的特殊地位和权力去推行各种政治运动，而且左右着特定政治事件的发展方向。政治领袖，成为特定重要事件的发起者与决定者，只有顺应社会历史发展规律，集中人民群众智慧，才能推动重大政治事件成功实现，才能起到推动人类进步的作用。超强的政治综合能力是政治领袖有效领导的必要品质。政治领袖站在历史和时代的高度，用全局性的眼光分析和解决问题，具备出色的组织协调能力，敏锐的政治预见能力，果断的处理危机能力，强大的号召能力等。从古至今，领袖通过政治实践维护国家的独立和领土的完整，在推进社会改革、发展国民经济、维护世界和平中作出贡献。政治领袖与政客存在着明显的不同，政客以自身利益为重，为个人的名利进行政治投机活动，为达到个人目的可以不择手段。政治领袖与政治活动家及政治学家也有区别，政治活动家拥有特定的政治权力，但缺少领袖所具有的才能与战略眼光，在社会政治生活中影响力小。政治学家是从事政治思想和政治理论研究并有突出贡献专家的总称。具有深厚的理论功底和独特的见解，通过著书立说给政治领袖出谋划策等，更多的是政治科学本身的学术研究，从事理论研究方面的工作。政治领袖虽然具备深厚的理论知识，甚至是深刻的理论见解，但一般不刻意地追求理论体系的构建，把政党和人民的利益作为一生的抱负，把国家民族的命运与己联在一起。马克思的一生是战斗的一生，是刻苦学习的一生。马克思在居利中学为全班年龄最小的学生，以全优的成绩完成了学业，熟练掌握了法语、拉丁语、希腊语。在大学获得了哲学博士学位，后潜心研究政治经济学，不仅精通社会科学、历史科学和哲学，对自然科学也有很深的造诣。马克思对达尔文的《进化论》也有深刻的研究，写过一篇关于微积分的论文，具有很高的科学价值。马克思渊博的学识是世所罕见的，他不容忍"知识贫乏"。马克思认为，博学广知是一个革命家，特别是担负领导工作的革命家必备的条件。要有学习动力、学习能力和学习毅力。做工要出气力，读书要用脑力。肌体用进废退，脑子愈用愈灵。时间是挤出来的，问题是钻出来的。马克思大学毕业后，长期坚持自学，《资本论》凝结近40年的心血。他曾描述："我一直在坟墓的边缘徘徊。因此，我不得不利用我还能工作的每时每刻来完成我的著作，为了它，我已经牺牲了我的健康、幸福和家庭。"马克思为了完成《资本论》，就在大英博物院图书馆苦读50多年，每天清早到图书馆阅览室，他总是坐在固定的位置上埋头研究资料，兴奋时情不自禁地用脚来圆磨地，天长日久，座位下的水泥地板竟磨出一道凹槽，留下了马克思的"足迹"。当《资本论》第一卷法文版出版时，马克思在序言中针对当时法国读者不愿花大气力钻研、急于追求结论的毛病，告诫读者说："在科学上没有平坦的大道，只有不畏劳苦沿着陡峭山路攀登的人，才有希望达到光辉的顶点。"书籍成了马克思的重要朋友，他担负着繁重的实际工作，经常利用夜间来写作，他的时间就是挤出来的。马克思曾说：我们在为争取八小时工作制而斗争，可我们自己的工作时间往往两倍于此。

2. 非常统领必有非常之能

政治统领最终体现在领袖制定的政治路线、方针和政策上。政治领袖是风云人物，与历史发展的重大事件相连，每个重大历史事件的发生，都伴随着一个历史领袖的出现。领袖要想树立和加强权威，要从政治统领这个角度去把握，政治统领是对政治权力的掌握。政治权力的实现过程，实际上是权力主体和权力作用客体双方斗争和较量的过程。政治权力的效能和持续时间、实现程度取决于权力作用主体，也受制于权力作用客体。政治权力一旦实现，就构成利益关系格局。为维护这种利益格局的稳定和完善，权力主体采取一切方法，包括运用国家机器的强制力量，使这种利益格局固定下来，并逐步趋于合法化、合理化、普遍化，上升为一种有组织的规范力量。职位往往是政治权力的标志，职位并不等于权力，职位中所蕴涵的权力只是潜在的可能性或形式上的规定。要使权力现实化，关键在具体决策与实际决策的能力。在现实社会中，有的居于高职位的人，由于缺乏才能和威信，并不拥有实际的权力，得不到社会组织成员的服从。要使权力稳定化和现实化，既要使权力和公认的职位联系在一起，也需要权力获得者真正拥有具体决策的素质和能力。人的主观因素在完善政治上层建筑方面，有很多创造的余地。思想统领上层建筑的完善离不开人的主观努力。正是上层建筑的变更，为领袖的统领提供了历史的舞台，领袖只有参与变更上层建筑，权威才能实现。政治领袖自身价值取向及道德水平至关重要。道德品质是政治主体成为政治领袖的必要条件。麦金太尔说："德性是一种获得性的人类品质，这种德性的拥有和践行，使我们能够获得实践的内在利益，缺乏这种德性，就无从获得这些利益。"道德是人类生活中的重要组成部分，没有德性人类的社会实践就不可能持续下去，任何利益都不应该脱离德性的标准。否则，这种实践称不上是有意义的实践。马克斯·韦伯认为："政治家为了事业而追求和运用权力，至于这事业具体是什么，属于信仰问题。政治家可以服务于民族的、人道主义的、社会的、伦理的、文化的、世界性的或宗教的目的。"对于在既定的历史时期投身于现实政治的政治领袖而言，在涉及其德性时，事实上是要求其将政治价值作为他个人的道德价值，将所属的阶级、政党、人民群众的义务，将所在民族、国家以及历史的义务作为个人的使命。一个人要想在政治领域有所建树，必须有强烈的政治愿望和远大的理想追求，从而驱动为目标的实现，而去积极主动地参与政治生活。因而，在国际情况复杂、充满不确定性的状态下，国家领导人保持清醒头脑，做出迅速的决策和判断，是领袖人物的重要思想。政治领袖必须是一个具有高尚道德情操的人。他们拥有较大的权力与政治影响力，在整个国家的政治生活中起着中流砥柱的作用。政治领袖是特定历史阶段的产物，所代表的是所处时代部分阶级的利益，因而具有历史的局限性，但这并不会影响他们作为政治领袖的角色。政治领袖在推动社会历史的发展方面起着重要的作用。综观古今中外的政治领袖，无一不是对政治生活有着无限热情和远大的抱负。在现实政治生活中，政党领袖言行举止在很大程度上影响着该党的政治态度，影响着团结力和凝聚力，进而影响着政党自身的竞争力和生命力。政党领袖是政党活动的组织者和领导者。政党领袖的职责是组织和领导本党不断发展壮大，努力扩大政治影响，提高竞争力，从而实现执掌或巩固政权的政治目标。为此，政党领袖首先要为自己领导的政党制定一套正确的路线、方针、政策指明前进的方向，真正成为领路人和实践者。同时，由于所形成的领袖权威，必然会对社会起到特定的作用。任何一个社会都是个大系统，都存在着一定的集团和阶级，而每一个集团和阶级都被称为领袖的统治管理。

3. 非常人格必有非常之力

政治人格是政治主体在政治生活中所表现出的相对稳定的独特的心理行为模式。它在政治心理中具有重大的作用，直接影响人们的政治行为和在政治生活中承担的角色。政治领袖政治人格的形成，自身努力起着决定性的作用，外部因素影响也是政治人格形成的必要条件。历代开国领袖的历史影响都是他们的创造性，并深入而持久地影响人们。政治人格的形成离不开社会历史环境，受社会发展水平和时代特征的制约，在不同的社会条件下形成不同的政治人格。生理是政治领袖政治人格生成的先决条件。家庭是政治领袖政治人格生成的基础环境，政治人格很大程度上是在家庭环境的熏陶感染下形成的。民族文化是政治领袖政治人格生成的社会底蕴，民族文化对于政治领袖的政治人格起着重要作用。处于任何一种民族文化中的人们都受着现存价值观的影响，这种价值观潜移默化地影响着人们政治人格的形成，决定着独有的政治人格特征和行为方式。社会角色是政治领袖政治人格生成的实践选择，一个人在不同时期、不同环境要担任不同的社会角色，而不同的社会角色对人又有着不同的要求，从而使人们的处世原则、方法、活动方式发生改变，形成自身角色独有的人格特征。就像法官重视公平合理，科学家追求真理执著，医生救死扶伤，运动员顽强拼搏，都是角色赋予的特殊人格。社会角色是政治领袖政治人格生成的实践选择，自身的努力是政治领袖政治人格生成的决定力量。美国的华盛顿，法国的戴高乐，日本的军国主义和德国的激进主义无不受到本民族传统文化的影响。政治领袖必须具有独立的自主意识，形成正确的判断力，才能创新地提出政治目标并努力实现。一个人只有强烈的政治欲望，而没有与之相应的政治能力，不可能形成完备的政治人格，也就不可能成为政治领袖。人格是唯一的和独特的。领袖问题是一个实践性很强的问题，领袖们在长期的领导实践中，获得了崇高的威望，在群众心目中占据重要位置。很多领袖人物发挥了作用，品格最重要，人格完整是基要，必须像精金或没有杂质的纯银那样。政治领袖的某些政治人格并不是天生具有的，而是在他从事政治领导角色的过程中，通过社会实践政治活动，逐渐磨炼而成的，以达到适应角色的要求。领袖的人格是不可移植不可复制的。领袖风格不同，每个人具有人类所共有的属性，而又受不同文化环境和生活习惯等因素的影响，使得政治人格具有特征。政治人格一旦形成就具有稳定性，对个人的政治行为以及社会政治发展产生重大影响。但政治人格的稳定性并不意味着政治人格不可变，政治人格受环境、教育、实践等因素的影响，会在原有基础上塑造新特征。领袖的最高人格是拥有无可置疑的诚实正直品格。强调领导者的品格教育，西方社会法制权威的特点比较突出。制度越完善，政治人物就越平庸。人的个性特征受到天生的影响，但人的品格可以经过后天培养和训练得到提升。一名领袖最需要诚实正直的品格与远大的目标。诚信、正直、讲真话，是必须遵守的原则和品格，是领导者取得追随者信任的重要素质。黑格尔提出世界历史个人的概念，同魅力领袖的概念类似，这种人是历史关口的热情代表人和理性代行人，他们一生冒险犯难九死一生，辛苦遭逢，绝无通常意义上的幸福可言，这种人产生于大灾难和大变动的社会环境中。领袖具有信仰型人格，但又有很清醒的现实感。理想主义和现实主义集于一身火候难以把握。毛泽东神圣的历史使命感超凡的历史天赋，使中国革命复杂的历史进程成为无与伦比且目光远大的预言家和设计师。他身居最高领导岗位41年，掌上千秋史，胸中百万兵，运筹帷幄指挥若定，率领中国人民进行艰苦卓绝的斗争，表现出了一个深深植根于中华民族传统文化和现代文明基础上的大国领导人的风采，体现了领袖的政治人格。

（三）辟宇丰功的领袖思想

领袖是历史潮流的引导者，诞生于历史进程的汹涌大潮中。作为历史任务的发起者与推动者，领袖总是与变革紧密联系，重大思想改变着人类的视角与世界观。新思想的不断产生，以时代新变化作为基点。要实现这个基点，就要具备勇气，勇气是领军人物所应具备的最优秀品质之一，丘吉尔曾经说过：……因为它使其他的美德在遇到困难时不会退缩。这也是从政的智慧。

1. 思想自觉是时代的标志

领袖站得高看得远，能把握事物发展的规律，提出新理念，有针对性地破解关键问题。罗斯福说："如果没有领袖的先见之明，我们都将面临困境和迷失方向。"领袖能以长远和全景式的视角观察事物，敏锐地提出新思想，并强有力地传播与推动。思想和理论是一个政治家不断创造和积累的过程，正是通过这样的方式，为主体秩序的变动揭开序幕奠定基础。

20 世纪 70 年代末，邓小平根据国内外形势的变化，提出了和平统一、一国两制的解决台湾问题的战略方针。1982 年 1 月，邓小平在接见美国华人协会主席李耀基时，提出一个国家两种制度的概念。又敏锐地认识到，一国两制构想同样能推动香港和澳门的顺利回归。1984 年邓小平在会见外宾时表示："我们提出的大陆与台湾统一的方式是合情合理的。统一后，台湾仍搞它的资本主义，大陆搞社会主义，但是是一个统一的中国。一个中国，两种制度。香港问题也是这样，一个中国，两种制度。"这样，一国两制模式为解决台湾问题提供了一种全新的思路，又在解决香港和澳门回归问题上发挥了关键作用。江泽民承前启后，继往开来，他关于建立社会主义市场经济体制，转变经济增长方式，实行可持续发展战略，推进国有企业的改革和发展，坚持和完善以公有制为主体、多种所有制经济共同发展的基本经济制度，从高科技发掘经济增长的生命点的许多论述，是对建设有中国特色社会主义的创新和发展。江泽民观察和审视国内外形势，把握历史变化的方向，既尊重老一辈革命家的治国之策，又发挥自己统揽全局的才智，不断开拓新局面，充满了把全国各族人民引向崇高的爱国主义、高尚的英雄主义精神，是人民群众意志表达的完整体现。还有城市国家新加坡的李光耀成为有影响的小国大政治家。1965 年新加坡摆脱了马来西亚的统治，正式宣布独立。李光耀率领的人民行动党在选举中战胜了对手，取得了执政地位。新加坡国民期望他能够带领国家向更好发展。当时新加坡的境况相当糟糕，内部有种族纷争，不少派别之间积累了深重的仇恨，一些人试图利用社会内部矛盾制造混乱。国际方面，在全球经济中处于弱势，国土狭小，资源少，所处地带战乱、暗杀、政治丑闻横行。面对这种局面，要把新加坡建设成为和谐发展的国家，是很艰辛的任务。而李光耀却认为未来的发展趋势是国际资本流通迅速，国家间贸易往来日趋增多，市场全球化大势所趋。小国也必须站在经济全球化的潮头。接受欧洲教育长大的李光耀深知民族自强与依法治国的重要，所以他执政新加坡后能冲破华人传统中那些负面的消极因素，将儒家文化的长处和西方文化的优点完美地结合，使新加坡成为没有腐败、开放多元、和谐富裕的社会。李光耀认为，作为一名领袖，自己必须能成为人们理想的化身，必须值得人民百分之百地信任。经过几十年的努力，新加坡迅速发展成为经济繁荣、政治清明、社会文明进步的新兴工业化国家，为世界提供了一个非西方的现代化模式，李光耀也因此成了公认的"新加坡之父"。

2. 思想先进催生时代发展

　　领袖善于从全局出发，以战略思维看待事物，并为团队确立正确的目标和导向。领袖完整看待事物的发展过程，建立系统思想，树立长远视野，从而更加清晰、更加准确地把握发展脉搏，全方位地看待发展的前景与影响，从思想中汲取营养诞生新思想。一个思想能够构建一个国度，勾勒出一个理想的境界。美国在立国初期面临严重的政治、经济危机，如何安邦治国巩固胜利果实，成为开国领袖面临的重要课题。他们认为政体架构是关键，承袭了孟德斯鸠在《论法的精神》中阐述的分权制衡思想，在制度建构的具体实践中，创设了三权分立与制衡的制度，从而使孟德斯鸠的思想在美洲找到了实施的场所。当然，影响美国实施宪政体制的还来自英国的普通法传统，殖民地自身政治经验等多方面的因素，如果没有这些条件，孟德斯鸠的思想就会同其他地方一样无法实行。在创建新体制的过程中，华盛顿等开国领袖既有对传统的继承，也有对新思想的吸纳，更有对自身经验的总结，这些因素决定了美国的发展。变革制度需要领袖的励精图治，需要领袖的进取精神。领袖降临在时代需要的时刻，身负破旧立新的特殊使命，代表着新事物，率领革新力量与旧事物进行殊死斗争。在一些历史关头，先进的思想是具有某种决定性的。春秋战国时期，秦穆公时，秦国逐渐在各诸侯国中崭露头角。战国七雄中秦国最为贫穷落后，并随时有亡国的可能。因此秦国总是被中原各国轻视，并被以夷狄遇之常被排斥在各国盟会之外。千古一帝的秦始皇，行霸术弄权，谋集权御臣，有着一统天下的本事。秦始皇可谓历史上具有用人思想的皇帝。无论是泰山封禅刻石，还是全国巡游示威，甚至还给自己起了一个"皇帝"的名字。这些都是树立权威、神话自己的有效手段，并被历代皇帝所重复，后来人也没有谁玩出更新的花样。十三岁的孩子能韬光养晦近十年，坐视吕不韦权倾朝野。二十二岁小试牛刀，除掉吕不韦，从此权集一身，揭开了一统天下的序幕。韩非子认为帝王必须具备如下的特殊本领：宁静无畏，取之于巧，顺应自然，掩藏形迹；不扰民，不用私智，寄托于法术；独自决策，独揽权柄，掌握刑赏；考责言行，役使臣下，保持权势。总之，帝王应将法、术、势三者结合起来，培养自己统御群臣的能力。秦孝公决心奋发图强，改变国家的落后面貌。卫国商鞅倡导的"强国之术"深深吸引了秦孝公。于是秦孝公重用商鞅，并全力支持其推行变法改革。改革前，孝公就允诺商鞅，执法不避权贵。新法一旦推行，举国唯法是从，哪怕是皇亲国戚，一旦违法与庶民同罪。商鞅变法不到 20 年，秦国通过废井田、开阡陌，重农抑商、奖励耕织，统一度量衡，推行县制等措施迅速发展，奇迹般地崛起为强国。由于财力的增强，人口的增加，秦国拥有了一支战无不胜的强大军队，成为天下唯一的国富兵强的霸主。秦国强大的变迁，可以看出变是强国的有效途径，变就要改革和创新，无论政治还是科技都要有创新思想的指引，有了创新的思想，有了先进的思想，才能对人类历史的发展起到至关重要的影响。

（四）点亮人生的领袖思想

领袖是"点灯人"，能点亮人们的理想之灯。当人们惶惑时，带领人们坚定不移地走下去。领袖在人们理想动摇时，充当"护灯人"，以最大的勇气和决心告诉人们不要犹豫。人只要有思想，就会有各种追求，就会萌发愿景。目标是人们活动的一种目的和理想，这种目的和理想根据人们的需要所规定，反映着人们争取达到的标准、规格和状态。

1. 没有愿景的人生，是失去光明的灯塔

愿景是拨开迷雾指明航向的灯塔。领袖一项最重要的活动，就是描绘一个令人激动的愿景，赋予生活和工作的目的。愿景是时代变化场景的方向舵，能建

立起一个命运的共同体。愿景的构建需要四根支柱：清晰、独特、给予、持久。成功的愿景由构想到显示清晰可辨，愿景应当是美好独特的，激励的愿景应当是给予的，愿景应当是持久的。从社会学的角度来说，作为社会的一分子，如果所说的话或所做的事，不仅能丰富自己的人生，同时还可以帮助别人，以给予为目标，心中装有他人，可说是人生的高境界。因此，一个成熟的愿景应清楚地表达出自己给予别人幸福的愿望。在组织管理和服务过程中，精神给予首先是社会责任感。任何组织的愿景实现都不是一蹴而就的，应有逐渐累积逐渐沉淀的过程，不因组织内的频繁变化而变化。人们应结合个人愿景创造共同愿景，贴切的比喻是全像摄影术，它以交错的光源，创造出三维空间图像的摄影术。如果分割一张照片成两半，每一半只能显示出整个图像的一部分。分割一个全像底片，每一部分仍然不折不扣地显现整个影像。继续分割全像底片，不论分割得多细，每一部分仍然能显现出整个影像。相同的，当一群人都能分享组织的某个愿景时，每个人都有一个最完整的组织图像，都对整体分担责任。但全像底片的每一小片并非完全相同，每一小片都代表从不同角度所看到的整个影像。如同从窗帘戳洞看过去，每个洞都提供一个特有的角度来观看整个影像。同样每个人所持有的整体愿景也都有其不同之处，因为每个人都有独自观看大愿景的角度。如果你把全像底片的各个小片组合起来，整体影像基本上并未改变，毕竟每一个片段都有个整体的图像，但是图像却会愈来愈清晰、愈真实。当有更多人分享共同愿景时，愿景本身虽不会发生根本的改变，但愿景变得更加生动、更加真实，心中的愿景逐渐在实现。从而拥有了共同创造者，以使愿景不再单独落在个人的肩上。孕育个人愿景时，人们可以说那是我的愿景，但共同愿景形成后，应该变成既是我的也是我们的愿景。古罗马时期的伟大人物斯巴达克，曾两度率军击败罗马大军，但最终还是被罗马贵族军队打败。罗马贵族首领告诉几千名斯巴达克部队的生还者："只要你们把斯巴达克交给我，就不会受钉死在十字架上的刑罚，并且还你们自由。"一阵沉默后，斯巴达克站起来说："我是斯巴达克。"然后他旁边的人站起来说："我才是斯巴达克。"下一个站起来也说："不，我才是斯巴达克。"一分钟之内，被俘军队的所有奴隶都站了起来。在这生死关头，每个人都站起来选择受死，是因为这支军队忠于斯巴达克所激发出的愿景，即要成为自由之身。这个愿景不但是斯巴达克的愿景，也是每个奴隶的愿景，这个愿景是如此让人难以抗拒，以至于没有人愿意放弃它，也没有人愿意为了个人的自由而出卖领袖。在实际生活中，领袖人物会设置各种目标，目标的完成就成为服从者成功的激励。理查德·波斯丁指出，树立积极的目标，将会产生巨大的激励作用：一是，目标产生积极的心态，目标是努力的依据，也是对自身的鞭策。目标给人一个看得见的彼岸。随着这些目标的实现，就会产生成就感，心态就会向着更积极主动的方向转变。二是，目标产生恒久的动力，有了目标，世界便有一幅清晰的图画，就更会把精力和资源集中于所选定的方向和目标上，自然就更加热心于目标。三是，目标生存的意义和价值，处世的方式主要取决于怎样看待自己的目标。如果觉得目标不重要，那么所付出的努力自然也就没有什么价值。如果觉得这个目标很重要，那么情况就会相反。只要心中有了理想，就会感到生存的重要意义，而这个理想又是由一个个目标组成的，就会觉得为目标付出努力是有价值的。四是，目标把重点从过程转到结果，成功的尺度不是做了多少工作，而是获得多少成果。五是，目标有助于分清轻重缓急，把握重点。没有目标，就很容易迷失在事务中。六是，目标使人集中精力。目标对目前工作具有指导作用，现在做的必须是实现未来目标的一部分，因此让人重视和把握现在。七是，目标能提高激情，有助于评估进展，目标能使心中的想法具体化，更容易实现的目标使人热血沸腾、激情高涨，目标同时提供了一种自我评估的重要手段，即根据自己距离目标有多远来衡量取得的进步，测知自己的效率。八是，目标使人产生信心、勇气和胆量。对目标及实现过程的清晰透彻的认识，必然使人从容不迫，处变不惊。九是，目标使人自我完善，永不停步。自我完善的过程，其实就是潜能不断发挥的过程，而要发挥潜能，必须全神贯注于自己的优势才会有高回报。目标能使人最大限度地集中精力。当一个人不停地在他有优势的方面努力时，这些优势必然会进一步发展。虽然目标就在眼前，但是选择能把我们引向目标的道路却尤为关键。"罗马不是一天建成的"，只有把大的任务化解成由一连串小任务和小的步骤组成的目标体系，才能达成终极目标。正像中国工农红军在革命危机的关头，行程二万五千里以上，在漫长的长征路上，翻雪山，过草地，敌重兵追击，围困万千重的险恶情况下，历经千难万险，克服内部的逃跑主义和分裂图谋，最终走完了这个人类革命史的奇迹，胜利地到达了陕北，谱写出中国革命史上的壮丽诗篇。以毛泽东为代表的中国共产党人，如果没有共同的革命理想，这个群体在那么艰苦的环境下，应该早就分崩离析了。根本的原因就在于中国共产党领导的红军战士有一个伟大的愿景："北上抗日，救亡图存。"这个愿景产生了强大的感召力和凝聚力，激励着红军将士披荆斩棘，一往无前。在毛泽东等领袖人物的卓越领导下，共同创造了长征这个人间奇迹。还比如，1961 年肯尼迪汇聚许多美国太空计划领导者多年的心愿，制定了十年内把人送上月球的奋斗目标，这个愿景引发出无数勇敢的行动，在麻省理工学院的德雷普实验室发生了一个故事。该实验室是太空总署阿波罗登月计划惯性导航系统的主要承制者，计划执行数年后，该实验室的主持人发现原先设计规格是错误的，虽然这个发现令人十分困窘，因为该计划已投入了数百万美元，但他们并没有提出权宜措施，反而请求总署放弃计划从头再来。他们所冒的险不只是一纸合约，还有名誉，但已没有别的选择，唯一的理由是基于一个简单的愿景，在十年内把人类送上月球，为了实现这个愿景义无反顾。"伟大的愿景一旦出现，大家就会舍弃琐碎的事。"共同愿景培育出承担风险与实验的精神。领袖的共性是有理想、有追求，有明确的奋斗目标。懂得在正确的时间和地点，做正确和有效的事情。有了这样明确的奋斗目标，就有了前进的动力。明确的目标是奋斗的方向，更是对自己的鞭策。目标明确的人，会感到心里很踏实，生活很充实，理想很现实。相反，没有明确的目标，总感到有一种莫名其妙的空虚和浮躁，思维行事犹豫不决，思想混乱惶惶不可终日，对世事浊流不知所止、不知所至。实践证明，绝大多数失败的人，就在于没有设定明确的目标，在于没有勇敢趟开第一步。可以说，明确的奋斗目标，是获得成就的起点，无论多么微小的胜利都是最初期许的结果。领袖们之所以成为领袖，在实现理想的道路上无不以行业蓬勃，民族和国家的兴衰为己任。有了明确的目标，并针对这一目标付诸行动，成功便会成为辉煌。

2. 没有目标的人生，是失去色彩的图画

志存高远与脚踏实地是辩证统一，相互依存相互转化的。如果说志存高远强调的是要干事，那么脚踏实地就是强调怎么干事。领袖立志把美好愿景变为客观现实，靠脚踏实地地工作，靠从点滴做起。没有脚踏实地的作风，志存高远只能是画饼充饥；没有脚踏实地的举措，高瞻远瞩只能是好高骛远；没有脚踏实地的行动，惊世伟业只能是水中捞月。制定怎样的目标，就会有怎样的规划，形成怎样的规划，就会得到怎样的人生。没有目标的人生，是失去色彩的图画，是没有构思的作品，是没有意义的虚度。唯有清晰长期的目标，并一直努力向目标迈进，才会收获到有价值的人生。据哈佛大学的跟踪调查。对象是一群智力、学历、环境等条件差不多的青年人，他们中27%的人没有目标，60%的人目标模糊，10%的人有

清晰但比较短期的目标，只有 3% 的人有清晰且长远的目标。25 年的跟踪研究结果显示，他们的生活状况及分布现象十分有意思。那些占 3% 有清晰且长期目标者，25 年来几乎都不曾更改过自己的人生目标。25 年来他们都朝着同一个方向不懈地努力，25 年后，他们几乎都成了社会各界的顶尖成功人士，他们中不乏白手创业者、行业领袖、社会精英。那些占 10% 的有清晰短期目标者，大都生活在社会的中上层。他们的共同特点是，那些短期目标不断地达到，生活状态稳步上升，成为各行各业的不可缺少的专业人士，如医生、律师、工程师、高级主管等。那些占 60% 的模糊目标者，几乎都生活在社会的中下层面，他们能安稳地生活与工作，但都没有什么特别的成绩。剩下的 27% 是那些 25 年来都没有目标的人群，几乎都生活在社会的最底层。他们的生活通常过得不如意，工作失业常常靠社会救济，经常怨天尤人抱怨社会。可以说无论是领袖，还是社会精英，都遵循着一条高度相似的途径从而达到成功，世界闻名的潜能激发大师安东尼·罗宾称这条途径为"必定成功公式"。这条公式的第一步要知道你所追求的，也就是要有明确的目标。第二步要知道该怎么去做，也就是采取最有可能实现目标的做法。目标就好比一级级台阶，不能过高，必须合理，这样才有操作性。大的成功都是由小的成功积累而成的，不经过程而直奔终点，不从卑俗而直达高雅，不弃细小而直达广大，不跳眼前而直达远方都是一些误区。心性高傲目标远大固然不错，但目标好像靶子，必须在有效射程之内才有意义，如偏离实际反而无益。同时，有了目标还要付出努力，只是空怀大志，不付出辛勤劳动，理想永远是空中楼阁，只有紧盯长远目标而又不断完成"射程内"目标的人，最终才能成为领袖人物。当然，踏上领袖之路不仅仅是胸有蓝图和眼前的目标，还要有求真务实和知行合一的态度。司马光曾问他的好友邵雍："你看我是怎样一个人？"邵回答说："君实，脚踏实地人也"，脚踏实地成为成功之路必备的法宝。脚踏实地也是成功人物所具备的素质，领袖的意志是第一要素。领袖能够敏锐地捕捉到追随者的需求与前进过程的现实矛盾，并能够在第一时间正面反馈，在追随者中间建立起信任，使追随者明确目标确立前进的信心。相传，2000多年前，马其顿国王亚历山大率领军队出征印度，途中断水全军将士干渴难忍。国王命令士兵四处找水，但士兵却找回来一杯水，便把它献给国王。这时，国王下令把部队集合起来，端起仅有的一杯水，充满信心地对全军发表演说："我勇敢的战士们，水源已经找到了！"只见他边说边把右臂高高向上方举起，张开五指然后迅猛而有力地挥下，给人一种无可置疑的感觉。接着又说："壮士们，勇敢地前进吧！"他把那杯水泼在地上，然后将手臂往回收，并迅速有力地将五指分开的手掌猛地推向前方，给人一种锐不可当所向披靡的雄伟手势。将士们精神顿时为之一振，不顾难忍的干渴，跟着国王继续前进。一杯水便使将士们在绝望中看到了希望，这就是领袖的魅力所在。领袖深知自己对于追随者的重大意义，总会竭尽所能维护这种激励作用。

（五）旋转思维的领袖思想

思维是人类特有的一种精神活动，是人类创作和创造能力的源泉。领袖身处思维之巅，能延伸视野无垠，容身思维之洋，融萃思想之精华，敛身思维之锐，赶超时代之频。

1. 领袖具备立体思维就能轻松占据智慧高峰

立体思维作为思维的一种高级形式，代表着一种高层次、全视野、多维度的认识事物的方法。领袖具备立体思维，能轻松占据智慧的高峰，得到一叶落而知秋的洞察，达成"横看成岭侧成峰"的精彩，形成"会当凌绝顶，一览众山小"的境界。领袖处在活动系统的顶端，这个系统可以是一个国家、一支军队等。系统由各个要素组成，但整体而言，并不是各个要素性质和功能的简单相加。马克思指出："一个骑兵连的进攻力量或一个步兵团的抵抗力量，与每个骑兵分散展开的进攻力量的总和或每个步兵分散展开的抵抗力量的总和有本质的差别"。领袖不可或缺和不可替代的重要体现，就是运用立体思维对整个系统进行运作，得到最大优化和效率的叠加。思维能力是认识相互关系，看到有机联系的能力。领袖具备宽广和宏观的战略视野，对世界多维认知逐渐加深而形成，多维认知的过程是立体思维的体现。立体思维最大的特点就是能够跳出点、线、面的限制，否定孤立、静止、还原论的观点，强调对思维客体多侧面、多角度、多层次、多变量地认识，从而全息地把握事物的整体与本质。作为与点式思维、线性思维、平面思维同一系列的思维形式，立体思维处于思维发展的最高点。领袖之所以站得比常人高，看得比常人远，关键就在于能从事物的联系发展中观察事物，用系统整体的观点分析问题，以多维复合的眼光剖析层次。从认知肤表的层面达到非同一般的层次，这些都是立体思维的高超应用。人际关系能力是跟他人相处或者借助别人去完成工作的一种能力，它包括激励推动协调。领袖在认知层面上对立体思维的应用上，对事物自身矛盾和事物彼此联系上，得到更深的认识从而对事物发展更加清醒。领袖的超脱之处在于能够为最后胜利争取必要的战略纵深，对立体思维的谋划层次应用全面地提升，如舍卒保车等策略也纳入运筹谋划之列。艾森豪威尔是美国第一个成为总统的五星上将，眼界开阔，善谋全局。当德国战败指日可待，其他将军想摘取攻占柏林的巨大荣誉时，他却全面衡量世界局势发展，敏锐地意识到东西方对德国占领区的划分，把德国从南到北一分为二。如此一来盟军即使打下柏林城，将来在战争结束后还要拱手交苏联，为他人作嫁衣。此外，他估测攻占重兵把守的柏林城盟军至少要付出 10 万人的伤亡代价，实际上苏军在柏林之战中共伤亡了 30 万人，这个代价与攻占柏林留名青史的虚名相比并不可接受。所以，尽管面对丘吉尔及英国军方的重重压力，对于柏林这颗熟透了的桃子，他依然毫不动心，而是调整部署指挥盟军横扫其他战场，消灭其余德军，干净利落地结束这场战争。这种对全局的认识和把握，对局势发展的认知和研判，正是艾森豪威尔能够区别于其他将军，登上总统宝座的原因。

2. 领袖使用超前思维将危机消灭在萌芽之中

领袖总能走在时代之前，为事业赢得发展的空间和时间，领先于时代，把决策的立足点转到面向未来的轨道，对未来发展的可能做到心中有数。有准备事业发展空间就大，没有准备视野就狭窄。没有超前思维，对事物的发展变化就缺少思想准备，事到临头才如梦初醒，事业的生命力不能长久。超前思维是根据客观事物的发展规律，先于客观事物发展变化而出现的符合事物发展趋势，具有科学预见性的一种意识。这种思维能力往往是领袖能力素质的一种特殊标志，格外引人注目和敬仰。它通过运用高智能的眼光，多角度、全方位地分析事物的历史和现状，准确把握未来的发展趋势，获得常人不能得知的信息，以保证提前作出正确决策，取得事业成功。运用超前思维不仅能够突破已知的局限，还能突破未知的局限，从未知走向已知。不仅能够超越现实的局限，还能超越未来的局限，从现实走向未来。邓小平在改革开放中提出并完善的"三步走"战略，已经成为中国共产党在社会主义初级阶段经济发展的纲领，为全党全国人民勾勒出近期和中长期的奋斗目标，并作为长远规划指引着中国人民的奋斗方向，这就是超前思维在战略层面为国家赢得发展空间的思维。领袖能运用超前思维预知危机，将其消灭在萌芽状态，争取战略主动。将危机消灭在萌芽状态是应付危机的最佳方式，真正的领袖做的是未雨绸缪，而不是力挽狂澜。1933 年，希特勒夺取了德国政权后，加紧扩充军备，用扩充军备刺激生产，经济和军事实力很快膨胀，政治上奉行法西斯主义，形成了一个战后新的战争策源地。之后，德意日法西斯又结成"柏林、罗马、东京"轴心，战争的阴影浓重地笼罩着世界。在这严峻的历史关头，以张伯伦为代表的绥靖派步步退让，他们不根据事物发展的具体情况进行具体分析做出准确判断，反而一味相信希特勒的谎言："只要英国不参加战争，德国便不会攻击英国"。当时，作为欧洲主战派的代表，丘吉尔就以高超的判断能力，敏锐地觉察到法西斯主义的威胁，指出法西斯德国正"以德国历史上空前未有的规模扩充军备，准备发动一场要使欧洲德意志化的战争"。他强调"要拯救我们的国家，必须再一次联合欧洲一切力量来约束抑制，必要时要挫败德国的霸权"。可惜，许多国家都是在德国的闪电战的履带铁骑兵临城下后才意识到德国的野心，整个欧洲也已经无可避免地被拖入战争的深渊。如果当初丘吉尔等人的预见能够得到重视，那么即使不能避免二战的爆发，至少也能降低众多国家的损失，避免那么多的人间惨剧。领袖能够在超前思维的指引和能动帮助下开展大胆实践，从而具备超越历史和时代的胆魄。能对发展大势形成预见是重要的一面，而得到这种预见后有没有勇气投身其中，用自身来验证预见准确性，才是一个领袖人物成功的关键。18世纪，以伏尔泰、卢梭为代表的思想领袖倡导了一场启蒙运动，对民智的开启发挥了重要作用。启蒙运动反对愚昧主义，提倡普及文化教育的运动。从精神实质上看，是宣扬资产阶级政治思想体系的运动，并不是单纯的文学运动。伏尔泰等思想领袖继承和发展了文艺复兴时期资产阶级反封建、反禁欲、反教会的斗争。进一步从理论上证明封建制度的不合理，从而提出一整套哲学理论、政治纲领和社会改革方案，要求建立一个以"理性"为基础的社会。用政治自由对抗专制暴政，用信仰自由对抗宗教压迫，用自然神论和无神论来摧毁天主教权威和宗教偶像，用"天赋人权"的口号来反对"君权神授"的观点，用"法律面前人人平等"来反对贵族的等级特权，进而要求建立资产阶级政权，直接为法国大革命奠定了思想基础。伏尔泰等思想领袖宣扬的天赋人权、三权分立、自由、平等、民主和法制等思想原则得到广泛传播，形成了强大的社会思潮，动摇了封建统治的思想基础，推动了资本主义的发展，促进了社会的进步。他们的许多著作，后来也逐渐被介绍到中国和日本等世界其他国家，对人民民主思潮与社会制度变迁产生了深远的影响。一般而言，民众总是乐于接受顺应潮流的思想，抛弃旧有观念，有时却会遇到相当的阻力。人类的行为必然要基于一定的思维模式，国家的行为更是遵循着特定的国家战略。有些思想开辟了全新的模式，使人们的关注焦点凝聚到从未达到的范畴上，甚至对国家的战略视野和战略模式产生了全球性的改变。阿尔弗雷德·马汉是美国卓越的海洋历史学家，海权论的创立者。奠定马汉领袖地位的是他于1890年出版的《1660年至1783年间海权对历史的影响》，简称《海权论》。该书与他后来出版的《海权对法国大革命和帝国的影响，1793—1812》和《海权的影响与1812年战争的关系》一起，并称"海权论三部曲"。马汉引证英国在拿破仑时代战争中获得海上霸权的事实，证明欲发展海权必须以强大的海军控制海洋掌握制海权。主要理论是，在海权与陆权之间严密彻底的海军封锁，远较一支常胜的陆军更具有决定性的力量。就像2000多年前的古罗马哲学家西塞罗说的那样："谁控制了海洋，谁就控制了世界。"海权论被誉为有史以来最具燃烧性的理论思想，而马汉在现代海军的建立问题上，比任何一个人的贡献都大。在海权论提出前，国际关系舞台上主要国家的视野都集中在对陆地的争夺上，这在激烈地争斗了数百年的欧洲国家中体现得尤为明显。海权论一经提出，就获得了西奥多·罗斯福的推崇。西奥多·罗斯福根据马汉的海权理论，凭借强大的军事经济实力，积极推行向外扩张计划，加强了对拉丁美洲，特别是加勒比海地区的侵略。积极扩建海军舰队，夺取太平洋各战略岛屿，开凿并控制巴拿马运河及附近战略基地，逐渐获得了霸主地位。继美国之后，英国、法国、德国、日本等国也纷纷开始对海权重视，资本主义国家的争夺开始由陆地转移到海洋，海洋时代宣告开启。

3. 领袖采取逆向思维就会另辟蹊径出奇制胜

善用逆向思维另辟蹊径。人类的思维也有两重性，存在着正面和反面的差异，产生了正向思维与逆向思维两种形式。一般人都只进行常规思考，就是运用正向思维，沿着人们的习惯性路线去看待、分析和处理问题，而领袖却擅长运用逆向思维，对司空见惯的事物进行反向思考，敢于反其道而思之，逆其道而行之，让思维从问题的相反面切进并深入进行探索，从而找到新天地，树立新思想。作为摆脱思维羁绊的一种创造性的思维方式，逆向思维代表他山之石，可以攻玉的方法，是连接柳暗花明又一村的桥梁，更预示着守得云开见月明的成功。逆向思维的本质是为了实现创新或因常规思路难以解决的问题，代表的是不落窠臼的立足点，出奇制胜的方法论，出人意料的新成果，这些都是领袖活动的要求。领袖常常面对未知环境寻找出路，面对未知难题思索办法，面对未知挑战迎难而上。常规与固定的思维方式起不到帮助，相反大脑一旦被常规所禁锢，就难以实现超越性的创新。如看到一个葫芦就判断它只能成为瓢，看到一块土壤就想起种庄稼，都没有全面地辩证地理解其实质问题，抹杀了创新精神。领袖善于通过否定固定套路来寻找新的途径，运用逆向思维定势打破思维枷锁束缚。毛泽东在决策三峡工程中，非常注重调查研究。尽管他一直怀有"截断巫山云雨，高峡出平湖"的梦想和心愿，但对这个重大问题的决策，是非常审慎和民主，反复听取专家学者的意见，允许争论甚至当面争论。经过这样的过程，毛泽东认识到当时上马三峡工程的条件还不具备，就把这个梦想留给了后人，没有限囿于唯自我的思维定势。法国生物学家贝尔纳曾说，妨碍人们学习的最大障碍并不是未知的东西，而是已知的东西。只有打破了这些思维定势，领袖才能避免把自己的思维禁锢在以往的套路中，从而真正地开启创新的大门。逆向思维还可以让人把现象和规律进行新的组合，从而发现许多难题的破解方法。美国汽车大王福特在街上散步时，偶然间看到肉铺仓库里的几个工人顺次分别切牛的里脊肉、胸肉、头肉，他的脑海里马上浮现出与此相反的过程：让工人顺次分别装上汽车的种种零部件。这就是用流水线组装汽车的方法，它和以前让每一个工人自始至终地装配一辆汽车相比，由于每个工人只负责汽车中的一小部分，操作简单容易熟练，因此工人劳动效率大大提高，而且很少出差错，因而使福特公司脱颖而出，奠定了福特在汽车行业中的地位。福特就是用逆向思维将其他领域的流水线操作与汽车制造工业结合起来，进而打开了一个新的领域。传统的改善老年人记忆衰退的办法是集中在改善记忆在大脑中形成的机制，通过药物增加记忆。而最新的研究方法反其道而行之，研究人脑如何在数日、数月乃至数年之内删除一些记忆材料，以及它们内在的机制作用，帮助人们摆脱那些无用记忆的困扰。在这种情况下，遗忘具有积极的功效，它可以避免大脑被琐事、早已无用的记忆充塞而变得麻木迟钝，从而腾出位置用于增加新鲜和有用途的记忆。领袖在最高战略层面主导局势发展的主要因素，逆向思维的应用在整个战略层面改变局势走向，远比一时一处的革新有重要的意义。逆向思维本身就蕴含着不拘泥于前人的既有成果，不满足于现有结论，不畏缩于承担风险创新开拓的优良品质。当所有人盲目地顺着大流往一个方向挪步的时候，往往只有领袖人物能审视这一方向是否正确，还有没有其他的方向可以选择，哪个方向更好。领袖对逆向思维的应用体现在策略上因势利导，即使真的身陷不利环境也能力挽狂澜。所谓力挽狂澜就是扶大厦之将倾，救完卵于危巢。领袖卓越之处的表现就是在将倾之际、危巢之中能够因势利导，创造性地突破常理，扭转局势改变乾坤。领袖对逆向思维的应用体现在战术上以迂为直，用最小的代价取得最大的效益。领袖在运用逆向思维语言艺术中，也有许多惊奇之处，周恩来在外交活动中就多次展现出应变机敏、言辞犀利和运用独特的逆向思维艺术。据《周恩来外交风云》记载，一次，周恩来接见美国记者，对方若有所指地问："总理阁下，你们中国人为什么把人走的路叫马路呢？"周恩来这样回答："我们走的是马克思主义道路，简称马路。"对方不甘心又问："总理阁下，在美国人们都仰着头走路，而你们中国人为什么低着头走路呢？"这个问题显而易见有些敌意，如果正面回击，可能失却风度出现尴尬，于是周恩来当即微笑答道："这个问题很简单嘛。你们美国人走的是下坡路，当然要仰着头走路的，而我们中国人走的是上坡路，当然要低着头走路了。"寥寥数语让对方哑口无言。周恩来的回答方式似乎是顺其势，但内容已是反其道了，丰富的内涵既是以迂为直的战略体现，用最小的代价换回了最大的效果，也包含着意境深远的逆向思维谋略应用之道。

山川资俊杰，时势造英雄。

领袖给人的希望有多大，
群众对领袖的评价就有多高。

第二章 领袖作用

（一）社会发展潮头的历史作用

领袖作为历史上处于社会发展潮头的人物，必然会对发展起重要的历史作用。历史是个大舞台，每个阶级、阶层的人都在历史剧中扮演一定的角色。但历史赋予人们的任务并不是直接地摆在面前，而是以潜在形式存在着，这就需要见识超群地位突出的领袖人物去把握。

1. 最有威信、最有影响、最有经验

在社会历史发展长河中，每个时代都涌现出领袖人物，领袖本身是具有杰出才能的。这些领袖人物顺应时代发展要求作出了卓越贡献，领袖人物是决策者、组织者和领导者，如果决策失误即使群众有满腔热情和冲天干劲也不能顺利完成任务。法国唯物主义

者爱尔维修说，每一个历史时代都需要自己的领袖人物，如果没有这样的领袖人物，他们就要创造出这样的领袖人物来。领袖人物的作用是历史发展的客观需要，他们是在斗争中不断改造自己，吸取群众的智慧适应群众的需要而形成的领袖人物。领袖人物不同于社会历史人物，每一个时代只有少数人物能称之为领袖。要想成为领袖人物，没有惊人的功业是不可能的，只有建立了重大的功绩，才能赢得群众的认可和遵从，才能确保领袖地位的形成。清朝末年政府的腐败无能和内外交困，西方先进思想的输入和人民反清情绪的高涨，清政府已成为历史前进的障碍，推翻风雨飘摇的清政府，已是历史发展的趋势。革命的客观条件已经具备，革命的机遇已经到来。辛亥革命无疑是中国近代史上最伟大的变革，它推翻了延续2000多年的封建帝制，开辟了中国历史的新纪元。辛亥革命的发生，看出孙中山的巨大作用。辛亥革命并非一蹴而就，仍经历了由可能性变为现实性的复杂过程。孙中山不断地革命的导向，导致了革命最后的成功。如果没有孙中山，历史事件不可能发生，即便发生也是另一种状况。领袖通常是指国家、集体或群众组织的最高领导人，是群体中最有威信、最有影响、最有经验，并通过一定途径担任最重要职务的人们。领袖又是历史任务的发起者。成熟的历史任务总是由少数的历史人物首先发现和提出来的。普列汉诺夫说：一个伟大人物之所以伟大，"是因为他自己所具备的特性使他自己最能致力于当时在一般和特殊原因影响下所发生的伟大社会需要"。伟人确实是发起人，因为见识要比别人的远，愿望要比别人的强。领袖只有具有杰出的才能，才有可能立下历史的功绩；只有适合时代发展的历史要求，充分发挥出自己的才干，才能奠定自己的领袖地位。领袖就是在社会实践过程中，促使主观的努力满足客观的需要，把历史的可能变成历史的事实。不管领袖是以何种形式树立和维护自己的权威，深深地扎根于实践是权威存在的首要条件。毛泽东就是在中国革命长期斗争中，经过成功和失败的比较，经过群众反复认识挑选出来的领袖代表。他在湖南第一师范求学时，经常深入农村、工厂，同工人农民交朋友。到北京后多次深入工人比较集中的长辛店机车车辆厂，调查工厂的情况。在长沙共产党早期组织建立后，经常到当地的工厂了解情况，广交朋友，同时开办夜校，建立工会组织，进行马克思主义宣传教育。通过对工人生活的了解，毛泽东看到了资产阶级对工人剥削的残酷，深刻体会到工人阶级是人类历史上最伟大的阶级，是中国革命的伟大动力。这些情况只有通过社会实践，才能更好地把握。毛泽东领袖权威的确立，是在极其艰难的革命中锤炼的，如果离开了革命的实践，不可能成为一代领袖，也不可能在人民心中有着崇高的权威。人是自然界发展到一定阶段的产物。马克思说："人的存在是有机生命所经历的前一个过程的结果。只是在这个过程的一定阶段上，人才成为人。但是一旦人已经存在，人，作为人类历史的经常前提，也是人类历史的经常的产物和结果，而人只有作为自己本身的产物和结果才成为前提。"领袖的权威通常在创新中得到强化，突出的是往往有着常人不及的思路，有着明显的性格特点。相传拿破仑骑马穿越一片树林，忽然听到了一阵紧急的呼救声。他扬鞭策马朝着发出叫喊声的湖边跑去，原来一名士兵落水，只见士兵一面挣扎，一面向湖中心漂去，距离岸边已有 40 米。岸上几个士兵慌作一团，无可奈何地呼喊着，他们当中谁也不会游泳。拿破仑赶来问道："他会游泳吗？"士兵回答会一点儿，拿破仑听后大声朝落水的人喊道："赶快回来！再往前去，我就开枪打死你！"说完，果然朝那人的前方开了几枪。落入水中的士兵，也许是听到了岸上威胁的话语，也许是听到了前方子弹入水的响声，猛然回转身来，拼命地划着，居然很快地游向岸边。拿破仑还有一个"要脑袋"的故事。一次行军途中，拿破仑带领先遣部队和一位工程师先到前面探路，来到了河边，河上没有桥，但部队必须迅速通过此河。拿破仑问工程师河有多宽。工程师回答，陛下，测量仪器离我们还有十英里远。拿破仑要他马上量出来。工程师说这做不到，陛下。拿破仑又说，"我命令你马上给我量出河宽，不然我就要你的脑袋！"于是，工程师很快想了一个办法：他脱下钢盔，让帽檐和他的眼睛、还有河对岸的一点正好在一条直线上。然后，他小心地保持身体的直立，不断地向后退，等到眼睛、帽檐和这边河岩的相应一点刚好在一条直线上时，他就停了下来。他把自己所处的位置标好，接着用脚量出前后两点的距离。然后，他对拿破仑说这就是河流大概的宽度。拿破仑大为高兴，马上就提升了他的职务。

2. 最聚英雄、最凝民心、最创历史

人类历史的发展有其内在规律，这就决定了历史运转总的方向是确定的，是不以人的意志为转移的。时势造英雄，英雄促时势。领袖人物在特定范围内决定历史的方向，特定的历史条件常常会把某个人推到时代的风口浪尖，使之成为万众瞩目的英雄。领袖是从群众和群众运动中产生的，领袖是群众利益的集中代表者，获得改造客观世界的伟大力量。得道多助，失道寡助，代表进步阶级利益的领袖人物能顺应历史潮流，将历史引向光明，而代表没落反动阶级的领袖

人物必然把历史引向黑暗和倒退。中国共产党领导新民主主义革命初期，没钱没粮没武器，但却在强大的国民政府"围剿"下一次次绝境逢生，最终发展壮大，根本原因就在于民心所向，获得了金钱武器无法比拟的伟大力量。领袖作为历史人物存在，对历史事件起到决定性作用，并在一定程度上加速或延缓历史进程。代表先进阶级的领袖人物，一般来说有积极的人生态度，进取的奋斗精神，能够顺应历史潮流，明确历史赋予的任务，领导人民进行创造性的历史活动，能加速历史的发展进程。《中国共产党中央委员会关于建国以来党的若干历史问题的决议》中说："如果没有毛泽东同志多次从危机中挽救中国，如果没有以他为首的党中央给全党、全国各族人民和人民军队指明坚定正确的政治方向，我们党和人民可能还要在黑暗中摸索更长时间。"这是领袖人物对历史推动作用的有力说明。任何人对历史轨迹皆产生影响，领袖在很大程度上影响历史的发展轨迹，领袖的意志对历史轨迹形成的作用大。大人物、小人物、正面人物、反面人物如此，领袖人物的权力对历史轨迹形成的作用大，普通人对历史轨迹形成的作用小，领袖人物的变更对发展会产生大的变动，但并不会改变历史发展的规律。领袖人物，因卓越的才华在追随者中的深远影响力，以及拥有的对社会资源的优先支配权，直接决定着个别历史事件的发生，决定着事件的规模或影响的大小，以及事件的成功与失败。领袖人物处在社会系统的关键点上，起到纲举目张的效果，对历史的作用力能直接体现。由于领袖的杰出才能和巨大的成功，群众会自觉地认同领袖，自觉地团结在领袖的周围。领袖是群众队伍团结的核心和旗帜，群众在这面旗帜下进行斗争。群众需要自己的领袖，没有领袖和领袖权威的出现，群众斗争就会陷于自发、涣散、摸索的状态。群众的决定作用，在此时表现为不容许自己长期处于群龙无首的状态，而是必定要在实际的斗争中造就出领袖人物来。群众之所以需要领袖，正说明领袖对群众起着重要的作用。要以领袖为核心才会有巨大的凝聚力，领袖指挥群众去战斗、去开战，引导群众克服困难，取得历史性的成功。

3. 最显群集、最能持久、最具客观

领袖人物在特定条件下是历史进程的影响者。人类历史的发展是有其内在规律的，这就决定了历史运转总方向是确定的，不以人的意志为转移。然而，具体的历史过程却是不确定的，受到各种外部因素的制约影响，领袖人物最具有突出影响因素。人们考察个人在历史上的作用时，既要肯定个人的作用，又要看到个人的作用受历史必然性的制约。尼克松说："关

于领袖之道，有一个既是最明显不过又是最难以捉摸的问题。有建树的领袖人物应该具备的最重要特征是什么？当然，不会只有一个回答。不同的情况需要不同的品质。但肯定地说，聪明过人、勇气、勤奋、坚韧、有判断力、对伟大事业的献身精神，以及一定的魅力，都是关键的因素。"领袖应具有无畏的献身精神，执著的事业追求，这种执著源于领袖对事业的认定，并为此用一生的精力去奋进。当然，这种事业必须与国家的前途命运相关联，而不是个人的欲望和利益。作为领袖尤其要注意：一是唯大众定势。人是一个群居的集体，人类在群居中与大自然作斗争，群集性是人的本能之一。从众性是群居性动物的一种天然倾向，人类活动组织性的特征，使得个人时常屈从群体压力服从集体决策，如领袖不能突破定势就会导致恶果。如发动"猪湾事件"就是肯尼迪的顾问班子一致通过的，但在美国的行动惨败后，这个顾问班子开始互相指责。所以，领袖一方面不能孤立自身，但同时又要能提出独到见解打破框框。一些收藏家在别人纷纷花巨资收购昂贵珍品时，却"独树一帜"地专门收集"失败作品"，结果反而收获颇丰。二是唯权威定势。在某个领域只信专家或学者的观点，不加思考地全盘接受，听不进反面意见。因此，领袖只有从实际出发审慎决策，才能确保不盲从。中国第二代战略导弹的总设计师王永志，在中尉时就敢于质疑权威，提出了减少推进剂的办法，破解了困扰专家们多年火箭命中率不高的难题。几十年后，钱学森提到这件事说："我推荐王永志没错，他那么年轻就能大胆逆向思维和别人不一样"。三是唯经验定势。经验积累是人类知识扩张的重要办法和资源，但对经验的过分依赖乃至崇拜，就会削弱头脑的想象力，造成创新思维能力的下降。领袖们面临前所未有的困难时，更需要创新思想，更需要踢开"经验"这个绊脚石，更好地破除各种狭隘思维。四是唯自我定势。这是最可怕的定势枷锁，它能让人不自觉地按照自己的观念、立场、眼光去考虑人与事。这种定势思维，从自身价值观出发，忽略组织和他人的多元性，抹杀组织和他人的创造性。只有群众的社会实践才是最持久的实践，群众的社会实践体现着人类实践的本质，群众的社会实践是考验领袖的真正标准，是领袖具有持久生命力的源泉。人是集群的，合群倾向是一种本能。群众在社会合群过程中，是一个交往的过程，由于对社会控制的需要，必然需要领袖的出现，带领大家共同生活，维持社会有序运转。领袖与群众的辩证关系是群众需要领袖，领袖依靠群众。党的领袖和人民群众有着密切的血肉联系，能反映和代表人民群众的根本利益和意志，引导人民群众沿着正确的方向和轨道前进。领袖作用的发挥是实现自由的一种途径，实现自由要对客观必然性增强认识，才能把历史必然性转化为人的自由，而转化的基础就是人类的社会实践。人们正是在改造社会实践的基础上，逐渐认识和把握历史必然性，去规划自己的行动，使必然性转化为人的自由。人们在社会实践活动的同时，自觉地不断改造社会，创造自己的历史。这是自由向必然的转化，在转化中有很多的方式和途径，从生产力和生产关系的相互促进中，获得更多的人类自由状态。领袖权威与领袖作用是相互渗透、相互促进的。领袖权威离不开领袖作用，没有领袖作用就不存在领袖权威。由于领袖权威的存在，才强化了领袖作用的执行力度，同时也强化了领袖权威本身。作为意志服从关系的权威，是群众对领袖认同而形成的，这种良性互动共同改造外部世界，获得更多的自由。领袖作用会受到历史必然性的约束，领袖权威又对社会发展起着促进作用。但这种作用的发挥不是随心所欲的，也会受客观必然性的约束。领袖权威的建立必须符合社会发展的要求，不同的历史阶段，生产力的发展不同，社会展现的历史形态不同，对领袖的作用要求也不同。只有正确认识历史形态基础之上的领袖权威，才能确立并发挥大的作用。领袖权威只有符合历史发展的客观必然性，才能成功地发挥作用。一方面，领袖权威在自由限度生成发展上，本身就是人类对自由认识的一部分，并同时促进获得更多的自由。另一方面，领袖权威只有合乎客观必然性才可保持树立，并持久发挥作用。每到历史关键时期，总会有英雄、领袖应势而出，引领时代潮流，开创历史新局面。领袖人物往往成为特定历史事件或组织的象征性标识，领袖人物通常遵循历史客观规律，沿着特定的运行轨迹徐徐前行，人类本身的主观能动性起着至关重要的作用。每当历史运行到一定阶段，时代会将社会发展的主动权交给人类，能否完成时代赋予的历史使命，决定着人类主体活动的成败。领袖人物因杰出被推举为最高领导者，作为整个团队的核心和事件的组织者，领袖人物以固有的世界观和认知水平为基础，凭借自身对社会环境的理解，引导事件发展的方向，发挥着关键的作用。这样就打上了独有的印记，形成了特有的外貌特征，以至于人们提起某个历史事件时，立刻想到某个领袖人物。如提到 13 世纪末的苏格兰民族独立运动，就不得不想起行刑前仍高声疾呼自由的英雄威廉·华莱士。提到大泽乡起义，就不得不想起陈胜、吴广的篝火狐鸣。不同的时代赋予了人类不同的历史任务，只是这些历史任务并非直接明白地摆在人们面前，而是以潜在形式存在着，这就需要见识超群的杰出人物去把握。领袖是独具慧眼的睿智者，感受着时代的脉动，是最先为人民群众指明历史使命和社会发展方向的人，也是最有能力带领人民群众完成客观使命的人。

（二）引发巨大变革的导向作用

领袖决定历史走向，能引发社会变革。领袖在社会变革中发挥着重要的导向作用。社会变革，包括政治变革、经济变革、文化变革以及社会风气的变革等。

1. 号召力与感召力

领袖不是天生的，而是来自于群众扎根于群众之中，一刻也不能脱离群众。领袖离不开人民群众，人民群众也离不开领袖。离开了群众，任何伟大人物都将一事无成。斯大林说："没有千百万人的支持，最优秀的少数人也是无能为力的。"列宁说："在人民群众中，我们毕竟是沧海一粟。""如果这些少数人不适应群众，群众有时就会对他们不太客气。"列宁常常教导全党，应当倾听群众的意见，了解群众的情绪，关心群众的疾苦，研究群众的斗争实践，并根据这些来检查自己的政策。领袖与人民群众密切联系，智慧来源于密切联系群众的社会实践，领袖的一切社会实践依靠的是人民群众。因为领袖的智慧来源于人民群众，密切联系群众才能得到人民的拥护和支持，才能产生人民主动信仰而凝聚起来的创造力。只有密切联系群众，在群众中调查研究，才能真正了解人民群众的利益需求，也才能获得人民群众的智慧。深入群众了解并代表民众利益诉求，是完成领袖与追随者互动的第一步。要切实在追随者群体中产生相应的影响，还必须将领袖自身的价值追求与所代表群体的利益诉求相一致，在共同目标不懈努力和追求中，充分发挥凝聚作用。领袖作为一种意志服从关系，对于服从者必然具有巨大的感召力，这种感召力对于服从者来说就具有很大的思想上的感染力，从而导致行为上出现与服从关系中相一致的行动。希望是一种具有号召力的目标，对人有超强的吸引力，虽然模糊，但具有很大的召唤力。领袖要让大家被希望吸引并为之奋斗。马克思曾将东方民众比做"一个大麻袋里的土豆"，彼此分散，缺少组织。形象地阐述了对民众进行有效组织的意义，领袖的作用能有效地将分散的民众凝聚起来，引导人们向同一个方向努力，直至达成最终目标。恩格斯曾把马克思比做"第一小提琴手"，以此来突出马克思在无产阶级政党中的核心地位。他说："当现在突然要我在理论问题上代替马克思的地位并且去拉第一小提琴时，就不免要出漏洞，这一点没有人比我自己更强烈地感觉到。"他还说，如果没有马克思，"我们至今还会在黑暗中徘徊"。由此可见，核心领袖人物对革命是至关重要的。列宁把马克思主义政党理论同俄国实践相结合，在强调领袖个人作用的同时，更多强调领袖集团的重要作用。他说："在现代社会中，假如没有'十来个'富有天才（而天才人物不是成千成百地产生的）、经过考验、受过专业训练和长期教育并且彼此配合得很好的领袖，无论哪个阶级都无法进行坚持不懈的斗争。"客观地讲，列宁以前的时代，领袖核心与领袖集团的矛盾并不显得十分突出，因而马克思主义并没有很好地解决这一问题。国家的命运、党的命运、人民的命运需要有这样一个领导集体，丰富和发展了马克思主义政党领袖集团学说，阐明了保持领袖集团的稳定不仅靠人，而且靠制度的重要思想。领袖集团应当是团结的，不允许闹分裂。党的团结是党的生命，而领袖集团的团结是全党团结的关键。对这个问题，列宁病重期间还非常关注，他为此专门评述了苏联党和国家几位重要领导人的个性，认为分裂的一大半可能由斯大林和托洛茨基之间的关系构成。因而他向代表大会建议总书记的人选应该是"较为耐心、较为谦恭、较为有礼貌、较能关心同志，而较少任性等等"。领袖的决策对历史走向至关重要。正确的决策使事业得到蓬勃发展，错误的决策导致重大的损失，甚至会偏离正确的方向走历史弯路。变革是面对困境大家最需要的希望，领袖给人的希望有多大，群众对领袖的评价就有多高。马丁·路德·金出生于1929年，是著名的美国黑人民权运动领袖。他最有影响力且最为人知的一场演讲是1963年8月28日的《我有一个梦想》，他迫使美国国会最终在1964年通过《民权法案》宣布种族隔离和种族歧视政策为非法政策。1986年1月，里根签署法令，规定每年1月的第三个星期一为马丁·路德·金全国纪念日，以纪念这位伟人，并且定为法定假日。迄今为止美国只有三个以个人纪念日为法定假日的例子，另外两个分别为纪念发现美洲大陆的哥伦布，纪念美国国父乔治·华盛顿。每一个听过他演讲的人都不会忘记，他不但让全世界的人都感受到他的魅力，还给了大家梦想，他告诉人们黑人也会成功。他让所有站在演讲台前的听众都心情激动、心潮澎湃。这个梦不仅仅是黑人的，而是属于所有那些希望改变现状的人！领袖应该是伟大的造梦者，人渴望成功，领袖要给那些希望成功的人提供梦想的通道。毛泽东被中国人民亲切地称为"红太阳"。他在占世界人口四分之一的人们心中，是希望是光明，是永远不落的"红太阳"。因为他为人民谋幸福，他给人们带来了希望，给那些贫苦的人民带来了生的希望和活得更好的希望。毛泽东给了当时中国所有贫苦老百姓一个美好的梦想，那就是跟着共产党走，大家都能过上好日子。当时的社会让人绝望，但毛泽东给人民带来了希望，所以就是救星。他让人民知道生活有希望，能过上好生活，这就是希望的力量。从某种意义上讲，领导就是商人，只不过卖的不是商品，而是希望。把希望给你，把支持给我。如果说希望是领导人手中的"商品"，那么权力就是手中的"货币"。领导者不能透支这些"货币"，要学会适当地使用它。权力透支会导致领导者破产，如果这些"货币"运用得当，跟随者就会越来越多。美国领导力学家玛丽·帕克·弗莱特认为：最为成功的领导者能够看到尚未变成现实的图景。他能够看到自己当前的图景中孕育生发但却仍未露头的东西。最重要的是，他要让周围的人感觉，这不是他个人所要达到的目的，而是大家的共同目的，出自于整个团队的愿望和行动。一个领袖一定要懂得怎么把希望推销给团队，让大家感受到这种目标、这种使命的强烈召唤。在延安生活简朴，当时的革命前景，年轻人还是一时很难看清的，但他们义无反顾地去了思想的圣地，应该说是领袖们的巨大导向作用改变了他们。在情况复杂充满不定性的状态下，保持清醒头脑迅速做出决策，是领军人物的重要品格。

2. 吸引力与凝聚力

领导者通过自身内在与外在素质的培养与修炼，形成很强的吸引力。成功的领袖只有拥有强大的吸引力才能一呼百应，吸引更多的人。领袖凝聚作用能够形成以领袖为核心的被支配者向着中心的巨大凝聚力，从而把这种主客体结构造成一个新的主体，并由这种凝聚力而积累起巨大的权力势能，从而在政治过程中发挥作用。威望是领袖在以往社会实践中展现出来的能力所得到的人们的一种认可，是领袖产生同时本身所具有的一种特质。这种特质伴随着领袖的诞生而产生，极大地强化领袖的吸引力。拿破仑的权威并不是先天就存在的，他之所以在后来获得巨大的声望，与他在军事上的杰出成就是分不开的。正是他的这些巨大的成就，群众认识了，并最终愿意服从。世界万物必有其核心，群体的组合也应该有其核心，没有核心的群体是松散而不稳定的。群体中有一个坚强的核心，才会使各个部分、各个成员凝聚在一块，形成强大的凝聚力。领袖的凝聚作用，恰恰是增长群体成员向心力的黏合剂。领袖与群众之间的意志服从关系，本身包含着自觉服从的因素。因此，这种凝聚作用的存在是必然的。群体核心力量的强弱，完全影响着群体的向心力。有了坚强健全的核心，群体成员的向心力才有所指向。核心消失了，也无所谓向心力了。有了群体核心的团结，就能凝聚民心，增强各个群体以至整个民族的凝聚力。对领袖来说，增强自身的能力与素质，是增强群体成员的向心力的重要条件。领袖凝聚作用，对加速群体意识的形成十分明显。政治领袖大都具有杰出的才能，具有很强的组织能力和演讲能力，通常又是社会活动家，他们的吸引力很突出。毛泽东就是这样一位杰出的领袖，他身边有着一群同样杰出的人物，在组织系统中共同努力着，直到最后取得了革命的胜利。毛泽东获得全中国人民的认可，有着巨大的凝聚作用，基辛格称赞毛泽东身上散发着一种伟人的光芒。领袖决策是对事关全局、战略、方向及具有深远影响的问题的提出、论证、决断和实施的全过程。要从有利于调动积极性出发，达到加速决策和完成目标的作用。领袖所处的群体，本来就是奔着共同的目标所成立，所以这个群体所拥有的是吸引力强的目标，远远高于一般的群体。要完成这些目标，没有凝聚力是不行的，也正是有着凝聚作用，领袖才取得了惊天动地的功绩。在解放战争的辽沈战役中，毛泽东与党的东北指挥官当时在作战的大指导思想上是一致的，都想一举歼灭国民党军队，但在如何与国民党作战上之间存在着一些分歧，这种分歧甚至在战斗快要打响时还没有很好地解决，东北指挥官一直犹豫不决。但在毛泽东的一再命令下，最终执行了毛泽东的战略战术安排，取得了辽沈战役的巨大胜利。当时如果没有毛泽东的凝聚作用，不但是战区的领导人很难信服，就是最高决策层也很难作出思想上的统一，毕竟决策具有很大的风险性。

3. 决策力与领导力

决策在领导中有着十分重要的地位，高层决策是党的事业兴衰成败的关键。决策失误是最大的失误，决策错误就是根本上的错误，即使其他什么都正确也没有任何意义。从苏联高层决策看，这个问题尤为突出。戈尔巴乔夫上台后，苏联高层领导一系列决策错误，是苏共丧失执政地位和苏联解体的重要原因之一。1985 年 3 月，戈尔巴乔夫出任苏共中央总书记，执政开始就立即进行了改革。首先提出"加速国家社会经济发展和完善社会生活的各个方面的方针"，经过一年多的实践，苏联"加速发展战略"碰壁，而后他又转向政治体制改革。苏共第十九次代表会议提出了，苏联改革的重心从经济领域转向政治领域，并提出"公开化、民族化、社会多元化"的三项倡议。又在 1990 年 3 月第三次苏联人民代表大会上，通过了《苏维埃社会主义共和国联盟关于设立苏联总统职位和修改补充苏联宪法的法律》，从法律上取消了苏共对国家领导的地位，确立了多党制原则，取消了对公民个人财产的限制，确立了生产资料私有制，规定设立苏联总统职位，改革苏联的国家领导机构。从此，苏联国内民族危机日益加剧，苏共从法律上失去了执政地位，苏联国内的经济危机日益加重，社会政治动荡，这一切变化与戈尔巴乔夫决策失误有着直接的关系。高层决策由于所处地位的重要，决定了决策具有宏观性和指导性。面临世界政治多极化、经济全球化的格局，必须用世界的眼光、战略的思维，解决社会发展的重大问题。必须着眼于全局和长远，既要接受严峻的挑战，又要抓住发展的机遇。必须面对知识经济时代，扩展视野增大空间，寻找发展战略的立足点。实践证明，决策水平高低，取决于领袖的素质。与大多数国家相比，丰富的文化底蕴是俄罗斯人的一个特征。但对于俄国来说，起着更重要支配作用的力量，不是文化，不是经济，而是政治。俄国是一个高度政治化的国家，政治生活又是由领袖人物所支配的。历史上实现帝国梦的彼得大帝，打败拿破仑的亚历山大一世，20世纪政治的风云人物列宁、斯大林、赫鲁晓夫、戈尔巴乔夫，最后是叶利钦，这些政治家的个性气质，甚至心血来潮的念头都曾规定了俄国人的活法。因为列宁的历史勇气，俄国的平民百姓忽然成了国家的主人，引发全世界穷人的羡慕。因为斯大林对阶级斗争的执著，使人民一方面战战兢兢地按领袖的指令生存，一方面战战兢兢地把生死交到领袖手里。因为赫鲁晓夫的经济改革，俄国人要按总书记的蓝图，过上人类从未有过的共产主义生活。然而，俄国人从领袖的许诺中得到的共产主义仅仅是"土豆烧牛肉"。最后，因为戈尔巴乔夫和叶利钦政治改革和政治反叛，国民突然发现，靠帝国精神维持的社会理想没有了，靠阶级斗争维持的时代精神没有了，甚至连土豆和牛肉也没有了。即使这样俄国人也没有想把交出去的命运收回来，茫然的眼光仍然在政治人物中搜索，希望能找到一个新的救世主。在20世纪90年代，俄国人的善意期望被无情地否定后仍在寻找领袖。叶利钦处在鼎盛时期，他挫败了所有的政治对手，建立了绝对的政治权威。但叶利钦并没有解决俄国的经济难题，于是领袖与议会的斗争不可调和，进行了你死我活的决战，叶利钦颁布了总统令宣布解散议会，而议会又紧急召开会议，作出公开对抗罢免了叶利钦。这是一场领袖人物与某些政治群体的对抗，是执政的个人与在野的多数之间的冲突，反对派利用人民对叶利钦的不满公开发难。在这种情况下，大多数群众按说应该支持对现政府的批评，然而俄国人寄希望于领袖人物的心理习惯又一次十分清晰地凸显出来。领袖与议会的斗争刚刚公开，莫斯科和圣彼得堡就发生了群众自发的集会、游行，支持他们刚刚还对其表示过不满的叶利钦，一时俄国就有两个"总统"。人们茫然而紧张地注视着，不知道这场历史性较量将会有怎样的结局。经过两个公开的权力中心十多天的较量，终于摊牌，一场总统对国会的战争爆发了。叶利钦得到了警方和军队的支持，而有了警棒和枪杆子的支持，又有十万群众游行支持，叶利钦以胜利而告终。俄国的老百姓与警察和军队站在同一条战线，保卫了一位他们不是十分喜欢的政治领袖，因为俄国不能没有领袖。如果没有一个具有威慑力量的领袖人物俄国就会大乱，所以俄国人在自由和秩序之间选择了后者，在民主与专制之间选择了后者，在公众意识与个人意志之间也选择了后者。后来，俄国人对叶利钦的支持率逐渐下降，原因是他处理俄国经济问题缺乏魄力，对仅有 75 万人的车臣，又过于显示出魄力。叶利钦没有在国家治理方面显示出过人的才能，最出色的政治表现是与各个权力集团斗争。俄国人评价领袖人物的标准，只要经得住挑战就可以成为领袖，所以叶利钦被俄国公众视为当然的领袖人物。

（三）主客体权力间的激励作用

激励能激发人们内心活动的状态，推动并引导行为朝着预定目标进行。领袖是主客体权力与威望的统一，是价值认同与意志的服从，由于主客体形成交往关系，必然对双方形成激励作用，对主客体都产生着相互影响。

1. 领袖群众亲密无间，群众领袖心心相连

权力是一个古老的概念，中国古语中权与力往往分开使用，权的含义包括审度之意、制约之意，权力即指审时度势的能力或制约他人的力量。现在的权力多倾向于制约之意。西方认为权力是支配、控制和制约他人的一种关系或量。德国社会学家马克斯·韦伯强调了意志强制性，把权力定为"在社会交往中一个行为者把自己的意志强加在其他行为者之上的可能性"。政治学家拉斯韦尔从政策影响力的角度来阐述权力，认为"权力是影响他人政策的一种过程，在这一过程中，使那些不服从政策的人受到损失"。管理学家斯蒂芬·罗宾斯则认为"权力是一个人影响决策的能力"。领袖极高威望在人们心中树起，是素质和品德的构成，在不断取得杰出成就中维持极高的威望。成功可以改变追随者对领袖的认识，大家看到领袖的才华、力量、意志和坚忍不拔的毅力，不断地增强领袖的威望。看待领袖权威的本质，要从主客体的关系中把握，主体方面体现为权力与威望的统一。

领袖权威也表现于对客体即服从者的激励作用。对服从者具有很高的感召力，这种感召力是服从者从心底发出的一种主动性，自觉自愿的积极性，也就是这种权威关系对服从者具有激励作用。人在不同的工作状态下，发挥的才能是相当悬殊的。一个人能力的发挥，在很大程度上取决于激励。领袖的激励作用主要体现在，服从者拥护领袖权威而产生的激励作用。正如拿破仑所说：“不想当将军的士兵不是好士兵。”对领袖崇高地位的景仰，对服从者有着极高的吸引力。激励的作用体现在服从者对领袖所设置的目标努力完成之中，领袖在人们心中树立了崇高的威望，人们寄予了更高的爱戴。这种情感在赋予了领袖权威的同时，也给予了领袖极大的激励。对于人们的这种形式上的爱戴，内含着一种意志服从关系。领袖应珍惜不断给这种权威关系注入新的内容，设置新的目标，努力取得新的成就。心理历史学方法，把影响领袖个人成长的社会历史因素、政治环境与领袖人物的人格特征，以及培养和发展的过程结合起来。领袖如果没有做出令人称道的杰作、伟业、事迹或奇迹，没有获得魅力的基础，群众不会崇拜他。马克斯·韦伯讲：“具有慑人魅力的领袖人物只有通过生活中表现力量才能获得和维持自身的权威。若想做先知，必须显奇迹；要想做军阀，必须立战功。总之，他的神圣使命是使那些追随他的人生活美满幸福，他显然不是上帝派下人间的主宰者。"在韦伯看来，传统型的权威依赖于传统，法理型权威依赖于法律和秩序，而克利奇玛型权威则依赖于领袖和追随者两方之间的情感归属。具体地说，就是两者之间的关系得以维持，不一定非靠物质性诱惑。真正使追随者心悦诚服地追随着领袖人物，是领袖指引方向和事业的召唤感。这类领袖人物总是表现出超越常规、突破繁琐的制度限制，富有浓厚的革新精神，善于对未来图景进行描绘。

2. 人是历史的剧作人，人是历史的剧中人

人民群众是创造历史的真正主体，是社会发展的主力军，是社会精神财富的创造者，是实现社会变革的决定力量。俄国的十月革命、中国的新民主主义革命，人民群众用实际行动向世人证明，只有人民，才是创造世界历史的动力。历史唯物主义的出现，打破了英雄史观的局面，明确了人民群众创造历史的主体地位。人民群众是社会历史的创造者，与此同时，也肯定了历史人物尤其政治领袖在社会历史发展中的作用。人既是历史的剧作者，又是历史的剧中人。马克思生动的事例，说明了这个颠扑不灭的真理，唯物史观确认人民群众是历史的创造者，但并不否认个人在社会发展中的作用。相反，对群众作用的肯定本身，

就包含了对历史人物在内的个人作用的肯定。因此，提高领导艺术的根本途径，最终只有到群众中去。从群众中来，从群众心中超越出来。这两个方面和途径，是领袖提高领导艺术的不二法门。群众是认识世界的主体，又是改造世界的主体。领袖觉悟到自己担负起历史使命时，就会勇敢地走在前列。历史进程中如果没有杰出的思想家、政治家、军事统帅启发群众的觉悟，组织群众的力量，指出前进的道路，人民群众要取得斗争的胜利是不可能的。在人民群众和领袖的关系当中，人民可以选择领袖，领袖却不能选择人民。人民培育了领袖，人民监督着领袖。领袖密切联系群众，善于集中群众智慧，甘当人民公仆，勤勤恳恳为人民效劳，全心全意为人民谋幸福，就能代表人民，就能得人心顺民意。这样，群众与领袖就会亲密无间，领袖与群众才能心心相连。领导艺术成为一种领悟，往往成为一种了然于心的豁然贯通。这种领悟式的学习，在时间和过程上，往往是瞬间完成的。领袖和群众一样，并非不食人间烟火，领袖也生活在复杂的社会环境中，同样受到个人经历和能力的限制。因此，领袖也难免有这样或那样的不足。人没有不犯错误的，领袖人物能否认识到，不仅是个人谦逊的问题，更重要的是能否坚持唯物史观，坚持群众至上的理念。"人非圣贤，孰能无过"。3600年前，仲虺告诚成汤，不勉其无过，而勉其改过。2600 年以前，诗人歌颂周宣王，不称赞他无阙，而赞美他能补网。最大的善就是能改过，"过而能改，善莫大焉。"列宁说过，仅就认识方面的原因说，把认识过程中某一个片断作人为的夸张，就已经是犯错误，更不必说其他复杂的社会原因了。列宁还说，人们并不会因为开始革命而变成圣人。这就是说错误人人有，错误不可免，错误是客观存在的。不承认不等于不存在，不改正就不会自动消失。而且，在什么范围内犯错误，就会在一定范围内带来损失，不公开承认和纠正错误，一概不是革命政党应有的郑重态度，而且今后还有可能会犯同类性质的错误。正是基于对党的事业负责，对人民群众负责，就有必要开展批评和自我批评。批评是对人的爱护。《荀子》上有一段话，"诸侯得师者王，得友者霸，得疑者存，莫己若者亡"。把没有人批评国君的错误，批评的严厉或缓和，作为国家兴亡盛衰的直接决定性因素，虽有些言过其词，却有一定的道理。1928 年，斯大林针对苏联党内的情况指出："一方面，我们这里出现了，从历史上形成了一批威信越来越高的领导者，他们几乎成了群众无法接近的人物。另一方面，首先是工人阶级群众，却上升的非常慢，他们开始眯着眼睛从下面向上望领袖，并且往往怕批评自己的领袖。"他强调指出要防止"领袖脱离群众，群众离开领袖的危险"。领袖人物的力量，在于他同群众的密切联系。一个领袖人物，如果离开了广大群众，就会变成茕茕孑立的孤家寡人，势必要犯大错误。领袖人物要脱颖而出，既需政党为领袖人物的奋斗与发挥自身的才能提供各种条件，也需执政党加强对领袖人物的宣传。宣传不一定要等到领袖人物成为国家领导人后才进行，而在杰出领导能力表现出时就有意识地宣传。宣传不是领袖人物产生和成长的唯一因素，但和平时期宣传对领袖人物的脱颖而出，具有重要意义。对领袖人物的宣传，世界各国执政党都有成功的经验。有人认为，资本主义国家实行的是金钱政治，谁的钱多谁就能执政。但事情并不那么简单，有些国家在竞选中胜出的往往并不是最大的富豪，而是能在竞选期间募集到巨额资金的政治精英。各国法律对竞选经费的募集都有极为严格的限制，因而要想募集到足够的竞选经费并非易事。而这些政治精英靠自己出色的政治经历、人格魅力和施政纲领争取资助，又用这些资助赢得选票而成功执政，正说明了政治精英具有优良的道德操守，过人的政治经验，良好的组织能力。尼克松在回忆录中提到，在1958年拜访丘吉尔时，丘吉尔的身体状况已经极度恶化，他躺在斜椅上，半闭着眼睛，对客人的有气无力的问候轻得几乎听不到。当会面结束后，尼克松起身告辞，丘吉尔坚持要送到门口，他得让人扶着站起来，并且只能在两名助手的搀扶下顺着走廊缓慢移动。打开门，早已等候多时的电视摄像机闪光灯的强烈闪光照得人们几乎无法睁开眼睛。但这时在丘吉尔身上的反应却犹如电击般迅速，他挺直身推开助手，一个人像往常一样，一个不屈的不列颠领袖再次出现在世界面前。他目光炯炯，伸出手指呈象征的 V 字符号，随着摄像机快门的声响，传遍全球的每一个角落。一会儿大门又关上了，助手们迎上来，扶住虚弱不堪的首相。为了维护自己的形象，最大限度地激励英国人民士气，首相迫使自己散发出最耀眼的光辉。

（四）　系统核心统摄的整合作用

整合是社会的一种存在状态，领袖效应通过众多意志服从形成合力，构成对于他人的压力从而不自觉地服从。将自己意志中与权威意志矛盾的部分自愿地舍弃，形成权威意志为标准的合力，使意志的整合效率达到新水平。

1. 领袖对社会具有巨大的整合作用

领袖作用是领袖权威存在的前提和基础。领袖权威最终在客体方面体现为意志的服从，那么这种服从绝不是无源之水、无本之木，它是建立在领袖社会实践所起的重大作用基础之上，没有领袖作用的领袖权威是不存在的。一个没有整合的社会是难以想象的，也是不可能存在的。社会的健康发展取决于社会的整合程度。每一个社会在自身的长期运作过程中都形成了富有个性的社会整合机制，社会各因素在这个机制中相互识别认同，最后融为一体推动社会发展。以权威为整合因素的组织或个人是基于权力功能作出的设计，权力在结构上的集权，表现组织支配体系的合理性状况，组织成员在决定进入或退出选择时，需要考虑权力和权威能够带来的损益。在以权威为整合因素的组织中，组织成员之间的关系是一种等级化的关系，组织可以通过权力行使的方式来控制成员，使组织成员的行为能指向权力所确立的方向。领袖以群众为动员对象，说明自己立场和价值观，进而要求对方理解和支持，采取一致的态度和行为。由于人类具有思维判断能力，具有理性态度，说服是一种有效的方法。领袖运用权力或物质利益，迫使相关主体放弃原先的价值态度，肯定和支持自己立场的价值整合方式。公共权力的权威性，公共权力和公共资源的应用，具有强制力的价值整合方式。命令和胁迫是强制的基本表现方式，奖励和惩罚则是强制的主要手段。说服和强制是领袖权威整合作用的主要方式。具体整合过程不是孤立的，而是相互联系相得益彰。人类社会的多元价值追求，决定了社会基本价值标准的多元性，多元价值标准在内容上不能相互抵触，社会基本价值标准之间的整合关系，是社会各价值领域协调发展的重要保障。领袖的号召力容易使人服从共同的价值体系，这是意志服从基础之上的，是领袖价值整合的突出表现。西汉时期汉武帝刘彻推行"罢黜百家，独尊儒术"，当时上层政治系统流行的治国之术是"无为而治"，这种价值观当时在整个西汉占据着主导地位。但刘彻得权后，利用自己的权威最终实现了整个社会的价值整合。不同的价值标准有不同适用范围，超出了原有的范围就会导致冲突。正像不能把物质价值领域的效用标准搬用于道德价值的领域一样，一个国家或民族不应把适用本国或本民族的各种价值标准，搬到别的国家或民族。价值标准适用范围的错乱，是社会共同体之间造成价值冲突的根源。人为地调整价值标准的强度，会造成价值领域之间的失衡，进而影响整个社会的发展。领袖在社会发展中的作用，总是受到集体、群众和社会之间关系的制约，每个集团都通过标志性人物来实现利益。领袖对自身所投入的事业，必是倾尽全力，务求成功。领袖与其所代表的标志性事件融为一体，密不可分。20世纪60年代席卷全球的革命浪潮中，切·格瓦拉无疑是鲜明

的人物。他于 1959 年参与了卡斯特罗领导的古巴
"七二六运动"，推翻了亲美的巴蒂斯塔独裁政权。
在古巴新政府担任了一些要职后，1965 年离开古巴，
前往刚果、玻利维亚等国家继续发动共产主义革命。
于是，带着左翼运动色彩、引领着革命旗帜的切·格
瓦拉自然而然地成了这股世界革命浪潮的偶像。红
色、革命、激进的样式形态，反抗着资本主义一切腐
朽力量，如此魅力吸引着激情的青年学生为之雀跃。
于是，那些红色激情中的学生和民众，纷纷将切·格
瓦拉视为精神偶像。特别是 20 世纪 60 年代末，在中
东和西方的年轻人中，他成为一个公众偶像，成为革
命的象征和左翼政治理想的代名词。一幅由著名摄影
师阿尔贝托·科尔达为切·格瓦拉拍摄的生动肖像照
片，成为 20 世纪最知名的图片之一。斯大林认为：
"要始终成为无产阶级斗争和无产阶级政党的领袖，
就必须兼理论力量和无产阶级运动的实际组织经
验。"斯大林这里所说的"理论力量"显然是指领袖
人物运用马克思主义的立场、观点和方法，分析和解
决问题的能力。从实践上界定领袖集团中的核心人物
的标准是有重大现实意义，它关系到领袖集团如何高
举马克思主义旗帜的问题。如果一个集团和核心人
物，思想僵化、句句照搬照抄马列主义的个别词句，
党就没有生机，就会把国家、民族引向灾难。相反，

如果能把马克思主义和本国实践相结合，用马克思主义立场、观点、方法观察和解决本国现实实际，国家、民族就充满希望。实际上，历史唯物主义者不否认领袖人物在历史上的重大作用，无产阶级领袖在历史上的作用比任何时代的人物都要伟大。

2. 群体领导方式理论支撑领袖集团

群体领导方式理论是在美国学者詹尼斯提出群体思维概念的基础上发展而来的。现有群体思维研究表明，群体思维涉及群体成员的心理活动和行为过程。对组织的领导方式影响最大的因素是个人主义、集体主义和权力级差接受程度。权力级差接受程度是指社会组织或群体成员接受权力分配不平等的程度。能够接受这种不平等的程度大，则称为高权力级差接受程度。反之，就是低权力级差接受程度。在个人主义盛行的国家，其组织中的群体领导方式是建立在个人利益与控制基础之上的，领导者为了达到自己的个人目的，常借助于一些直接和强有力的方式来控制局势。同时，如果组织中存在着低权力级差接受程度，则会造成组织成员在这种领导方式下的冲突和对抗。因此，在领导风格方面，以高个人主义和低权力级差接受为特征的美国群体更容易出现喜欢控制、命令和引导的领导风格。日本的领导方式相对于美国来说，是

一种更加平等、避免对抗的风格。这种情形下的领
导，会在群体中造成一种相对和谐、公平的氛围，但
有时会因为过分强调和谐而产生一些含糊不清、责任
不明的情况。中国的领导风格与日本的比较相近，但
领导在群体中的权威又相对较高，领导方式也更直接
一些。领袖有个体、群体之分，有杰出、平淡之分，
国家领袖并不单纯就是指的一个人，国家元首可能只
有一个，但国家领袖也许是一个人，也许是一个领导
集体。在当代社会，无论领袖是个人还是集团，本质
上都是特定政治集团根本利益的最高代表者。无产阶
级革命领袖，只能是一个领导集团，而不只有一个领
袖，马克思主义认为，无产阶级革命领袖不是从天上
降下来的，也不是命中注定要成为领袖的，而是在群
众革命斗争的烈火中，为适应斗争需要而造就出来
的。党的领袖是一个领导集团，强调了党的集体领
导。执政党的建设是关乎国家前途和命运的大事。而
执政党的正确领导又是关乎事业能否顺利进行的关
键。无产阶级领袖对无产阶级和人民事业的重大贡
献，使得他们必然享有很高的威望，这是客观存在的
事实。在中国革命的长期过程中，涌现出了一大批深
受群众爱戴的革命领袖，无产阶级领袖是代代相继、
连绵不绝的，这是一种历史的必然。麦克斯威尔认
为，只有伟大的团队才能造就伟大的事业。成功的领

袖必须在自己的周围建立一个高效的团队，才能显示出独特的核心竞争力。领袖集团是由精英分子所组成，代表着国家和人民的根本利益，并为其服务和奋斗。领袖集团形成强有力的领导，形成坚强的堡垒。邓小平对马克思主义领袖集团理论的新贡献主要有：辩证地阐明了要维护领袖集团的核心，但又不唯核心的道理；全面阐明了保持领袖集团的稳定不仅靠人，而且靠制度；从实践上界定了领袖集团中核心领袖的标准，为领袖集团领导人民指明了方向。所谓领袖集团中的核心，就是指领袖集团中处于主要地位，起主导作用的领袖个体。革命领袖的概念，有广义和狭义之分。长期以来，人们一般习惯狭义的概念，只对领导人称为领袖。把革命领袖看做是党中央的若干领导人，不是看做一个领导集团或领袖集体。列宁说，谁都知道，群众是划分为阶级的……在多数情况下，因此领袖也应该看做是一个领导集团，一个按照民主集中制原则组织起来、并实行集体领导的领袖集体。当然，在党的领导集团中，总会有一位被选出担任第一把手的领袖人物。毛泽东领导中国革命所建立的丰功伟绩，同人民群众创造历史的活动融为一体，如日月经天，江河行地，是永远彪炳史册的。同样，由于种种原因造成的过失也是客观的。党的十一届六中全会实事求是地评价功过，恢复了领袖和群众的正确关系。领袖不是高居群众之上的救世主，而是群众的战斗行列中坚强的战士，领袖是人民群众的导师，又是人民群众的学生，领袖教导人民，又向人民学习。无产阶级领袖永远和群众共命运、同呼吸。正如邓小平同志所指出的："同过去剥削阶级的领袖相反，工人阶级政党的领袖，不是在群众之上，而是在群众之中，不是在党之上，而是在党之中。正因为这样，工人阶级政党的领袖，必须是密切联系群众的模范，必须是服从党的组织，遵守党的纪律的模范。对于领袖的爱护——本质上是表现对于党的利益、阶级的利益、人民的利益的爱护，而不是对于个人的神化。"毛泽东是一位伟大的马克思主义者，在中国革命的长期斗争中建立了不可磨灭的伟大功勋，享有崇高的威望，被公认为伟大领袖。但毛泽东本人从来没有否认党内还存在其他领袖。他在民主革命时期就曾经指出："我们党的组织要向全国发展，要自觉地造就成万数的干部，要有几百个最好的群众领袖"。实际上，新中国成立以来，中国共产党早已是一个伟大的群众性的革命政党，它不仅拥有千万计的党员、百万计的干部，而且拥有几百个中央委员，其中包括一批全国最有威信、最有影响、最有经验的杰出领袖。毛泽东之所以成为伟大领袖，主要由于亲自领导了中国革命的实践，是长期的斗争考验和锻炼造就而成的。

毛泽东说，青少年时，曾经读过孔夫子的经书，相信过唯心论。参加革命以后，他对中国革命的客观规律不是一下就获得正确认识的，也经过实践和认识的不断反复过程。可见，毛泽东是人而不是神，是从群众的革命斗争中造就出来的。毛泽东说："共产党员绝不可脱离群众，绝不可高踞于群众之上，做官当老爷，而应当以普通劳动者的姿态出现在群众面前，深入于群众之中，同群众打成一片"，"既当官，又当老百姓。"领袖只有全心全意地为人民服务的义务，没有不接受党和群众监督的特权。领袖的作用在延安时期已作出了好的榜样。延安时期，党强调领袖群体，以共同的马克思主义信仰为精神基础，以民主集中制、集体领导体制为制度基础，核心和各主要成员的个人才能长短互补、有机搭配、交相辉映，特点十分鲜明。党的七大政治报告明确指出："以马克思列宁主义的理论思想武装起来的中国共产党，在中国人民中产生了新的工作作风，这主要的就是理论和实践相结合的作风、和人民群众紧密地联系在一起的作风以及自我批评的作风。"延安时期的领袖们正是这三大作风的代表，他们个个都是理论联系实际的典范，善于把马克思主义基本原理同中国实践相结合，实现了马克思主义中国化，成为指导革命走向胜利的锐利思想武器。他们恪守历史唯物主义的人民观，认为人民群众是历史的创造者，党必须相信群众，依靠群众，全心全意为群众服务。他们率先垂范，勇于进行自我批评，敢于承认错误，在党内外引起强烈反响。延安时期的领袖们倡导和培育的优良传统和作风，使广大群众认识到党是各族人民利益的真正代表，使党获得了战胜一切敌人、克服一切困难的强大力量。延安时期党的领袖群体，是1935年遵义会议后开始形成，1945年党的七大上正式确立起来的，七大选举产生的毛泽东、朱德、刘少奇、周恩来、任弼时五大书记，是这个领袖群体的主要成员。这一领袖群体，是中国共产党成立以来的24年中最稳固最有能力的领导集体，是一个具有很高威信、能够团结全党、在党的历史上作出卓越贡献的战斗集体。它领导中国人民打败日本侵略者，推翻国民党蒋介石反动统治集团，建立了新中国。延安时期党的领袖群体，是在新民主主义革命艰苦曲折的实践中大浪淘沙，是中国特殊国情所决定的。延安时期实现了马克思主义中国化的第一次历史性飞跃，创立了毛泽东思想。以毛泽东为代表的领袖们，认真总结经验教训，加深了对中国革命规律的认识，并且又将这些经验教训上升到哲学高度，深化了对马克思主义普遍原理与中国实际相结合的重要性的认识。毛泽东思想是在延安时期达到成熟的，党的领袖们为此作出了突出的贡献。毛泽东在肩负领导全党重任的同时，认真总结党的历史上的经验教训，进行了大量的理论上的创造性工作，写下了大量的马克思主义理论著作，形成了完整的毛泽东思想的科学体系。因此，毛泽东思想是共产党人集体智慧的结晶，更是延安时期党的领袖们的智慧的结晶和对中国革命最大的理论贡献。实践证明，党的领袖们的作风是否正派，直接影响全党作风好坏，直接影响全党能否团结统一，直接影响民心向背，关乎中央能否获得全党全国人民的拥护，关乎能否保持党的先进性。邓小平曾指出：遵义会议以前，我们的党没有形成过一个成熟的党中央，"从毛刘周朱开始，中国共产党才真正形成了一个稳定的成熟的领导集体。"从遵义会议开始，逐步形成以毛泽东为中心的新的中央领导层。党的领袖经过长期实践，在斗争中自然形成，既不应该仓促选出，也不应该个人争当。党的领袖是党内最优秀最杰出的，并经反复实践，各种斗争检验的具有全面领导才能者，获得全党的拥护，受到广大人民群众的爱戴。延安时期的领袖成员之间胸襟宽阔，坦诚相见，能够积极开展批评和自我批评，来往密切不拘礼节，是党内民主发挥得最好的历史时期。延安时期的领袖们以大局为重，不计名利，不争高低，在确立和维护毛泽东的核心领导地位上树立了榜样。毛泽东以出众的才华，驾驭大局的非凡能力，光明磊落的胸怀，勇于牺牲的献身精神，赢得了核心地位。而众人的支持，尤其是周恩来、刘少奇、朱德、任弼时等核心领导层成员的支持起到了重要作用。周恩来从遵义会议开始，就把自己摆在了辅助毛泽东的位置，自觉维护毛泽东的核心地位。"山川资俊杰，时势造英雄。"延安时期的领袖群体是一个珠联璧合、相得益彰、卓越不凡的互补型群体，是近现代中国历史人才群体、领导集团中的最佳组合。毛泽东目光远大，高瞻远瞩，是一个善于从实践中总结经验，从战略上思考问题的理论家、战略家和思想家，堪称舵手。刘少奇有着长期白区斗争的领导经验，又是党建专家，是解决特殊困难的能手。周恩来虚怀若谷，谦虚谨慎，机敏过人，是一个具有极强协调能力，处理复杂事件的高手，是公认的党内最出色的统战专家。朱德是人民军队的缔造者之一，有丰富的指挥经验和高超的军事才能，是淳朴忠厚、德高望重的长者。任弼时长期担任中央秘书长职务，勤勤恳恳，埋头苦干，是为革命百折不挠、奋斗到底的人民的"骆驼"。

（五）被支配者信仰的凝聚作用

人需要领袖，需要令人佩服的领袖。杰出领袖人物是环境和种族涌聚成运动与合体的精神。生命中有爱和权力两种巨大能动的渴求，现实中既要服从强大的权力，又要用爱的呼唤为动力。向比自己灵魂更伟大的灵魂去屈服，这是对更加伟大的灵魂的爱戴。

1. 伟人统帅凝聚众人

中国上下五千年的历史，无数英雄上演一幕幕历史大戏。杰出帝王的雄才伟略与文治武功开创了一个又一个朝代，打出了一个又一个太平盛世。历史长河中，每一段盛世繁华的文明绽放，都承载着众多古圣先贤的苦心孤诣和芸芸苍生的前赴后继。可以说，领袖的意志优于民众的意志，人类社会的历史画卷中，领袖既作为人民群众的成员，是文明奇迹的共同创造者，更作为其主要缔造者脱颖而出，留下了浓墨重彩。正确认识领袖的历史地位，认清领袖作用有利于社会发展，也有利于防止个人崇拜的滋生。重视无产阶级领袖作用与搞个人崇拜有着巨大区别，应划清二者界限。借古鉴今，意义深远、发人深思。党的领袖是党的决策者，他们的活动和思想关系着党的命运、关系着民族的命运。领袖的活动往往能给社会带来巨大的波动，无论是正面还是负面。由于历史条件的限制和思想上的不成熟，人们在对无产阶级领袖作用与个人崇拜的认识上出现了许多误区，表现为把无产阶级领袖作用推向了极端。在马克思历史唯物主义出现以前，多数中西方学者都是从精英人物在人类社会进程中的巨大推动作用的角度出发，进而得出了英雄决定历史的结论。纵览中华典籍，本纪、世家、列传能够留名史册的皆是帝王将相显赫权贵。一句"历史者，英雄之舞台也，舍英雄几无历史"道尽了几千年来中国封建社会史学家们的治史宗旨。自古希腊时代起，英雄史观就作为社会主流意识占据着西方史学家视野。从"西方史学之父"希罗多德到"古罗马最伟大历史学家"塔西佗，再到文艺复兴时期的马基雅维利，多数历史学家都认为是极少数具有创造性的个人，即领袖人物推动了历史发展，是历史发展的主导力量。历史是人民创造的，历史同时也是由英雄推进的。无论是创业打天下，还是守城治天下，以及识人用人和驭臣的经验都显示了杰出帝王无与伦比的领导艺术。人民群众创造了历史，还是英雄创造了历史。马克思、恩格斯创立的历史唯物主义，为正确看待历史中杰出领袖人物与人民群众的关系指明了方向。领袖的产生，是一种历史的必然，是人类前进的必然。因为在某些历史时期，需要领军人物指点江山，带领人民去实现目标。人类自身生理和心理上的日臻进步，势必自然地导致了一些具备不同常人的气质风范，在人群中显得出类拔萃。领袖人物便在社会进步的关键时刻，应运而生，这是时代的呼唤。当今社会也出现了一些匪夷所思的现象，出现了当官"怕"的情况，其实当官怕与不怕，应是很明确的。有人说当官要怕，也有人说当官不能怕。回答是，要怕亦不能怕。所谓"怕"就是为官从政用权要审慎。对领导而言，"怕"是一种政治上成熟的表现，是对权力一种清醒的把握，是一种党性修养。领导干部要怕什么？邓小平曾经说过："共产党员谨小慎微不好，胆子太大了也不好。一怕党，二怕群众，三怕民主党派，总是好一些。"所谓不怕就是为官用权要有胆量气魄，不怕是一种牺牲，不怕是一种奉献，不怕更是一种铮铮硬骨。领导也应有三不怕。一是不怕吃苦。现在物质条件好了，一些领导没有经过艰苦的磨砺，害怕吃苦，不愿吃苦，所以就会追求享乐，贪图安逸。鲁迅曾说："我们自古以来，就有埋头苦干的人，有拼命硬干的人……这就是中国的脊梁。"二是不怕吃亏。列宁曾经指出：共产党员不同于普通公民，其特殊之处就在于他要比群众承担更多的义务。这就告诉我们共产党的领导比一般群众要更能吃亏，不怕吃亏，才配当共产党的干部，才无愧于父母官之称。三是不怕得罪人。有些领导奉行多栽花少栽刺的信条，遇着难题绕道走，有了矛盾踢皮球，说话只顾讲方法，办事只求讲技巧，谁也不得罪，乐于当

"好好先生"。

2. 众人拥戴杰出伟人

马克思主义历来十分重视领袖的作用，同时更强调领袖发挥作用的条件。领袖之所以成为领袖，主要的还是取决于特定的社会历史条件，特别是人民群众的拥护和支持。从国际共产主义运动史来看，如何对待领袖历来是一个难度较大的复杂问题。抬高和夸大领袖的地位和作用，容易产生个人迷信和个人崇拜，从而导致专制和集权。忽视和贬低领袖的地位和作用，则会影响和削弱领袖应有的威信和权威，从而难以形成一定的向心力和凝聚力，导致无政府主义，甚至会影响到党的分裂和国家的动荡。领袖作用的发挥取决于时代发展的要求。每一个时代都有自己迫切需要解决的课题，领袖只有站在时代前列，顺应历史发展的潮流，回答和解决这些课题，才能发挥出应有的重大作用。邓小平初步解决了"什么是社会主义、怎样建设社会主义"这一高难度的时代课题。邓小平特别注重领袖发挥作用的群众条件。早在 1943 年他就明确指出："经验尤其证明：谁关心人民的问题，谁能帮助人民想办法去和敌人斗争，保护人民利益，谁就是群众爱戴的领袖。"这与他 1985 年 5 月在全国教育工作会议上提出的"领导就是服务"的思想是完全一致的。正确对待领袖，是马克思列宁主义、毛泽东思想中的一个重要的理论和实践问题。历史上各个不同的阶级、社会集团和政治派别，都有他们自己的政治领袖。列宁说："马克思主义教育工人的党，也就是教育无产阶级的先锋队，使它能够夺取政权并引导全体人民走向社会主义，指导并组织新制度，成为所有被剥削劳动者……的导师、领导者和领袖。"在人类的发展历史上，出现过各式各样的崇拜，从对物品的崇拜到对自然现象的崇拜，从对图腾的崇拜到对神灵的崇拜。对领袖的崇拜也是其中的一种形式。领袖崇拜包括的对象比较广泛，如传统社会的帝王将相，现代社会的企业家、科学家、文体明星等杰出人物，以及危急时刻的英雄人物，政治生活领域的领袖人物等。领袖对追随者有强大的号召力，根源在于领袖的超凡智慧和优秀品格，特别是描绘的美好蓝图，能满足追随者的超越心理。周恩来在人民心中占据着崇高的地位，他的人格魅力受到了人民的深切爱戴。"十里长街送总理"融进了中国人共同的记忆中。即使是在周总理逝世后这么多年，影响依然巨大。周恩来故居，每年有逾十万的人前往参观。截至2008年，周恩来故居、周恩来童年读书处、周恩来纪念馆，这三个周恩来纪念地从开放以来，共接待了2100万人。数字才是历史的真实记录者。领袖虽去，但从数字这位无声的"言者"身上，人们看到了欣喜，那就是周总理仍然犹存的强大感染力和号召力。领袖崇拜的产生是自然而然的，适度的也具有积极意义的。

3. 个人分量不要太重

强调领袖个人分量不要太重，绝不是否定杰出人物在历史进程中的伟大作用。历史的发展和社会的变迁，是由具体的人来推进的。因此，唯物史观从来不否认个人在历史上的作用，尤其是杰出人物、英雄人物的历史作用。不同的历史时代需要有自己的英雄，也必定会造就出自己时代的英雄，这就是通常所说的"时势造英雄"。普列汉诺夫说过："历史上真正重大事变和人物之所以重大，只在于他们是社会结构和经济条件发展的符号和象征。"个人崇拜产生的原因极为复杂，它既有封建专制主义的影响，又有其时代背景、政治条件，还有领袖个人思想作风和工作作风上的问题。个人崇拜本质上是主体自我意识的迷失，表现为对个别人物的神化和盲从，它是小生产经济和封建专制主义的产物，是一种腐朽落后的观念，是一种非理性情绪化的表征，是一种英雄创造历史的唯心史观。剥削阶级为维护自己的集权统治，往往借助个人崇拜控制广大人民群众的思想和行动。无产阶级的神圣使命，从根本上反对和排斥个人崇拜，但在国际共运中由于高度集权的领导体制，出现了神化个别领袖的运动。但对领袖的崇拜一旦超过了限度，就会演变成盲目的个人崇拜。个人崇拜，本质上是主体自我意识的迷失，表现为对个别人物的神化和盲从。个人崇拜过分夸大了个人在历史发展过程中的作用，把领袖人物绝对化地看成历史命运的决定者，忽视了人民群众在历史中的主动性、积极性和创造性，割裂了领袖同政党、集体、人民群众之间的关系。个人崇拜抑制了人民群众的思想，造成了民主政治不正常的局面，干扰了社会制度的正常运行。如前苏联党政领导极尽所能在讲话和报刊中吹捧斯大林，称之为"一切进步和先进事物的象征"，"一切时代最伟大的人物"，"我们星球上最伟大的人物"，"一切科学的泰斗"，"永远不犯错误的理论家"。1934 年召开的苏共十七大上，各主要领导纷纷发言，称颂斯大林的丰功伟绩。当年的《真理报》上更是肉麻地吹捧斯大林"是列宁最好的学生，是从列宁党脱胎出来的，党的骨就是他的骨，党的肉就是他的肉"。这时的斯大林早已被人赋予了"无所不知，无所不晓，无所不能，替所有人思考，他的一举一动永远正确"的超人地位。在盛大的聚会上对斯大林表示尊敬的祝酒词、向斯大林致意的话已成为司空见惯的现象，同时还总是伴有暴风雨般的掌声。斯大林的肖像、雕塑像装饰着国家机关的办公室，而过节时则装饰着建筑物的正面。在节日游行时全国各城市的人们都举着斯大林像。为表示尊敬，许多城市都以他的名字命名，如斯大林格勒、斯大林纳巴德、斯大林诺、斯大林尼里等。另外还有数不清的工业企业、集体农庄、国营农场也以斯大林命名。这种个人崇拜践踏了民主法制，扭曲了领导原则，助长了个人专断、一言堂、家长制作风，影响了领导决策的科学化和民主化，为苏联的发展埋下了祸根，并最终导致了灾难性后果。斯大林逝世后，以反对个人崇拜著称的赫鲁晓夫大权独揽，使得个人崇拜重新复活。他越来越丧失作为党和国家领导人所必须具备的谦虚品德，喜欢别人拍马，甚至肆无忌惮地鼓动别人吹捧他。斯大林逝世后，赫鲁晓夫在1956年的苏共二十大上作了《关于个人崇拜及其后果》的秘密报告，严厉地抨击斯大林无视党内生活准则，践踏列宁党的集体领导原则，鞭挞斯大林的个人崇拜。赫鲁晓夫的秘密报告在世界上引起轩然大波。一位前苏共高级官员回忆说："年轻的读者难以理解，对我们这一代苏联人来说，对那些青少年时代在可怕的世界，这只不过是一个你们自己塑造、你们自己将其扶到高座上的铜偶像而已。他说毕，就将铁索套到了偶像脖子上，用推土机和坦克把它拉下了底座"。斯大林逝世后，赫鲁晓夫虽然开展反对个人崇拜的运动，但个人集权过大、个人分量太重的问题并没有解决。由于个人分量过重，在决策领域造成一切重大问题都由领袖定夺。这一方面不符合决策的民主化、程序化的要求，另一方面也很难保证决策的正确性。由于领袖具有决定一切的权力，其他人只能顺从、逢迎，不敢提出自己的见解，更谈不上提出批评，对领袖个人来说，由于听不到反对的声音，使得领袖很容易产生自己一贯正确的错觉。许多重大决策的失误，往往在这样的背景下产生。由于没有从领导制度上改革，勃列日涅夫时期这方面的弊端更为突出。晚年的勃列日涅夫年老力衰，基本上失去了治理国家的能力。然而，就是在这种情况下，像苏联出兵入侵阿富汗这样的国家重大决策，竟然是只有勃列日涅夫等三个人做出的。对斯大林功过的评价要与时俱进。考察苏联兴亡的历史进程、总结苏联兴亡的历史经验，要探究从列宁到戈尔巴乔夫苏联历届党政首脑的理论、路线、体制和实践的演变问题，尤其是涉及对斯大林功过的评价问题。因为斯大林执政时间最长，而且苏联的社会主义制度主要是在斯大林执政的30年间（1923—1953年）建成并且得到巩固的，随后30多年苏联斯大林模式没有发生什么大变化。如果肯定斯大林是功大于过，那么就要肯定苏联的社会主义模式基本上是成功的、优秀的，尽管难免还有一些弊端，但只要经过小修小补就能更加显示优越性。如果是这样看待苏联兴亡的历史，那么就很自然会得出这样的结论。苏联到 1991 年灭亡，主要是由于斯大林之后从赫鲁晓夫起到戈尔巴乔夫为止，苏联领导人全盘否定斯大林，全盘否定苏联党和人民的奋斗历史，推行右倾社会主义、修正主义路线，因而造成恶果。如此夸大几个领导人的有限作用，而无视两亿多苏联人民、近两千万苏共党员的决定作用，这种看法显然是不符合实际的，无法令人信服的。毛泽东这样评估斯大林的是非功过："斯大林是一个伟大的马克思列宁主义者，但是也是一个犯了几个严重错误而不自觉其为错误的马克思列宁主义者。""斯大林的错误同他的成绩比较起来，只居于第二位的地位。"同时毛泽东又一再形象地重申"功大于过"的结论。中央认为斯大林是三分错误，七分成绩，总起来还是一个伟大的马克思主义者。中国有两千多年封建社会的历史，人们形成了一种顺从的心理。把皇帝看做是主宰，把一切寄托于开明皇帝的出现。中国取得了新民主主义革命的胜利，建立了新中国。建国初期，社会主义建设的伟大成就使全社会的政治经济和文化面貌都发生了巨大变化，人民的政治、社会地位都有了非常大的提高，生活状况也得到了一定程度的改善。

人们很自然地把这一切变化归于领导革命和建设的党及其领导者们。"没有共产党就没有新中国"、"毛泽东是人民的大救星"是当时人们发自内心的呼声。在这样的基础上产生的感恩心理使人们对革命的领导者充满了崇敬和爱戴，而这种崇敬和爱戴很容易转变为对革命领袖的个人迷信和崇拜。就毛泽东本人来说，他对官僚主义是持反对态度的。在革命时期，毛泽东就主张官兵平等、军民一致。建国后，他大力提倡群众路线，要求党政机关的干部不能脱离群众、脱离人民。他这样做的主要动机是防止党内出现官僚主义和党政机关的官僚化。在毛泽东的思想深处，他不想当官僚机构的首领，而只想当一名名副其实的人民领袖。可是在毛泽东晚年的一个时期内，随着个人迷信的产生，在党内的最高领导层中出现了政治上的不平等。无产阶级政党成为执政党后，党的地位和环境发生了根本的变化，在胜利的形势下，在一片赞扬声中，产生个人崇拜、个人专断现象的危险大大增加了。因为革命和建设事业的伟大胜利，总是同领袖的名字联系在一起的，这就容易突出某个领袖的作用。

　　权威是人类社会关系中的一种特殊交往形式。

　　领袖是关键，群众是根本。

　　历史的任务是贯通过去、现在与未来，

　　并赋予此一有机连续体的意义。

第三章　领袖权威

（一）领袖权威反映社会实践的客观性

权威是人类社会关系中的一种特殊交往形式。领袖权威是领袖在社会历史活动中产生的，领袖作为社会历史活动中的一个特殊个体，也必须在社会实践中去自我展现主观能动性，才使权威得以形成并发展。没有这种主观能动性，没有植根于社会实践的活动，一切都无从谈起。

1. 权威渊源于人类社会物质生产中

权威是领袖在其社会实践中自发生成的，形成后要自觉地去维护。恩格斯说："能最清楚说明需要权威，而且是需要专断的权威的，要算是在汪洋大海上航行的船了。那里，在危急关头，大家的生命能否得救，就要看所有的人能否立即绝对服从一个人的意志。"领袖权威在其主体上就是权力与威望的统一。从领袖权威的主体来看，领袖必须具有杰出的能力，才能对社会发展有推动能力。领袖对社会作出了巨大的贡献，就能获得威望。把威望与权力结合起来，就会在主体方面具备条件。威望是领袖权威产生的必要条件，一个领袖没有威望是不可能产生权威的。权力不是领袖权威的充分条件，也不是必要条件，有威不一定有权，有权也不一定有威。但权力在加强领袖权威方面确实能起到巨大的作用，尤其是作为一个革命家的领袖，只有掌握了政治权力，才能更好地服务于人民，使自己权威的力量得到最大程度的施展，以达到权力与威望的统一。领袖权威生成与领袖个人的主观方面相关联，与一定社会历史条件下所提供的社会历史环境相关联，二者是相互支撑的。不同的时代会出现不同的领袖人物，相同时代由于领袖人物能力及品格的差异，所显现的社会图景也不同。良好的主观条件是树立领袖权威的基本条件。领袖是一个阶级或政治集团利益的代表者，又是组织者和领导者。他们对历史事件不仅有着深刻影响，而且有时会起到决定性作用。领袖素质好能力强，就有助于推翻反对势力的统治。反之，领袖素质差，就容易犯错误，使事业遭受挫折或失败。领袖权威的实现与领袖个人的主观条件相连，是有政治背景的。列宁说："在历史上，任何一个阶级，如果不推举出自己的善于组织运动和领导运动的政治领袖和先进代表，就不可能取得统治地位。"无产阶级革命之所以需要有政治素质好、能力强、有威信、经验丰富的领袖，就是因为需要领袖创立和制定革命运动的理论、路线、方针和政策，给群众指明方向。而如果违反时代发展的需要，逆历史潮流而动将导致失败。袁世凯当时拥有巨大的权势，由于恢复帝制逆潮流而动导致了彻底的失败。领袖人物必须对历史潮流有着超前的分析和把握，并从习惯性的思维中开创一个崭新的局面，去适应时代的发展。领袖权威客体方面是价值认同与意志服从的统一。在客体方面，只有群众在价值观上认同领袖的价值观，在互动过程中内化成一种整体的价值观，使领袖和群众整合成改造社会的力量。群众自觉形成对领袖意志的服从，加速领袖能力的发挥，共同推动社会的进步与发展。领袖权威在实践中生成、在实践创新中得到强化、在群众实践中得到认同。领袖权威离不开领袖作用，没有领袖作用就不存在领袖权威。由于领袖权威的存在，才强化了领袖作用，同时也强化了领袖权威本身。领袖权威的产生是伴随着领袖的产生而产生的，没有领袖的诞生，也就无所谓领袖权威的存在。领袖要群众心服口服，自觉接受领导，就必须凭借自身品德高尚，强有力的领导和良好作风，以及对权力的正确而巧妙地运用。领袖有了感召力，群众就会心甘情愿地跟他前进。历史是人的活动的历史，历史必然性存在于人们有意志、有目的的现实历史活动是无数历史偶然性的总和。不同的时代产生不同的领袖，不同的领袖具有不同的历史偶然性，这种偶然性与历史发展的条件相适应，任何领袖人物的出现，都有历史的必然性。领袖人物的作用是必然和偶然的统一。由于历史偶然性的存在，领袖权威展现形态多种多样，不同的领袖人物虽然所处时代不同，所面临的历史任务不同，所作出的贡献不同，但都获得了人们的认同，体现领袖权威展现形式的多样性。

2. 权威贯穿于人类社会历史活动中

人类生存发展必然要认识和改造自然，人们在认识和改造自然的劳动中，发生有利于人的变化。人类只有遵从权威，才有可能解决人与自然、人与人的矛盾。马克思和恩格斯坚持历史唯物主义，对英雄领袖人物在社会历史中的作用进行了重点关注，他们虽然没有明确提出过"领袖权威"这个概念，理论著作中却深嵌着对这个概念的解读和思考。马克思说："一切规模较大的直接社会劳动或共同劳动，都或多或少地需要指挥，以协调个人的活动，并执行生产总体的运动——不同于这一总体的独立器官的运动——

所产生的各种一般职能。一个单独的提琴手是自己指挥自己，一个乐队就需要一个乐队指挥。"人类的共同协作劳动是需要指挥和协调的，由此也就产生了权威存在的基础，同时这个权威的存在是与时代人物相联系的，是依附于领袖人物产生的，马克思说："如爱尔维修所说的，每一个社会时代都需要有自己的大人物，如果没有这样的人物，它就要把他们创造出来"。每一个大人物的出现，必然会带来自己的领袖权威的树立和维护，承认领袖历史的重要作用，也就同时无法否认领袖权威的存在，这种存在不但是重要的，而且是必要的。在《论权威》一文中，恩格斯以纺纱厂纺纱和铁路运行作为例子说明，在革命历史活动中，领袖权威存在的必要性及其重要性。恩格斯还说："不强迫某些人接受别人的意志，也就是说没有权威，就不可能有任何的一致行动。不论这是多数表决人的意志，还是作为领导机构的委员会的意志，或是一个人的意志，——这总是要强迫有不同意见的人接受的意志；然而没有这种统一的和指导性的意志，要进行任何合作都是不可能的……请试试看，在船上废除船员'所承认的一切权威'！"马克思和恩格斯认为领袖权威的存在，是建立在一定社会历史条件下的，它的运行和发挥作用是受一定历史条件制约的。马克思认为，人是社会的人，在其现实性上是一切社会关系的总和，领袖权威作为领袖品质的展现也是一定社会关系的产物，它必然也从属于一定的社会历史条件，所以马克思说："人们自己创造自己的历史，但是他们并不是随心所欲地创造，并不是在他们自己选定的条件下创造，而是在直接碰到的、既定的、从过去承继下来的条件下创造。"领袖权威作为一种社会存在，它附着于领袖的成长过程之中，并伴随着领袖的诞生而随之跳跃在历史的舞台，与领袖社会实践活动相伴随，所以领袖权威的存在和发挥作用也不得不受着当时社会历史条件的制约。拿破仑曾经取得了辉煌的成就，并一跃而当上了法国的国王，在拿破仑连年战争胜利的过程中，他成为了一个杰出的领袖，伴随着的是他的领袖权威的树立，这种领袖权威的辐射力不但给法国人民，而且给整个欧洲大陆的人民以极大的震撼力，这种高大的光华带给了他极大的自信，于是拿破仑认为自己能够征服整个欧洲，但是他最终失败了。领袖即使享有崇高的领袖权威，如果不能客观地评价当时的社会历史条件和人心向背，也不能带来持久的胜利。领袖权威产生的客观性，权威的存在是社会人际沟通、社会和谐与稳定的前提和基础。领袖人物的伟大作用很容易被人们所关注，若不采用历史唯物主义的立场，就容易对领袖权威进行不恰当的分析，陷入从个人英雄主义的角度来分析领袖权威。领袖权威的作用存在于自由和必然、必然和偶然的关系中，领袖从集体中产生，领袖的作用离不开以他为核心的领导集体的共同努力。在领袖取得统治地位后，其制定政策以及政策的贯彻执行，都离不开领导集体的支持。领袖有绝对核心作用，这种核心作用在一个集体领导中得以体现。领袖发挥作用必须依靠集体的智慧，才能最大限度保证决策成功。恩格斯曾经深刻指出："我们看到，一方面是一定的权威，不管它是怎样形成的，另一方面是一定的服从，这两者都是我们所必需的，而不管社会组织以及生产和产品流通赖以进行的物质条件是怎样的。"离开了人们的服从，也就无所谓领袖权威。一般来说，人们对权威的服从，实际上就是出让自己的行动的控制权。人们服从领袖权威是因为处于支配地位的领袖与自己的利益是一致的，服从权威会给双方带来好处。领袖权威与群众的服从是建立在利益一致基础上的共同权威关系，因此要密切领袖同人民群众的联系。领袖个人虽然作为领袖集团的核心，但毕竟是领袖集团的一分子，能力发挥的大小最终也要依靠领袖集团，只有靠制度来规范和约束，才能在最大程度上保证决策的科学性。领袖与领袖集团的关系是相互依赖，相互依存，相互促进。人们的实践活动构成了交往的形式和内容。人们通过自身的实践活动产生自己的世界，改变自身的环境，形成人类交往的特定的形式和内容。交往现象是主体间的互动过程，人们在实现相互间物质、能力、情感、信息等方面的交流。交往不是静态社会关系的总和，而是实践活动过程展现的人与人之间的协同活动。交往过程中，人与人之间通过政治、经济、思想文化等方面的交往，增强了相互之间的联系和沟通，对于杰出者慢慢就有遵从之意，有自觉服从与跟随的意愿，权威在社会领域中形成。

3. 权威交往于人类社会特殊关系中

人是社会的人，交往是人所特有的相互往来关系的一种存在方式，即一个人与其他人相互联系中的一种存在方式，也是人类社会得以发展的基本前提。党和领袖的领导对革命事业胜利发展具有关键性的作用。马克思、恩格斯指出，这是因为"在实践方面，共产党人是各国工人政党中最坚决的、始终起推动作用的部分；在理论方面，他们胜过其余无产阶级群众的地方在于他们了解无产阶级运动的条件、进程和一般结果"。但从根本上说，对革命事业的成败起着决定作用的不是领袖，也不是党，而是广大人民群众。马克思和恩格斯积极投身于革命实践，对人民群众在革命实践中的作用论述得更直接、更透彻。他们认为，领袖作为一定历史时期的先进代表，要想在特定历史阶段树立和发挥自己的领袖权威，必须要依赖人民群众。斯大林说得好："把领袖看做唯一的历史创造者，而不把工人和农民放在眼里的时代已经过去了。现在民族和国家的命运不仅仅是由领袖决定的，而首先和主要是由千百万劳动群众决定的"。古希腊神话中有一个名叫安泰的英雄具有巨大的神力，这种力量的源泉就出于大地母亲身上。他在战斗中遇到困难，只要往地上一靠，就能获得新的力量，成为不可战胜的。后来，敌人发现了这一点，就把他骗到空中来同他战斗，安泰离开了大地，结果就被敌人扼死了。斯大林在《联共布党史简明教程》结束语中，引用这个神话故事来说明党的力量源泉在于群众。威与信对于领袖来说缺一不可，威是信的保障，有信无威，领袖的号召力就无从谈起。信是威的基础，有威无信，领袖的执行力就会大打折扣。有威有信就有了令人折服和信任的统率能力，领袖所带领的团体也就有了巨大的向心力、凝聚力，领袖的事业就有了无坚不摧、无往不胜的强大动力。"有威则可畏，有信则乐从，凡欲服人者，必兼具威信。"威信是一种大气魄、大诚信、大智慧、大品格。"威"的本义为"强大的声势，令人畏服的气魄"。积极的人做任何事情都不会欠缺主动，积极的人将计划付诸实施是不会半途而废的，积极的人在事情不顺的岔口，不会无力扭转形势。春秋战国时期，吴国国王阖闾为富国强兵，广招贤才。齐国人孙武为避战祸，辗转奔波来到吴国。在吴国隐居期间，他刻苦钻研兵法，经过多年的努力，终于编成了《孙子兵法》。"信"的本义是"诚实，不欺骗"，可以引申成"信义"、"信用"等。在战国七雄中，秦国在政治、经济、文化各方面都比中原各诸侯国落后。公元前361年，秦国新君秦孝公即位，首先搜罗人才，不论秦国人或外来人，谁使秦国富强，就封官。果然吸引了不少有才干的人。卫国贵族商鞅，在卫国得不到重用，来到秦国。商鞅对秦孝公说：国家要富强，必须注意农业，奖励将士。要打算把国家治好，必须有赏有罚。有赏有罚，朝廷有了威信，改革就容易进行。秦孝公完全同意商鞅的主张，一些贵族和大臣却竭力反对，秦孝公怕闹出乱子，把改革的事暂搁两年，秦孝公的君位坐稳了，就封商鞅为左庶长。商鞅起草了改革的法令，怕老百姓不信任不按新法令做，就在都城的南门竖了一根三丈高的木头，说："谁能把这根木头扛到北门去，就赏十两金子。"大家议论纷纷。有的说这根木头谁都拿得动，哪儿用得着十两赏金？有的说这大概是左庶长开玩笑吧。大伙儿你瞧我我瞧你，没有一个敢扛木头。商鞅知道老百姓不相信他下的命令，就把赏金提到五十两。没有想到赏金越高，看热闹的人越觉得不近情理，仍旧没人敢去扛。正在大伙儿议论纷纷的时候，人群中一个人跑出来，把木头扛起来，一直搬到北门。商鞅立刻派人赏给扛木头的人五十两金子，一分也没少。这件事一下子轰动了秦国。商鞅徙木立信确立了政权的公信力，立信于民，为后来变法的顺利实施奠定了重要的基础。

（二） 领袖权威反映社会内容的历史性

每个时代的领袖权威反映所在时代的特征，具有历史性。在一定历史时期，领袖权威是发展和变化的，客观环境的变化导致了领袖权威的变化。生产力的发展导致了生产关系的变化，进而导致一定历史时期领袖权威的要求变化。

1． 领袖权威随着历史发展而权变

领袖权威作为特殊的人与人之间的关系，必然适应这种关系的发展和调整。汤因比说："历史的任务是贯通过去、现在与未来，并赋予此一有机连续体的意义。"从历史的境界来看，把它作为领袖提升能力的途径，主要是学习、总结经验，以更好地把握规律性的东西。就是通古今之变，为的是指导当前预测未来。因为今天是昨天历史的延续，明天是今天的延

续。在新的历史发展阶段，领袖结合新的历史发展条件和机遇，采取不同于以往的策略和方法，加强自己的领袖权威，从而使领袖权威在领袖个人的发展历程中也具有历史性的特征。领袖权威作为群众对领袖意志的服从关系，随着剥削制度被消灭，群众和领袖关系性质的根本改变，群众的主人翁意识、民主意识将不断增强，而且得到了制度上的保障，因此在意志服从关系中的强制性因素将日趋减少，非强制性因素将日趋增多，最终达到人的自由全面的发展，领袖与群众的关系建立在更高物质和精神基础之上，更加和谐协调的情境之中。在时代背景下，领袖的睿智知法和把握规律，应该趋向历史和哲学的境界。近代的战略家领袖，无一不是历史学家，历史当中包含一种智慧和经验。领袖权威的生成通过道德规范的方式，思想意识形态的塑造，时代背景的影响，构成了生成领袖权威的武器。中华民族是历史悠久的民族，以其灿烂的文化著称于世，传统思想是中华民族智慧的结晶，古时就有"一言以兴邦，一言以丧邦"、"普天之下，莫非王土。率土之滨，莫非王臣"的权威思想，说明古代政治思想家已经认识到领袖在国家政治生活中的巨大作用。领袖权威思想的思考和探索源远流长，仁政思想、民本思想的建立产生了很大影响。"修身齐家治国平天下"的实现，是判断领袖成功的主要标准。孔子提出"为政以德"的思想，英明的君主要想有所作为，要想加强自己的领袖地位，维护自己的权威，为政以德必须坚持。孔子在君主与人民的关系上，认识到没有民，君的统治就失去根基，民众富有君主才能富足，君主富足是以百姓富足为基础的。孔子提出重教化作为实现他的仁政思想的措施："道之以德，齐之以刑，民免则无耻；道之以德，起之以礼，有耻且格。"他认为在使民众富足之后，还需"教之"，这是保证国家长治久安的根本。因为，统治者不能只靠刑罚来治理国家，单靠刑罚是不能使民众信服的，必须以道德教化引导人们，着重加强对人民实行道德礼仪的教化，充分发挥道德强大的感化力量，这样"民之悦之，犹解倒悬也。故事半古之人，功必倍之"。用礼来规范人们的行动，民众才能心悦诚服，老老实实服从统治。在孔子看来，"不教而杀谓之虐"是"四恶"之首。应坚决反对杀戮，达到"远人小服，则修文德以柬之"的效果，只有引导百姓服从君主的思想理论，百姓才能真正服从君主，其实这里面已经包含了深刻的领袖权威思想。李世民是中国封建社会杰出的政治家，也是中国历史上颇有作为的皇帝之一。在位 23 年，是著名的"贞观之治"时期，李世民的民本思想的核心部分是"国依于民"思想，他亲眼目睹了隋朝是怎样被人民推翻的，如何防止历史悲剧重演成为贞观年代君臣的重要议题。李世民经常同朝臣们检讨隋亡的历史教训，用魏征的话说，就叫做"思隋氏以为鉴，则存亡治乱，可得而知。若能思其所以危，则安矣；思其所以乱，则治矣；思其所以亡，则存矣"。李世民总结出了一条带有规律性的统治经验，"为君之道，必须先存百姓"，他说："君依于国，国依于民。"他在历史事实面前看到了人民的力量，认为只有得到人民的拥护，才能保住统治者的地位，也提出了国的命运优于君主个人地位的思想。在几千年的中国封建社会，这是相当有见地的。李世民提出君民观是民本思想的重要保证，在封建社会，君民关系是最基本的政治关系，要实行德政必然有个清醒而深刻的认识。他在《荀子·王制》中讲道："庶人安政，然后君子安位。传曰：'君者，舟也；庶人者，水也。水则载舟，水则覆舟。'此之谓也。"即得民心者得天下，失民心者失天下。可以说李世民看到人民群众的决定性作用，才确立了"德政"的统治策略。孙中山是中国民主革命的伟大先驱。孙中山从资产阶级民权思想出发，继承并发展了中国古代"民为邦本"的思想，承认人民群众在社会实践中的重要作用，正如他所说："国家之本，在于人民"，孙中山重视优秀特殊者的历史作用，在他看来根据各人不同的天赋聪明才力，应当把人类划分为三种人，"第一种人叫做先知先觉，这种人有绝顶的聪明"，如学生、学者、记者、军人、革命党党员、政治家等等都属于先知先觉，人民群众中有一部分人也属于先知先觉。"第二种人叫做后知后觉，这种人的聪明才力，比较第一种人是次一等的。""第三种人叫做不知不觉，这种人的聪明才力是更次的。"显而易见，按天赋才能把人类分成先知先觉、后知后觉、不知不觉这样三种人是不准确的。孙中山认为：历史是由先知先觉、后知后觉和不知不觉三者共同创造的。他说："世界上如果没有先知先觉，便没有发起人；如果没有后知后觉，便没有赞成人；如果没有不知不觉，便没有实行的人。""所以世界上的进步，都是靠这三种人，无论是缺少了哪一种人，都是不可能的。"在他看来，世界上的大多数人，"都是不知不觉，次少数的是后知后觉，最少数的是先知先觉。"他认为是上述三者共同创造了历史，共同推动了社会的进步和文明的发展。

2. 西方思想家视域中的领袖权威

西方思想家主要是依着西方的理性主义传统，他们尊重逻辑分析的思路，一般归依对领袖权威系统的制度分析。马克思主义经典作家基于历史唯物主义和辩证唯物主义基础，对领袖权威的分析包含着强烈的现实感，领袖权威是具体的，实践的，发展变化的。西方政治思想在长期历史发展过程中，经历了古代罗马奴隶制社会、中世纪封建社会和近代资本主义社会不同的历史阶段。马基雅维利《君主论》的核心就是统治者应以夺取权力和保持权力为目的。他还提出了著名的狐狸与狮子的比喻，即君主应当同时效法狐狸与狮子，"由于狮子不能够防止自己落入陷阱，而狐狸则不能够抵御豺狼。因此，君主必须是一头狐狸以便认识陷阱，同时又必须是一头狮子，以便使豺狼惊骇。"马基雅维利指出，"但是君主必须深知怎样掩饰这种兽性，并且必须做一个伟大的伪装者和假好人"，明智的君主"必须有一种精神准备，随时顺应命运的风向和事物的变幻情况而转变……如果可能的话，他还是不要背离善良之道，但是如果必须的话，他就要懂得怎样走上为非作恶之途"。马基雅维利认为凡聪明的君主就应该运用暴力与欺骗、高压与温柔、刽子手与牧师相结合软硬兼施的手法来维护自己的统治，他除了大胆提出这些观点外，还用了许多历史事例来论证其理论的正确性，最终得出：无论是什么手段，只要能够达到目的，也就是好的，对于一个政治目的来说，用"恶"的办法往往比用"善"的办法更能取得成功。美国著名的哲学社会学家伯恩斯的领袖权威观认为，主体体现权力是领袖权威的核心问题。伯恩斯对于领袖权威的思想主要体现在《领袖论》中，他运用丰富的资料，以新的方法和新的角度，对世界东西方各国的领袖人物和领导行为进行了跨文化、跨时代的理论分析和实证描述。运用了心理学、伦理学、社会学等论证，其中蕴含着一些领袖权威思想。伯恩斯认为，"权威，简而言之便是合法的权力"，权力要有两个必备条件，就是动机和资源，二者是相互联系的，具有相互依存的关系。缺少资源动机就会成为空谈，缺少动机资源的力量就会减少。缺少任何一个，权力就会崩溃。伯恩斯认为权威的合法性是通过传统、宗教约束力、继承权以及程序来获取的，而不是人民授予的。但伯恩斯认为，"所有的领袖都拥有实际或潜在的权力，但并非所有拥有权力的人都是领袖"，不是领袖的领导者也就无从谈起领袖权威了。领袖与单纯行使权力者的不同，主要在于前者是与追随者需求和目标紧密相连。领袖与追随者关系的实质，是具有不同动机和权力的人们之间寻求共同的目标，领袖权威存在于情境和结构中。伯恩斯把领袖权威着眼点从领袖的人格心理转移到领袖权力关系上来，把注意力转向领袖与他所处的权力结构的互动关系，以及要实现政治目标的影响中，从而形成了自己的领袖权威观。领袖们不仅带着不同的性格和理想登上历史舞台，同时也带着各自的权力结构、历史情境，各自不同的追随者以及社会目标上场。在分析领袖权威的过程中，伯恩斯将政治领袖置于各自特定时代的历史情境中，在历史运动的成败中进行分析。德国社会学家和哲学家马克斯·韦伯认为，组织与权威的关系密切，任何一种形式的组织都以某种形式的权威作为基础，没有权威，组织就失去了其存在的条件。个人权威的形成，在具体的情况下，可能建立在服从的极为不同的动机之上，从模糊的习以为常，直至纯粹目的合乎理性的考虑。任何一种真正的统治关系都包含着特定的最低限度的服从愿望，即从服从中获取利益，这就形成了对于权威的合法性的信仰。根据这种合法性要求，韦伯认为正当的权威有传统型权威、法理型权威。传统型权威是一种最古老的权威形式，来自于习俗、惯例、经验、祖训等。在传统权威支配的社会组织中，统治者依照传统形成的组织规则来治理臣民，芸芸众生对长官的服从来自于传统赋予长官的固有尊严。这种社会组织就是人们常说的家长制。法理型权威又称法定权威，建立在相信规章制度和行为规则的合法性基础上。法理型权威以规则为统治的出发点和归宿，只有根据法定规则所发布的命令才具有权威，人们普遍遵守规则、信守规则，规则代表了一种大家都遵守的普遍秩序。法理权威的形成依赖于法律和规章表现出来的理性，通过协议或强加的任何法都可能以理性为取向，即目的合乎理性或价值合乎理性为取向，并制订成章程，同时有权至少要求团体的成员必须尊重它。从理性所衍生出来的规则，成了法理型权威赖以存在的基础，法理型权威的本质是理性。

（三）领袖权威反映社会时期的机遇性

领袖权威是时代需要的产物，时代需要什么样的领袖人物，需要展现出什么样的领袖权威，是受社会时期的机遇性制约的。机遇是给人们以实现夙愿的有利机会。领袖们都擅长洞悉机遇、把握机遇、创造机遇。

1. 成败之举在于把握机遇

领袖是机遇的天然猎手，无论是隐藏的，还是显现的，不能轻易逃出他们的掌控。很多机遇的出现并不是直观的直接的，而是潜在的隐蔽的，如果不善于想象和联想就很难发现它们，并把它们变成活生生的现实。一件事情本身不一定是机遇，但把这件事情与另一件事情联系起来思索，就可能有所发现，就可能转化成一次很有价值的机遇。加富尔说："机遇是召集军队打仗的号角，但号角的鸣叫永远不能制造出士兵和胜利。"能不能发现机遇，识别能力的强弱起着关键作用。有些机遇初现时并不明显，或者以平淡无奇的方式，或者以伴随性隐含方式出现。领袖应独具慧眼，及时加以识别，看到存在的价值。当机遇一旦出现，就能在短时间内做出识别判断，在别人还没有反应时，领袖已决定了对它的取舍。直觉判断是在决定的一刹那，敦促人们在两种或多种办法之中择善而从的心理活动过程。有时候人的直觉对于捕捉机遇有重要意义，对新出现的事情一接触，立即感觉到有没有价值，值不值得为之一搏。这种直觉能力以经验的积累为前提，是一种难得的识别能力。领袖大都具有卓于常人、敏于时代的洞察力。能够广泛听取、吸收信息意见，审时度势，从时间、战略和全局上考虑和分析问题并抓住时机，构成了领袖洞察力的主要方面。洞察力就是透过现象看本质。弗洛伊德说，洞察力就是变无意识为有意识。敏锐的洞察力要求人们做生活的有心人。敏锐把握机遇的洞察力，来源于日常勤奋的积累。只有那些孜孜探索不断否定的人，才能最终凌驾于机遇之上，让机遇为其所用。人们即便是碰上机遇，由于司空见惯，思想上没有准备，头脑不敏感，粗心大意，虽然注意到特殊现象，但并没有推进信念等，都会使机遇丧失，错过发现发明的机会。机遇常常偏爱那些有能力、有才干的人。领袖之所以能够成为领袖，是因为他们具备获取成功的条件，而这些条件的获得，是因为付出了比别人更多的劳动，这些劳动犹如垒土，最终奠定了他们事业的根基，为实现人生的腾飞打下牢固的能力基础。机遇是一种稀缺的、条件苛刻的资源，得到它必须付出相当的代价，必须拥有足以胜任的资格，而这一切都离不开长期艰苦的准备。1928 年 9 月的一天早晨，英国伦敦圣玛丽医院的细菌学家弗莱明像往常一样，来到了实验室。在实验室里一排排的架子上，整整齐齐排列着很多玻璃培养器皿，上面分别贴着标签写着链状球菌、葡萄状球菌、炭疽菌、大肠杆菌等。这些都是有毒的细菌，弗莱明收集了它们，是在寻找一种能够制服它们，把它们培养成无毒细菌的方法。尤其是其中的一种在显微镜下看起来像葡萄球状的细菌，存在很广泛，危害也很大，伤口感染化脓，就是它在作怪。弗莱明试验了各种药剂，力图找到一种能杀灭它的理想药品，但是一直没有成功。弗莱明来到架子前，逐个检查着培养器皿中细菌的变化。当他来到靠近窗户的一只培养器皿前的时候，他发现这只贴有葡萄状球菌的标签的培养器皿里，所盛放的培养基发了霉，长出一团青色的霉花。使他感到惊奇的是，在青色霉菌的周围，有一小圈空白的区域，原来生长的葡萄状球菌消失了。难道是这种青霉菌把葡萄状球菌杀灭了吗？想到这里，弗莱明兴奋地把它放到了显微镜下进行观察。结果发现，青霉菌附近的葡萄状球菌已经全部死去，只留下一点枯影。他立即决定，把青霉菌放进培养基中培养。他把这种青霉菌分泌的杀菌物质称为青霉素。1945 年因在青霉素发现利用方面做出的杰出贡献，与佛罗理和钱恩共同获得了诺贝尔生理学及医学奖金。弗莱明发现青霉素，看似偶然，实际上却是他多年研究、细心观察的必然结果。没有所处时代所赐予的良机，就不会有成功者的人生辉煌和事业成就。然而，面对同样的环境，面对环境所给予的同样机遇，并不是每个人都是幸运儿。在得到命运垂青之前，成功者都经过了长期艰苦的准备。之所以能够获得命运更多的青睐，就是因为他们较之常人为此进行了更为漫长和充分的准备。他们就像一颗颗种子，在黑暗的泥土中蓄积营养和能量，一旦听到春风的呼唤，就破土而出，生长成挺拔俊秀的栋梁之才。

2. 成功之法在于洞悉机遇

远见卓识和敏锐的洞察力。远见卓识就是要有远大的眼光和卓越的见解。在人生和事业的岔路口上，只有具有睿智远见的人才会获得成功。远见就是在一个机会还没有显现出价值的时候，在别人都不以为然的时候，能够发现它潜在的趋势。机遇总是平等地出现在每个人的面前，但又稍纵即逝。把握住了，就能成为命运的主宰，创造柳暗花明的奇迹。1938 年 7 月，中国共产党驻共产国际代表王稼祥回国。临行前共产国际领导人季米特洛夫与王稼祥和中国共产党驻共产国际代表团团长任弼时进行了重要的谈话。据王稼祥回忆，季米特洛夫说应该告诉全党，要支持毛泽东同志为中国共产党的领导人，他是在实际斗争中锻炼出来的领袖。其他人如王明，就不要再争了。这是共产国际第一次对中国共产党明确表示支持毛泽东为领袖。王稼祥从莫斯科回到延安，先后在中共中央政治局会议和中共中央六届六中全会上传达了季米特洛夫的指示：中共一年来建立了抗日统一战线，尤其是朱、毛等领导了八路军执行了党的新政策，国际认为中共的政治路线是正确的，中共在复杂的环境和困难条件下真正运用了马列主义。必须支持毛泽东为中国共产党的领袖。他是在实际斗争中锻炼出来的领袖。王明等人，就不要再争了！王稼祥所传达的共产国际和季米特洛夫的这些指示，明确地表示了共产国际和苏联领导人对确立毛泽东的中共领袖地位的支持，同时实际上也就明确表示了他们对王明谋求中共领袖地位的行径的反对。后来毛泽东在中共七大报告中指出，"六中全会是决定中国之命运的"，"如果没有共产国际的指示，六中全会还是很难解决问题的"。曾经参加了六届六中全会的李维汉后来在《回忆与研究》一书中回忆说："一九三八年九月二十九日至十一月六日，党中央召开六届六中全会。我参加了这次会议……王稼祥在会上传达了共产国际执行委员会主席季米特洛夫的意见，明确指出中国人民的领袖是毛泽东。季米特洛夫的话在会上起了很大作用，从此以后，我们党就进一步明确了毛泽东的领导地位，解决了党的统一领导问题。"1938年3月，中共中央政治局会议决定派遣任弼时到莫斯科去代表中共中央向共产国际汇报中国的抗战政策和情况，并且请求苏联方面给八路军提供武器援助，3月底任弼时抵达莫斯科，4月14日代表中共中央向共产国际提交了《中国抗日战争的形势与中国共产党的工作与任务》的书面报告大纲，5月17日他在共产国际会议上对报告大纲作了口头说明和补充。共产国际领导人季米特洛夫、曼努伊尔斯基还向任弼时询问了王明回国后的表现和情况，任弼时实事求是地汇报了王明向中央争权、跟延安分庭抗礼的种种行径。任弼时所反映的情况有助于共产国际和苏联领导人准确了解中国党的真实情况，从而避免了他们听信王明的一面之词。1938年4月，刘亚楼也被中共中央派遣到莫斯科，向共产国际执行委员会汇报中共的历史和现状，毛泽东请刘亚楼带着《论反对日本帝国主义的策略》、《中国革命战争的战略问题》、《实践论》、《矛盾论》等几篇重要著作以及遵义会议决议，并叮嘱他一定要当面交给季米特洛夫，并请季米特洛夫转呈给斯大林。毋庸置疑，上述这些同志到莫斯科实事求是地向共产国际汇报中共的实际情况，对于共产国际作出支持毛泽东为中共领袖的指示起了重要作用。在革命实践中，掌握好机遇，把握住斗争环节，对事业有着重要的影响。历史有时候就是那么真诚，需要真诚人的胸怀。历史有时候就是那么恰当，需要恰当人的辉煌。1949年4月，毛泽东在指挥解放军渡江追击国民党军队的前夕，曾在他的一首诗中，总结项羽失败的教训："宜将剩勇追穷寇，不可沽名学霸王。"在瞬息万变的现代社会中，机遇无处不在，关键在于是否善于把握。刘邦就是因为恰当地抓住了时机一跃而上，踏上了成功的天桥。项羽却因为一念之差，功亏一篑。俗话说时势造英雄，这个时势从某种意义上来说便是机遇。生命的流程像一条线，机遇则是一个点，没有流程的线，就没有机遇的点。领袖具有对机会天然的敏锐嗅觉和敏捷的把握能力。机遇的特点是包含较高的收益含量。首先，机遇必须具有超出一般受益度的价值，同时又具有不可多得性，即：机不可失，时不再来，机是一条线，遇是一个点。通常说的机遇，主要是指"遇"这个点。刻舟求剑是对机遇的曲解和机遇观念的错位，"机"的运行路线变了，因而不会得到"遇"。现在刻舟求剑的人不少，一般在机遇已经过去的时候刻舟求剑。刻舟求剑的错误在于时空的错位，按照时和空的运动方向，机遇不可能在他画的地方重新出现。机遇往往在偶然中显示着必然，在必然中显示着偶然，所以显得诡秘莫测。既然机遇是偶然中的必然，必然中的偶然，不是不可捉摸、不可把握的，就必定有其规律。一位富翁在非洲狩猎，经过了三个昼夜的周旋，一匹狼成了他的猎物。向导准备剥下狼皮时富翁制止了他，问："你认为这匹狼还能活吗？"向导点点头。富翁打开随身携带的通讯设备，让停泊在营地的直升机立即起飞，他想救活这匹狼。直升机载着受了重伤的狼飞走了，飞向了500公里外的一家医院，富翁坐在草地上陷入了沉思。这已不是他第一次来这里狩猎了，可是从来没像这一次给他如此大的触动。过去，他曾捕获过无数的猎物如斑马、小牛、羚羊甚至狮子，这些猎物在营地大多被当做美餐食之，然而这匹狼却让他产生了让它继续活着的念头。狩猎时，这匹狼被追到一个近似丁字形的岔道上，正前方是迎面包抄来的向导，他也端着一把枪，狼被夹在了中间。在这种情况下，狼本来可以选择岔道逃掉，可是它没有那么做。当时富翁很不明白，狼为什么不选择岔道，而是迎着向导的枪口冲过去，准备夺路而逃。难道那条岔道比向导的枪口更危险吗？狼在夺路时被捕获，它的臀部中了弹。面对富翁的迷惑，向导说："埃托沙的狼是一种很聪明的动物，它们知道只要夺路成功，就有生的希望。选择没有猎枪的岔道，必定死路一条，因为那条看似平坦的路上必定有陷阱，这是它们在长期与猎人周旋中悟出的道理。"在这个相互竞争的社会中，真正的陷阱会伪装成机会，真正的机会却会伪装成陷阱。要把握机遇的人，必须学会发现伪装成机遇的陷阱。机遇是一个美丽而性情古怪的"天使"，她偶尔降临在身边，如果稍有不慎，她又将悄然而去，不管怎样扼腕叹息，她却从此杳无音信，不再复返了。一个人若是有本领有实力，但却不善把握机遇，这就像一个人经过艰苦跋涉，来到了一座富藏金矿的山下，然而只能在山下转，因为没有人给他指点进山的道路。有人曾做过如下的比喻：抓机遇好比老鹰捕兔子，一不留神稍纵即逝。要捕捉到狡猾的兔子，老鹰必须做到稳、准、狠。机遇好像兔子，它是动态的不是静止的，机遇的性格是谁也不等待。老鹰在天上盘旋，只能说是"机"，老鹰捕捉到兔子那一刹那才是"遇"。守株待兔不是机遇，是纯属偶然。因为兔子触树，折颈而死的概率太低、太偶然了。守株待兔，千年未必能够等一回。反过来说，真是千年等到一回折颈而死的兔子，等待兔子的人要付出一千年的成本，其机遇成本太高。机遇作为一种时空组织，具有不可逆性，是有时间和空间代价的。时间的特点是不可逆性，因为时间是机遇的主要成本之一。机遇的时空组织规律主要表现为它的方向性，即不可逆性。严格地说机遇从来都是只出现一次，第二次出现的机遇不可能和第一次一样。"天时、地利、人和"是成功的三条运动线。所罗门说过："智者的眼睛长在头上，而愚者的眼睛是长在脊背上的。"那些呆头呆脑的凝视者只能看到事物的表象，只有那些富有洞察力的眼光才能穿透现象，深入到事物的本质中，抓住潜藏在表后面的更深刻、更本质的东西。有些人走上成功之路，的确归功于偶然的机遇。然而就他们本身来说，他们确实具备了获得成功机遇的能力。机遇的出现虽有偶然性，但多数情况下，又有其发生的必然性，它是社会发展过程中多种因素交互作用的必然结果。个人对机遇的把握也有内在规律可循，对奋进成才的人，要做一个开拓机遇、捕捉机遇，进而成为发掘机遇潜能，高效运用机遇驾驭机遇的高手，提高机遇的利用率，善于将机遇发挥到最大值，实现运用机遇的最佳化，这确实是领袖方略的重要组成部分。

3. 成就之获在于创新机遇

领袖的智慧不仅在于洞悉和把握机遇，更在于运用智识和胆魄积极地创造机遇。赫拉克利特曾经说过："你不可能两次踏入同一条河流"。人不断变化的世界，机遇也在不断地变化。能不能主动创造机遇，把握机遇，是领袖赢得主动、赢得优势、赢得胜利的关键。在历史发展的关键时期，只有创造出历史机遇，落后的国家和民族才可能实现超越式发展，成为时代发展的弄潮儿。而消极等待机遇，原本强盛的国家和民族也会不进则退，成为时代发展的落伍者。领袖之所以能够最终取得胜利，源于他们永远奋发、永不满足的精神。在这种精神的鼓舞下，才能不断地向自我挑战，突破种种障碍，创造出本不存在的机遇，使事业一步步升级，直到质变的端点。没有机遇永远是那些失败者的托辞。失败的人会告诉，没有人帮助，不能得到像别人一样的机会，一切好机会都已被他人捷足先登。有骨气的人会告诉，不能怨天尤人，要尽自己所能，发挥自己的潜力，不等待别人的援助，努力创造机会。亚历山大在打完一次胜仗后，有人问："假使有机会，您想不想把下一个城邑攻占？""什么？"他怒吼起来，"即使没有机会，我也会创造机会！"世界上到处需要而恰恰缺少的，正是那些能够创造机会的人。比尔·盖茨说："如果让等待机会变成一种习惯，那真是一件危险的事。"工作的热心与精力，就是在这种等待中消失的。对于那些不肯工作而只会胡思乱想的人，机会是可望而不可及的。领袖之路永远属于那些富有奋斗精神的人，而不是那些一味地等待机会的人。凡是在世界上做出一番事业的人，往往不是那些幸运之神的宠儿，反而是那些没有机会的苦孩子。童年时的林肯住在一所极其粗陋的茅舍里，既没有窗户，也没有地板。一天跑几十里路，到简陋不堪的学校里去上课。为了进修要跑一二百里路，去借几册要用的书籍，而晚上又靠着燃烧木柴发出的微弱火光阅读。林肯只受过一年的学校教育，但竟能在艰苦的环境中努力奋斗，一跃而成为美国的总统。时机虽是超乎人类能力的大自然力量，但人在机遇面前，并非被动消极，领袖人物更多的是积极主动地争取机会和创造机会。培根指出："智者所创造的机会，要比他所能找到的多。只是消极等待机会，这是一种侥幸的心理。正如樱树那样，虽在静静地等待着春天的到来，而它却无时无刻不在养精蓄锐。"人在等待机会的时候，不能放松养精蓄锐积累功夫，而要时时审时度势，见缝插针，以寻求有利自身发展的机会。当一个人计划周详缜密，在多种有利因素的配合下，机会常常会来到身边。一个强者总能创造出契机与机会结缘，并能借助机遇的双翼，搏击于事业的长空。善于创造机遇，并张开双臂来拥抱机会的人，最有希望取得成功。积极创造机遇是必须具备的人生态度，机遇是一种重要的社会资源，条件相当稀缺难得，并非轻易得到。获得它需要极大的投入，需要高超的技巧和耐力，需要充足的实力和雄厚的才能功底。激情是创造机遇的催化剂，激情是成功的秘诀。成功的人和失败的人在技术、能力和智慧上的差别通常并不大，但是如两个人各方面都差不多，富有激情的人将更能得偿所愿。一个人能力不足，但只要具有激情，通常会胜过能力强但欠缺激情的人。领袖的激情是能让周围的人保持高度自觉，把每个人的积极性都调动起来，完成渴望的工作。激情是一种动力，在人们遇到逆境和挫折时，能给人以力量，并指引着行动的方向。激情可以把枯燥无味的工作变得生动有趣，使人充满活力充满追求。激情可以感染人们，拥有健康良好的人际关系。激情可以发掘潜在的巨大能量，锻炼培养一种坚强的个性。激情可以获得大家的认同，赢得珍贵的发展机会。正如拿破仑·希尔所说："要想获得这个世界上的最大奖赏，你就必须拥有过去最伟大的开拓者所拥有的将梦想转化为全部有价值的献身激情，以此来发展和销售自己的才能。"失败者之所以失败，最重要的原因就在于缺乏一种激情和韧性。因为所有的失败和挫折，都包含着许许多多成功的机会，而所有的机会都需要去把握创造。激情是一笔宝贵的财富，只要坦然面对社会和生活，只要善于把握和捕捉，只要有足够的韧性去坚持，所追寻的目标就会变成现实。成功的机会是留给那些有思想准备有实际行动的人，而不是幻想家和懒汉。机遇与生活同在，机遇与挑战同在。永不满足于已有的成就，以执著如一的激情获取更大的成功，只有不断创造成功的机会，才能使生命之车驶至美好的奇境。

（四）领袖权威反映社会环境的时代性

每个时代有自己的时代主题，有自己的历史使命。社会环境以及时代制约是极其严格的，昨天的领袖难以适合今天的政治制度，今天的领袖也不能超越现实去做明天领袖需要做的事。领袖人物只有深刻洞察具有前瞻性的发展方向，才能取得实践的巨大成功，才能成就自己的权威。

1. 领袖权威的时代主题

领袖是特定阶级的杰出代表，一定的阶级要获得政治地位，就必须推选出自己的领袖人物参与政治活动。列宁说："在历史上，任何一个阶级，如果不推举出自己的善于组织运动和领导运动的政治领袖和先进代表，就不可能取得统治地位。"不同时代有着不同的领袖权威，不同社会形态有着不同的权威形式。如原始部落首领的原始民主制领袖权威，奴隶制君王的奴役型领袖权威，封建帝王的专制型领袖权威，资产阶级首脑的资本型领袖权威，无产阶级领袖的服务型领袖权威。随着生产力的发展和社会的进步，人身隶属关系程度是依次减弱的，经济过程本身的作用则日趋增强。领袖权威是发展变化的，政党领袖是政党认同形成的魅力性资源。一个魅力足、成绩显、品格高的领袖，在塑造政党认同方面对政党争取民众起着重要的作用。政党在成立之初，往往是由政党的积极分子或者一个小集团，推举政党领袖来进行组织发展和动员群众。党员对于一个政党的认同可能是基于信仰，也可能基于一个领袖。国内外一些政党"领袖在，政党在；领袖走，政党亡"。领袖并不是先天就拥有丰富的资源和崇高的权威，很多时候是靠自己强大的执行力，一步一个脚印，在人民心中树立了极高的威望，最终成就大业成为领袖。一个领袖，排除世袭国家首脑或元首的因素，必须从民众中来，民众是领袖的土壤，领袖具有鲜明的阶级性。正如亚里士多德所说："凡是想担任一邦（即国家）中最高职务、执掌最高权力的人们，必须具备三个条件。第一是效忠于现行政体。第二是足以胜任他所司职责的高度才能。第三是适合于各该政体的善德和主义。"为此，领袖不可能是超越的，必定是现实的，而且是阶级或社会等级依附性最强的政治集团领导人，领袖权威在领导实践活动中形成。经济驱动源于经济资本和经济资源，是经济资本和经济资源所产生的经济支配能力。在社会生活中，谁占有经济资本和经济资源，谁就拥有经济上的支配力。领袖拥有更多经济上的支配权，容易通过经济手段来树立自己的权威。经济驱动也是树立领袖权威的一个重要途径。随着人类经济的发展，人类的衣、食、住、行等生活需要也会愈来愈多样化。"必不可少的需要的范围，和满足这些需要的方式一样，本身是历史的产物"。发展了的生活需要，引起人们去谋求更大的经济利益。物质资料满足主体需要的过程，就是主体的欲望得到满足的过程，也就是主体的利益实现的过程。正是在于人对经济利益的需要，才为领袖权威树立通过经济驱动奠定了基础。经济驱动具体方式必须要适应时代的变化，人不但有经济上的需求，而且这种需求还会随着时代的发展不断变化。把经济利益看做是一定主体占有，为满足其特殊需要，只是反映了经济利益的部分内容，从经济利益的最终效果去反映经济利益的效用，而没有全面地从经济利益发生的社会历史过程中去看待它。

要全面认识经济利益，不能仅从经济过程的结果的角度出发，而必须着眼于全部经济过程。经济的全过程是谋取和实现经济利益的过程。领袖权威在用经济驱动来树立时，必须适应时代发展的要求，满足广大人民群众的愿望。经济驱动树立领袖权威体现在，政党在领袖的带领下制定与实施经济政策。领袖通过经济政策的制定和实施，对人们施以经济上的吸引，争得支持和响应，从而击败对手，达到赢得领袖权威的目的。如提出改善某些人的经济地位，提高物质生活水平，让利于某一社会阶层等经济主张，或给予直接的物质利益，以争得民心壮大自己的实力。还可以用物资、金钱等手段，瓦解敌对势力，以保证在激烈的竞争中保持领袖权威的稳定。领袖光有政治统领手段的实施，而没有辅之经济驱动的进行，很可能导致经济发展的缓慢或者停顿，然后是人民生活水平的下降，继而引起人们对领袖的不满，领袖就会丧失权威。每逢时代变革、社会动荡时期，会涌现各领风骚的英雄人物，这些人物都具有成为领袖的潜质，但需要认真分析时代的要求，掌握社会的变革方向，采取对应的方针和策略，才不会被历史洪流所吞没，才可能成为一代领袖人物。这些人物在人民心中拥有权威，一旦丧失作用，那么领袖权威也会被弱化。领袖权威的丧失并不像领袖失去作用那么明显，比领袖作用带有时滞性特点。领袖权威的丧失迟于领袖作用的产生，也迟于领袖作用的丧失。领袖权威是建立在领袖作用之上的。国家作为现今人类社会历史发展进程中一种最高最大的社会组织形式，必须具有最高代言人和最高组织者，领袖自然就是国家的最高代表，是代表国家行使对内对外权力的享有者和支配人，是国家权力的象征。因此，相对于特定国家的广大民众，领袖具有最高的权力。领袖的权力不可随意滥用。16世纪的英国思想家胡克就曾经指出："无论对于国王的权力还是人民的权力来说，最严格的加以限制的权力才是最好的权力。"领袖对国家和人民忠诚。特定的领袖是一个国家民族的最高权力代表者和行为人，同时也是一个国家和民族的象征。一旦身为领袖，实际上就完全失去了个人的价值，除了必要的个体生理需求所反映出来的欲求和行为具有个人的实体意义外，领袖应该是一个完全意义上的社会价值人，一言一行、一举一动都具有国家的象征和民族的意义。在实践上领袖道德素质的本质性体现，就是对国家和人民的忠诚，在基本道德行为上，应该是公而无私。在道德实践行为过程中，培养起坚实的公仆意识。当然，在当代社会，领袖并不能成为完美无缺的英雄式人物，犹如美国学者杰里·墨菲所说："大多数成功的领导人都是谦虚的、安静的、自制的，甚至是内向的。他们是具有谦虚的个人品质和远大的职业抱负的矛盾结合体。"领袖尤其是政治领袖，坚持为人民服务，坚持群众路线，真诚倾听群众呼声，真实反映群众愿望，真情关心群众疾苦，多为群众办好事、办实事。领袖权威一经形成将强化领袖作用，群众形成了对领袖的价值认同和意志上的服从，必会抱以更高的热情和忠诚度去参与实践，不排除有时候是毫无怀疑地彻底执行，这就大大加速了领袖作用执行的速度。古代军事统帅往往是自己能征善战，武艺高强，在古代身先士卒可以作为领袖的典范，现代战争更多需要的是脑力，20 世纪的领袖很难适应今天的现实，任何人都要受时代的限制，领袖人物当初也是从普通群众走出来的并非超人，领袖无法超越自身所处的时代。在领袖人物统治的时代，做出了正确的社会实践，做出的一些预见性的观点，也只能对后几年、几十年的情况有个大概的估计，最多对以后百年的发展有个朦胧朴素的认识，预见得极为准确全面是不可能的。同时，领袖也是社会中的人，成长必然受到社会变革的制约。风平浪静、一潭死水的时代造就不出风云人物。社会变革的末期，也难得出现有挑战性的任务。就算赶上了社会变革的风头浪尖，自己的兴趣、志向是否符合这场变革的需求也仍然是个问题，众多的因素使得领袖人物的出现很难，也充分说明了领袖权威的拥有在很大程度上依赖于时代的制约。当然，在不同时代的不同社会，甚至同一历史时代的不同国家或者不同地域，提供的机遇是不同的，由于政治、经济、文化、军事不同的条件，领袖权威的展现受着时代背景制约。所谓时代、社会和地区环境的影响和限制，既有其决定性的一面，但不能否认在时代变更、地区影响和社会环境面前个人是完全被动的，毫无主动性。时代变迁，社会沧桑和地区传统本身就是由人来创造的。领袖之所以能充分把握自己的命运，主要是顺应时代潮流的发展，发挥自己的主观能动性，从而成就了自己的事业，成为一代领袖人物，同时树立了自己的领袖权威。国际外交实践表明，开展"首脑外交"的过程，实际上也是首脑们人格魅力展现的机会。瞻望今后相当长一段时期，中美关系总体上仍将向前发展，但由于中美关系中仍然存在着不少在短期内难以解决的重大分歧，因此，中美关系将处于一种总体合作、有和有争、时争时和的状态和局面。必须看到中美两国加强友好、合作，顺应时代潮流，符合两国民心。在处理中美关系时，既要看到困难的一面，也要看到有利的一面。在中美关系不断改善和发展的时候，随时保持清醒的头脑，不盲目乐观。当中美关系遭受挫折和困难的时候，要沉着应付，努力为改善双方关系、增进两国人民友好创造条件。总之以两手对两手，斗智斗勇不斗气，不图一时之痛快，不争一日之短长。近200年前拿破仑在谈到中国的时候曾说："那里躺着一个沉睡的巨人。让他睡去吧！因为他一旦醒来，就将震惊世界。"1949年10月中华人民共和国成立，标志着这个东方巨人已经醒来。她确实震惊了世界，引起了国际社会的极大关注。1971年10月，对新中国关闭了20余年大门的联合国，终于又把她迎进了联合国大厦……毛泽东、周恩来、邓小平等中国共产党领导人以其卓越的外交实践，在国际上树立起新中国的大国形象，为中国赢得了信誉，赢得了朋友。领袖能够把每个自身都是一个完整而孤立的整体的个人转化为一个更大的整体的一部分。

2.　民族主义狂热的危害

现代德国文明的一个显著特点就是诉诸理性。但在20世纪三四十年代，德国人身上表现出的除了狂热还是狂热，整个德意志民族都卷入了纳粹的战争，导致了德国和人类文明史上一场空前的浩劫。"以追求强国家为起点，以落得一虚弱兼分裂的国家而终结"，再一次地证明了这样的真理：期盼大救星的民族最终得到的往往总是灾难乃至毁灭。大国任由民族主义情绪泛滥，一味地激发民族仇恨心理，却又缺乏民主和保护自由抗争的机制，就一定会导致本国甚至是全世界的浩劫。在世界现代历史上，德国为人类文明涌现了众多的杰出人士，如马克思、爱因斯坦等巨匠，德国也出现了疯狂的希特勒和纳粹党。其实，希特勒的早年生活十分艰难，体验过生活单调、物质匮乏的生存困境。父亲酗酒成性，家中总是争吵和暴力，父亲不仅疏远了母亲，同时也疏远了希特勒。希特勒在《我的奋斗》中回忆他的母亲说：母亲为家中奉献了一切，给孩子们以持久的关心和爱护。而对于父亲，他曾经抱怨说，父亲尽管是一个对工作有责任心的国家公务员，在家中却无比冷酷、野蛮，时常表现为心胸狭窄、性情暴戾，动辄对家中其他成员轻则呵斥、辱骂，重则施以暴力，且不愿为家中承担任何经济责任。字里行间之中，希特勒表达了对母亲的眷念之情与对父亲的憎恨之心。心理分析学派认为，希特勒对其双亲的感情具有二分法的性质。他热爱母亲而否定父亲的心理倾向逐渐变成他的一种潜意识，并在他日常生活中不自觉地表现出来。比如，他称德国为祖国，用的不是德语中习惯使用的阳性词，而用阴性词。据说他喜欢把德语中的一些中性词用成阴性。希特勒以阴性词称呼德国，憎恨曾经给他带来巨大的心灵创伤的奥地利及其首都维也纳，随后他对奥地利施以惩罚，其中多少都隐含着某种对父亲凌辱母亲的恶劣行径的报复意味。对他认为的所谓"奥地利侵略德国"，所谓"贪婪的犹太人对祖国的强暴"，以及第一次世界大战后协约国"对祖国的宰割"等，这些国家之间政治大事，对希特勒本人造成的心理伤害要比一般人强烈得多。所以，心理学者断言，希特勒能巧妙利用20世纪20、30年代世界性的经济大萧条，给德国人造成恐慌和不安的时机，把他的个人意志投射到政治生活中，实际上是他早年心灵创伤所留下的，这些心理阴影曾塑造了希特勒的政治极端主义和激烈反犹主义。谈及这个问题，多半都会强调希特勒这个大魔头，善于蛊惑人心对德国人施行了集体催眠和"洗脑"，使他们不由自主地支持纳粹，情愿被纳粹所控制，因而德国多数民众在一个很短的时间内，卷入了纳粹的歇斯底里的反犹、反共活动，并任由希特勒引导德国走向了战争。这种解释有一定道理。的确，如果希特勒没有反犹、反共和侵略扩张的思想，对犹太人的种族清洗就不可能实施，二战也就不会发生。但纳粹集中营的屠杀这类大规模的侵犯人权行为，早已超出了现代文明底线的种族灭绝和政治清洗，这就很难说完全是领袖意志的结果。因为，当时如果没有一些德国人对纳粹政权的狂热支持或者因畏惧而放弃抗争，这样的行动是不能付诸实行的，通往毁灭之路也就无法继续走下去。这始原于德国民众的"强国梦"与纳粹政府的结合，从19世纪起，德意志经济社会发展明显落后于英、法等国，这刺激出德国人对国家强大的期盼和焦虑，由此逐渐形成了德意志必须强大的民族共识。第一次世界大战后，按照《凡尔赛和约》的规定，战败的德国被解除了军备，民族屈辱、经济萧条、政治动荡、社会混乱交互作用，让骄傲的德意志民族更加渴望实现"强国梦"。而希特勒的纳粹党敏感地把握住了这种国民心态，适时提出了修改《凡尔赛和约》，收回失去的领土，把相信国家主义和社会主义的人联合起来，团结整个德意志民族，并允诺要尽快改变战后 700 万退伍、复员军人和军工企业停产造成的大量工人失业以及恶性通货膨胀的局面。这在当时的不少德国人看来，简直就是使德国摆脱困境的良方。纳粹党在 1932 年的选举中更是大胜，希特勒由此获得了组阁大权。取得执政地位后的希特勒，在上上下下充斥着民族主义狂热的时候，通过建立一个强大的现代国家以迅速实现德国的复兴，很轻易地就成为了德国人最大的共识。有了这样的共识，纳粹宣传的所谓"德国民族共同体"的概念一下子就俘获了民众的心，"德国不强大就完蛋"似乎成了绝对真理，为了国家经济发展、一圆"强国梦"，以牺牲思想自由和个人政治意识为代价也是可以接受的。正因为如此，纳粹的消灭异己思想、反犹和反共的罪行，也就容易在复兴民族主义的旗帜下被德国人容忍，整个德国也就心甘情愿地被纳粹党的宣传魔笛引上了战争的不归路。1933 年 1 月 30 日，德国总统兴登堡任命希特勒为总理，纳粹党从在野党一跃而成了德国的执政党。希特勒和他的纳粹党是在内外交困的危机中开始执掌大权的。希特勒对外烧的"三把火"，则使德国以不流血的外交征服，走出了战败的阴影，迅速崛起成为世界大国。这让德国人普遍感到脸上有光，自信心和民族自豪感都大大增强，更加坚定地支持希特勒和纳粹党。希特勒对外烧的第一把火是秘密重整军备。1935 年，德国实行陆军普遍征兵制，并正式成立空军，接着又大造军舰和潜艇。在看清国际联盟的底牌后，希特勒更是肆无忌惮地大搞扩军备战。在短短的几年时间里，就使德国的空军力量超过英国，陆军力量也超过法国。到 1939 年入侵波兰时，德国已经成为欧洲军力最强大的国家。希特勒对外烧的第二把火，是收复失地和和平扩张。希特勒上台后，经过一番折冲，不仅收回了萨尔地区，派兵占领了莱茵兰，而且在 1938 年 3 月让奥地利"回归"德国后，又把有 350 万人口的捷克苏台德地区纳入了德国版图。希特勒对外烧的第三把火，则是通过举办 1936 年柏林奥运会，以最隆重的仪式，在德国人面前向全世界宣告了德国的重新崛起。希特勒亲自担任柏林奥委会大会总裁。他下令用 16 吨铜铸了一座奥林匹克巨钟，建造了一座高达 70 米的希特勒钟塔，建了一座能容纳 10 万人的运动场，建了一个可容纳 2 万名观众的游泳池，并修建了比美国洛杉矶奥运会更豪华的奥运村，以此来展现德国的"繁荣与昌盛"。为了开好 1936 年柏林奥运会，希特勒不但允许一些德国犹太人优秀运动员代表德国参赛，甚至还任命犹太人沃尔夫冈·菲尔斯特纳尔负责管理奥林匹克村。1936 年 8 月 1 日，希特勒宣布第 11 届奥林匹克运动会开幕。会场上飘扬着纳粹旗帜，德国运动员通过主席台时，行纳粹礼，德国第一次通过电视播放了奥运会比赛盛况。当时，希特勒完全有理由称这是历史上最盛大的一次奥运会。在这次奥运会上，德国获金牌数世界第一。体育政治和体育民族主义的狂热，被希特勒发挥得淋漓尽致。通过举办奥运会，希特勒为自己塑造了一个和平英武的政治家形象，不仅绝大多数德国人为他着迷，甚至不少外国人也都被他所蒙蔽。在《我的奋斗》一书中，希特勒早就透露过他的长远扩张计划，引导德国走向战争是他必然的选择。而后的事态发展证明，那是一条德国通往毁灭之路。德国两名历史学家后来出版的书披露，希特勒在他的德意志第三帝国年代，曾经用数以千万计的巨款，贿赂他麾下的将军，换取手下人对他的唯命是从。从前只知道无权的向有权的行贿，官小的向官大的行贿，这一回才发现希特勒如此的"不耻下贿"。希特勒每年动用他总值两千万马克的私人秘密储备，收买他的得力助手，以保证对他忠心耿耿，"服从便能致富"，当然指的是服从希特勒，但那么多德国平民服从希特勒的结果，替他去打仗当炮灰，因对他服从而能得他财贿的，只是他的"得力助手"，也就是得力的帮凶而已。懂得收买人心，使人能死心塌地地跟着跑。从众是不够的必须内化，内化必须心相知，士为知己者死，女为悦己者容。人性的弱点就是希望别人欣赏你，至此可以收买人心。由此可见，权威必须在道德的支撑下才能发挥出历史的作用。民族狂热极端的权威产生的危害让人永远汲取教训，这样的权威越大损害越大。

（五）领袖权威反映社会进程的制度性

在人类社会进程中，领袖权威与制度权威彼此消长、互相交织，决定着领袖与制度的动态发展。现代社会是一种法理型统治，制度权威高于领袖权威，制度日益成为政治权威的主导。领袖人格化权威走向法理，领袖对制度的能动作用不断减弱，制度对领袖的规范作用逐步增强。

1. 制度权威比领袖权威更为持久

制度是指在一个组织中由特定机构制定的，对组织成员具有普遍约束力的法则或规章，也就是所谓的典章制度，制度实质上是一种组织文化，并非一成不变。人类需要良好的制度，同时需要杰出的领袖。领袖是推动制度产生与变迁的重要力量，领袖也只有在制度确立与保障的前提下才能发挥更大作用。人类的政治希望最终应寄托于更为根本的制度权威。纵观中国近代和当代领袖人物，治事方略的形式和内容都已经明显区别于古代的英雄，带有强烈的时代特点。古代的英雄大多使用权谋，个性化色彩浓。近代和当代领袖人物已不再把智慧寄托在个性化权谋上来，而是更加与规律、法则、制度、思想、民众等要素融合在一起，形成了现代领袖方略。实现了思想与制度的相互融合，使得当代领袖比古代帝王更能推动历史发展。儒家是在类似于现代法律的意义上使用礼的概念，延伸至具体组织，所说的法治就是制度，人治就是领袖。孔子主张"为国以礼"，荀子指出"国无礼则不正"，都是把礼当做治理国家的根本法规。儒家公开声明为政在人。在儒家看来人治并不排斥法治，无论是礼还是刑，都是治国法宝，只是儒家指出，法要依靠人来执行，法并不能自己发生作用。有了善于治理国家的人，法才起作用而不流于形式。法律靠人来制定，法律靠人来执行。儒家治人思想的合理因素，在于强调管理者素质的重要意义，由此推导出举贤人的尚贤思想，修身治国的正己思想，直道而事人的管理道德思想等，对现代管理都有借鉴意义。儒家提倡制度和领袖并用。制度是硬件，领袖是软件，领袖是政治体系的基本材料。领袖具有制度所赋予的正式权力或基于个人因素所拥有的非正式权力，掌握着充裕的政治资源，在制度构建、变更、调整的过程中有着突出作用。制度为领袖提供了政治实践的可行性空间，尤其是领袖和政治精英大都有天然倾向去扩展权力的范围，去超越想象的公共界限。领袖好比一个圆的圆心，是组织的灵魂。人与制度关系是人类自身产生以来自觉或不自觉面对的问题，社会最重要的一个方面，就是如何建构权威，如何建构现存的不同种类的权威，以及如何确定权威间的关系。制度可以看做强势政治力量的利益体现，折射着并不平等的权力格局。制度不能平等地对待所有，会给强势政治力量带来更多的机遇与资源。在某些情况下，制度被看做是政治精英投入现有权力，以便在将来成功获取更大权力中的变量。在正常情况下，制度在规范社会的"表层的语码结构"下深含着维护包括领袖在内的政治权力的"潜在的密码规则"。由此决定了人与制度关系的相关论证，成为东西方政治思想史上不绝的主题。亚里士多德曾经说过："过度与不及是过恶的特性，适度是德性的特性。人们为善的道路只有一条，作恶的道路可有许多条。"人在制度面前并非消极被动，可以发挥能动性。关于人与制度的关系，存在客观主义与主体主义两种看法。客观主义强调制度对人的决定作用，认为制度是自在物，人们在制度面前只能表示充分的敬意，任何主观能动性都将产生消极后果，这种观点其实只承认制度对人的单向度作用。在客观主义看来，制度是生成的，是社会与经济内生的结果，这其实只承认诱致性变迁下的制度形态。主体主义则强调行为与意义，认为人们在制度产生和变迁过程中，应该发挥支配性的主体能动性。在主体主义看来，制度是设计的，是政治行为体以命令、法律移植、引入与实行的结果，只承认强制性变迁的制度形态。主体主义和客观主义的各执一端，都有价值与局限。从根本意义上讲，制度具有不以人的意志为转移的客观性，与社会生产力发展相适应。制度产生与变迁是自然的历史过程，建立在一定规律之上，人只是遵循制度产生和变迁的自有规律。1940 年 2 月，周恩来一行十余人由莫斯科返回延安。当车队行驶到七里铺时，周恩来让所有汽车一律开到八路军兵站，在那里登记接受检查。兵站的负责同志见是周恩来的车子，考虑到周恩来旅途劳累，便说："周副主席，您的车子不用登记、检查了，快点回去休息吧。"周恩来不肯，坚持一定要按规定办事。事后有的同志对周恩来的做法不理解。周恩来解释说："我们制定的纪律、规章制度，如果我们自己不遵守执行，那还怎么能要求人家去遵守执行？自己制定的制度，如果自己不去执行，那么制定制度又有什么用处。"当人们树立制度观念，制度成为不可缺少的一部分的时候，遵守制度就会像血液循环通泰全身，而违反制度则会让他感到极不舒服。做到这一点，必须重视制度建设和确立对制度的尊重。

2. 制度作用取决于控制制度的人

制度既是生成的，又是设计的，制度是客观性与主观性的统一，表明包括领袖在内的人与制度具有双向作用关系。制度通过人的行为而演化。人的具体行为及其背后的动机，又总是受到制度在内的环境约束。从中国古代对制度和领袖关系看，把知识管理的过程与资源观点联系起来，提出组织的知识管理者在知识管理中的责任和作用。针对当代市场动荡变化、竞争剧烈管理自己的知识和信息资产。知识管理显然是组织的一种生存能力，尽管这一认识很普遍，但仍有许多组织为管理知识而艰难努力，以临时、权宜、紊乱的方式管理知识的组织很常见。管理与人性密不可分，管理的范围无一不与人有关，由于人有喜怒好恶的不同，观点、心态、感情、欲望各异，因而会产生许多不同的管理形态，也唯有了解人性潜能，开发引导，方能发挥管理的效能。著名组织理论家费力普·塞尔兹尼克将组织划分为管理型组织和制度化组织。管理型组织没有或很少有规则和制度，独裁的管理者领袖往往按自己的意志和利益关系行事。实践中，没有一个组织是纯管理型组织，也没有一个组织达到了完全制度化的境界。组织是否有效率，很大程度上取决于组织的制度化程度。整个组织制度化过程中离不开领导管理，管理有别于制度，管理也不是领导，但管理却需要真正的领袖。在管理型组织中，领袖只是个管理者，是个或有或无、换了谁都一样的角色，履行着日常的管理职能。在组织发展过程中，领袖如发挥了领导作用，使组织变成有机的制度化组织，领袖就成为制度化组织的形象和代言人，如果领袖没有成功地将组织发展成为制度化组织，组织还会是原来的低效的管理型组织，只起日常管理作用的领袖仅只是个管理者。制度化组织是理想组织，缺少了领袖的组织不可能是一个制度化组织。从管理型组织到制度化组织，是从量变到质变的脱胎换骨的变化和发展。在现代组织运行过程中制度和领袖相辅相成，密不可分。制度可以提高组织的运作效率，避免个人利益和权力损害组织利益的有效措施，就是建立一个透明的制度。制度和规则使组织的工作具有一定的规范，而不是靠个人感情和关系运作。组织制度和标准还能激励组织成员努力工作。组织只有在领袖的作用下冲破内部和外部因素的制约，成为有机的制度化系统才具有生命力。组织的成功，需要领袖对未来发展方向的高瞻远瞩，需要具备坚定不移地实施组织战略目标的领导能力。随着人类社会的发展和演进，不同的社会发展阶段创造出相应的政治文明，领袖认清了政治文明的发展是不断扬弃的过程，是批判性和继承性的有机统一。世界上各种形态的文明之间既有质的差别，又有内在联系。任何文明都并非来自整个人类文明以外，而恰恰是吸取了人类历史上各时代文明的积极成果。领袖能大胆吸收和借鉴人类文明的积极成果。塔利班是在内战不休、派系割据的背景下诞生的。"塔利班"是"学生"的意思，它的大部分成员是阿富汗难民营伊斯兰学校的学生，故又称伊斯兰学生军。塔利班信奉原教旨主义，致力于建立"世界上最纯粹的伊斯兰国家"，成立之初总共只有800人，因此许多人对其并不重视。但由于塔利班当初提出铲除军阀、建立和平稳定的伊斯兰政府的主张，且因为纪律严明而作战勇敢，并提出反对腐败、恢复商业的主张，很快赢得阿富汗人特别是占国内总人口40%的普什图族人的拥护。这使得塔利班的实力急剧膨胀，发展成为一支拥有近 3 万人、数百辆坦克和数十架喷气式战斗机的队伍。1996 年 9 月 27 日，塔利班攻占首都喀布尔，并成立了临时政府接管政权。但掌权后，塔利班并没有将广大人民的福祉放在首位，而是对非伊斯兰文明采取了偏激的立场，同时在国内实施极端宗教化统治。2001 年，塔利班政权不顾联合国教科文组织及外国非政府组织的反对，以炸药及坦克炮火摧毁了著名的巴米扬大佛雕像。这一行为无疑表明，塔利班所扮演的仅仅是一个成功的破坏者角色。这种背离传统、背离人类文明积淀的做法，注定要招致全球性的批评，也注定要失败。

3. 领袖是制度执行的重要运行者

重视制度建设、严格遵守制度、坚持依法办事，是领袖艺术中非常重要的内容。制度不相信政治行为体的品质。在政治实践中，领袖在运用政治权力时存在着服务于公众利益与追求个人利益两种可能性，领袖的巨大能动力与影响力决定了后一种可能性的高风险性。制度能够有效限制领袖政治权力私利性运作，防备领袖滥用权力与越位。强调领袖个人分量不要太重，绝不是要否定或削弱领袖的权威。相反，要正确地维护领袖的权威。领袖人物的巨大历史作用，通常是一般人所无法替代的。恩格斯指出："不强迫某些人接受别人的意志，也就是说没有权威，就不可能有任何的一致行动……没有这种统一的和指导性的意志，要进行任何合作都是不可能的。"如果没有权威，人类社会就无法顺利进行物质生产和社会活动。任何社会都需要权威，社会主义社会同样需要权威，特别是像中国这样原先经济文化十分落后的国家，走上社会主义道路以后，将长期处于社会主义初级阶段，人民群众日益增长的物质文化需要同落后的社会生产之间的矛盾将长期存在，这一状况更加要求社会主义国家集中力量、统一意志、统一行动，为大力发展生产力创造条件。领袖个人权威固然重要，但是，建立集体的权威和制度的权威则是更为重要的。只有具备了健全的集体权威和制度权威，个人权威才能正确地得到发挥。强调领袖个人的分量不要太重，重要的是要加强制度建设。集体领导是无产阶级政党领袖体制的最高原则，并且要把这一原则通过制度化的途径确立下来。斯大林同志说："个人决定总是或几乎总是片面的。我们知道一百个没有经过集体审查和修改的个人决定中。大约有九十个是片面的。"领袖人物是人，而不是神，他们也有缺点和错误，领袖人物在发挥作用时，不但要受到社会条件的制约，同时也要受自身的种种条件的限制，因而他们不可能一贯正确。如果不实行集体领导，一旦领袖人物出现了错误，后果将不堪设想。因为即使最杰出、最伟大的领袖人物，也必须依靠千百万人民群众才能取得革命事业的胜利和成功。决策者的严重错误会导致革命的挫折和失败，这种例子在我党的历史以及国际共产主义运动的历史上并不少见。从理论和原则上讲，几乎每一个共产党人都认为执政的无产阶级政党不能搞过分个人集权，都应采用集体领导的方式，但很长的一段时间里，无产阶级政党未能很好地解决这一问题，原因是多方面的，其中重要的是没有通过制度化的途径把党的集体领导固定下来，或者即使作了文字上的规定，也未能真正付诸实施和执行。领袖人物集权过多，会对党和国家带来严重的危害。在领导集体中，主要领导人的权力和责任比其他人大一些，所起的作用比别人大一些，因而个人的分量自然也比他人重一些。但在某个重大问题的决断时刻，领袖人物如何使自己的决断符合实际，符合人民的意愿，必须充分尊重他人的意见，尊重集体的智慧。这样做才能集思广益，选择良策避免错误，更好地发挥领袖人物应有的作用。制度对领袖权力及其行使过程，包括对领袖权力的时空范围、行使方式等限制，直接制约领袖权力的膨胀。华盛顿通过坚忍不拔的意志和灵活务实的政治策略，成功地为美国制定了一部宪法，为"建立一个牢不可破的联邦"奠定了基础。他曾说，美国的"宪法并非完美无缺，但如果考虑到组成制宪会议的形形色色的成分以及要予以照顾的各种各样的利益，这部宪法中带根本性缺点是如此之少，实非始料所及"。他赞扬这部"伟大的宪法"，说它规定了政治家的权利和应该努力的目标，并特别坚定宪法所体现的"永恒的秩序和权利法则"。华盛顿拒绝了第二次连任，就在于他对美国新制度的高度信任和遵循。秩序建立的成败，决定了最终的成败，领袖带动各层面的秩序重建。许多情况下，领袖能够通过对秩序建构的影响，将其作用施加到人类的政治与社会变化中，渗透到经济、文化等生活的方面。秩序从静态上看，是指人或物处于一定的位置，有条理有规则不紊乱，从而表现出结构的恒定性和一致性，形成一个统一的整体。国家的运作需要秩序，组织的运作也需要秩序。除体现财产权、国家与意识形态等特性，制度实质上也是一种公共产品。不管是民主的还是专制的组织，都需要一种制度来制定和执行政策，决定做什么以及如何惩治违反者，最终达到维护公共秩序与协调社会关系的目的。从最基本层面说，制度以人为起点与终点，制度的功能，制度的运行要着眼于人的活动与发展，以制度文明为核心的政治文明构成人类进步与发展的重要方面。洛克曾从法律的立法精神立论："法律按其真正的含义而言与其说是限制还不如说是指导一个自由而有智慧的人去追求他的正当的利益，法律的目的不是废除或限制自由，而是保护和扩大自由。"政治行为体中，领袖承担着政治统治与社会管理的职责。特别在现代社会，从合法性的角度出发，领袖不仅通过制度程序取得职位，还必须并重制度工具属性与价值属性，通过制度平台履行包括利益表达与综合，法律法规制定，政策执行，政治社会化与政治交流等职责。制度从机制上保障了领袖解决公共问题，适度传承使新秩序熠熠生辉。随着人类社会的发展和演进，不同的社会发展阶段创造出相应的政治文明。而每一种文明在完成其历史使命后，就将为更能满足社会发展需要的新文明所取代。有的政治行为体是制度运行者，有的政治行为体仅仅是制度承受者。如在地域型与臣民型文化为主导的传统社会，政治国家作为一个存在物，对普通个体来说基本上是现成的东西，而非人为的东西。在此条件下，绝大多数个体对于制度而言，只是一种消极存在，而只有极少数个体才能对制度产生积极影响。领袖与制度存在着双向交流，两者相辅相成。合法性涉及该制度产生并保持现存政治机构最符合社会需要的一种信念的能力。领袖关于制度的理论形态构建完成后，必须将转化为一般化信念，将推广到民族、政党、国家等共同体成员，转化为大众的普遍信念。制度具有教育功能，逐渐形成那些在其中活动领袖的政治性格。詹姆斯·蒲徕士指出：良好制度给予健康的人性倾向以更多的活动余地，并抑制有害的人性倾向。领袖通过制度实践表达政治意愿，推行政治行为，其政治心理、政治思维与政治行为模式随之发生显性或隐性的变化，形成与发展出与制度环境相匹配的性质、个性、气质与习惯。马克思说：专制制度的唯一原则就是轻视人类，使人不成其为人，而这个原则比其他很多原则好的地方，就在于它不单是一个原则，而且还是事实。制度产生和制度变迁在政治发展维度上具有不同意义，领袖在制度产生和制度变迁两阶段发挥着内涵不同的作用。任何制度都是领袖等设计者的政治理念与政治价值的表达，超越现实定向的制度价值，在提炼人们现实共识的基础上保持适度的超前。从形而上的意义讲，制度是一种内在信仰，需要各种主客观因素的孕育与催生并使之广泛社会化。必须认清政治文明的发展是不断扬弃的过程，是批判性和继承性的有机统一。世界上各种形态的文明之间既有质的差别，又有内在联系。任何文明都并非来自整个人类文明以外，而恰恰是吸取了人类历史上各时代文明的积极成果，同人类文明发展史所提供的一切积极成果相联系，文明具有历史继承性。必须大胆地吸收和借鉴人类文明的积极成果，而不是对旧有秩序和其他文明一概地采取排斥的态度，否则将失去存在的基础。纵观历史全域，暴力革命这种激烈的颠覆方式并不总能推动社会的进步，相反，更温和的变革往往会开创历史的新境界。无数历史事实证明，改革、发展与稳定三者之间互为条件，相辅相成。只有找到三者之间关系的结合点，稳妥处理好三者之间的辩证关系，才能取得事半功倍的效果，促进社会的健康发展。中国历史上的改革，几乎都是由于社会矛盾的积累导致社会危机出现的时候发生的，而改革又成为克服社会发展障碍的有效途径。张居正在明朝万历年间进行改革，他经历了嘉靖、隆庆、万历三朝，正处于明朝统治的中后期，各种社会矛盾日益激化。政治上官风不正，朝臣争权夺利互相倾轧，吏治腐败颓废。经济上国库空虚，财政困难。以皇帝为首的皇室、官僚、地主通过乞请、投献等方式，大肆兼并土地逃避赋役。军事上武备废弛起义不断，明王朝已是国势衰颓，危机四伏。于是，张居正几乎是以一人之力推动了改革的进程。他首先整顿吏治，加强中央集权制。创制了"考成法"，严格考察各级官吏贯彻朝廷指令的情况，要求定期向内阁报告地方政事，提高内阁实权，罢免因循守旧反对变革的顽固派官吏，选用并提拔支持变法的新生力量，为推行新法扫清障碍。在经济方面，他曾任用著名水利学家潘季驯督修黄河，使黄河不再南流入淮，于是"田庐皆尽已出，数十年弃地转为耕桑"，而漕河也可直达北京。"一条鞭法"更是张居正在经济改革方面的重要内容，也是中国封建社会赋役史上的重大变革。"一条鞭法"对税收项目进行归并，大大简化征收手续，使地方官员难以作弊。实行这种办法，使没有土地的农民可以解除劳役负担，有田的农民能够用较多的时间耕种土地，对于发展农业生产起了一定作用。在军事方面，他派戚继光守蓟门，李志梁镇辽东，又在东起山海关，西至居庸关的长城上加修了"敌台"3000余座。经过张居正力挽狂澜式的努力，改革强化了中央集权，基本上实现了"法之必行"、"言之必效"，国家的经济状况有了改善，财政收入有所增加，在国防上增强了反侵略的能力，奄奄一息的明王朝也因此苟延残喘，暂缓了没落的命运。张居正对于大明王朝的重要意义，可以用著名历史学家黄仁宇先生的话，从另一个角度加以解读。黄仁宇在《万历十五年》一书中，这样感叹张居正的去世："张居正的不在人间，使我们这个庞大的帝国失去重心，步伐不稳，最终失足而坠入深渊。"作为改变和影响历史发展进程的重要因素，领袖人物所发挥的巨大作用总是体现在时代分野的关键时期。如果没有挺身而出，引导着革新力量与旧有秩序进行斗争，许多重大的转折就无法想象。

目标比目的重要，
方向比奋斗重要，
选路比走路重要。

没有统御就没有领袖，
没有领袖就没有胜利。

第四章　领袖统御

（一）登顶之举展示影响力

领袖产生的过程就是积聚影响力扩大影响力的过程，领袖具有影响别人的能力。影响力来自强制性影响和自然性影响。思想具有传播性和指导性，思想具备对思维角度与思维方式的影响力，品格是自然性影响的主要来源。

1．影响力是领袖的核心能力

领导力的核心是影响力，而广大影响力的基础，是提高领导者本人的素质、品行和修养。哈罗德·孔茨说："领导是一种影响力，或叫做对人们施加影响的艺术过程，从而使人们心甘情愿地为实现群体或组织的目标而努力。"领袖要想有效地实施领导，除了必须具有法定的权力影响力，还要辅以非权力影响力，即他的道德品质、勇气、毅力等。成功领导的关键在于超过一般人的影响力。转化危机的创造性建立追随者维系制度方面的创造性，通过文化改造，发挥群众的创造性，做一个有影响的人。长期以来，领导力的概念在国人心目中模糊不清。权力领导、职位提拔经常与领导力的概念混为一谈。领导不等于领导力，权力更不意味着领导力。领导力的核心是影响力，唯一可以让下属心甘情愿追随的领导者身上渗透出的魅力就是影响力。艾森豪威尔指出：领导力必须建立在领导影响下属的基础之上。领导力是让下属做你期望实现，他又高兴并愿意去做的事情的一门艺术。良好的品格引起公众的认同，良好的品格可以使人登上权力顶峰，从而赋予他们相应的权力。如果品格低劣，即使大权在握也不能实施有效领导。正因为品格具有如此重要性，一些国家就公民成为候选人所必须具备的品德条件作了不同规定。如卡塔尔规定，没有犯过道德罪或已经依法恢复了名誉的人才具有当选的资格。冰岛则规定，品行良好的人才有被选举权。正如马克思在评述斯巴达克时所说的："他笔下的斯巴达克是整个古代史中最辉煌的人物。一位伟大的统帅（不像加里波第），高尚的品格，古代无产阶级的真正代表"。在今天，不管是无产阶级领袖，还是资产阶级首脑，都活动在现实的政治生活中，决策所产生的作用直接或间接影响着人们。成功领袖影响他人首先影响力来源于对别人的尊重，还来源于善于倾听，关键是不断提升才能。成功领袖必须具有建立好的人际关系的能力，合理运用人际关系价值则是成功领袖的必备要素。领导者的影响力不仅来源于职级、头衔和地位，更重要的是形成对社会无私服务和奉献。任何群体中，会存在着具有影响力的人，在他们的身上有一种无形的东西那就是影响力。这种领导特质决定领导行为的有效性，从而影响到决策制定的科学性。特别是危机时，领袖魅力更会发挥重要作用。整个陷入严重的内外部危机时，拥有危机型领导者就具有强大的影响力了。领袖人物之所以能够对组织、下属和社会群体施加积极影响，关键是他们享有很高的可信度。美国领导力专家库泽斯和波斯纳在1987 年、1995 年和 2002 年三个不同的阶段对 7500 名美国民众进行的"最吸引人的领导品质"追踪调查中发现，从 1987 年到 2002 年的 15 年里，待人真诚始终是领导者提高可信度的第一要素。待人真诚含义很广，包括真挚、坦诚、诚实、讲真话。只有这样，才能得到追随者的信任，才能发挥影响力。古希腊哲学家苏格拉底说："无论在什么情况下，人们总是最愿意服从那些他们认为是最棒的人。所以，当人得病的时候，他们最容易服从医生，在轮船上则服从领航员，而在农场里则服从农场主，这些人都是他们各自领域里最有技能的人。一个最清楚知道应该做什么的人，往往最容易获得其他人的服从。"在美国西点军校，从军官到士官生，"言必信"是西点荣誉法则："军校学员不说谎、不欺骗、不偷窃，也不容忍有此恶行的人。"在西点军校的教育中，诚信、正直、讲真话、讲实话，是每个学员必须遵守的原则和品格，这就是领导者取得追随者信任的最关键因素。开放的心态，是主动进攻的强势心理，积极沟通与合作的处世原则，更是心胸开阔的生活境界，能使弱者变强，强者更强。人们在生活中注意培养开放的心态，又因为心态的开放，所以能够虚心学习，能够与人沟通，能够得人用人，能够对新事物感兴趣并敢于冒险。正是心态的开放，促使逐渐成为受人敬仰的创造型领袖。德克诺是一位年轻的老师，工作不久有些力不从心，甚至考虑换一份工作。他的学生让他十分头疼。晚上梦见一个天使对他说："你的学生中有一人将成为世界领袖。你准备如何启发他的思维，增强他的信心，培养他的性格，你会怎样教导他，使他成为一位伟大的世界领袖"。德克诺惊醒了，出了一身冷汗。"我是未来世界领袖的老师"让德克诺激动不已。德克诺开始重新思考他给予学生的教导，他想该怎么做才能让学生具备世界领袖的才干。他查阅大量资料，询问许多专家学者，最后得出结论：世界领袖不仅要有丰富的知识，还要有丰富的阅历，不仅要有极强的独立思考能力，还要能广泛听取他人的意见。他不仅要有领导众人的能力，还要有团队合作精神。对历史有深刻的认识，也应该对未来满怀乐观，对生活充满热情，对生命有着极大的尊重。应该有创造性思维，应该有做人处世的原则，严格要求自己。应该充满仁爱与感恩之心。培养计划在德克诺心中渐渐完善，他的世界也因此改变。每个学生从他面前走过，他都会仔细地凝望，因为他们都很可能成为未来的世界领袖。上课时不再把他们看成普通学生，而是当成未来的世界领袖对待。他仿佛有了一份责任，因为未来的世界会掌握在台下某个学生手中。此后，他对工作始终充满高度的热忱，丝毫没有了当初的懈怠之心。多年以后，他的学生中并没有人成为世界领袖。不过，他们大都成为杰出人物，有的成了作家，有的成了画家，有的成了哲学家……他们都感恩于德克诺老师的最好教导。德克诺所熟识的一位女士后来成为美国政坛的风云人物。她不是他的学生，而是他的女儿。她在自传中写道：我父亲是我一生中最好的导师，他的一言一行都让我非常钦佩。德克诺的那个梦没有成真，但他并不感到遗憾。他感慨地说："我很庆幸做了那样一个梦。那个看似十分荒诞的梦，让我对自己、对他人的看法和态度完全改变。它改变了我的一生。"

2．影响的人越多成功就越大

维系领袖与其追随者的是领袖的非权力性影响，这是由领袖人物自身素质形成的一种自然性影响力，它既没有正式的规定，没有上下授予形式，也没有合法权力那种形式的命令与服从的约束力，但影响力却比依托权力而存在的领导权威更广泛、更持久。在非权力性影响的作用下，追随者们对领袖人物逐渐表现为顺从和依赖的关系。领袖是在精神层面和影响力上超越领导的。每个组织都有领导，但有太多的组织只有领导，没有领袖。一些失败的领导以及许多新上任的领导，经常犯的错误就是认为因为自己当上领导，所以别人就应该被自己领导。怎样从领导到领袖，是领导们面临的主要挑战。记得电视台有一个节目，众多的管理者在探讨做什么事情对人们有大的贡献，取得更大的成功。有的讲要资助几所小学，以便辍学的女童有学上，有的说组建几个工厂，使失业的人群有工作做。一位女老总却说，一个人成功的标志是看他影响了多少人。影响的人越多，他的成功系数就高，影响的人越少，他的贡献就小。可以看出，影响力是每位领导和领袖取得重大成绩的标志。领袖的影响力号召力，突出的应该是他的领导人格，就领袖的群众而言，突出的应该是他与集体的关系。就领袖的事业而言，突出的应该是他发现问题和解决问题的能力，突出的是他的事业感和使命感。以个人权力大小业绩多少来从事领导活动，很容易形成领导真空，使组织陷入危险境地。多少朝代在这种真空中颠覆，多少革新在这种真空中失败，多少组织在这种真空中死亡，多少鲜活的生命在这种真空中消失了。周恩来具有令人钦佩的人格魅力。20 世纪 70 年代，河北邢台发生大地震，周恩来得知后十分担心灾区的情况，余震未息就来到灾区视察，亲自督导抗震救灾。抗震救灾指挥部负责同志考虑到周总理办公的房子不太安全，就在别处另外支起一个帐篷，请总理在那里听汇报，总理说："你们不怕危险，就我怕？"总理坚持在尘土不时从房顶震落的指挥部工作。特别是在周总理向群众讲话的那天，风很大，人们迎风而立，周总理立即让人们掉转身子，自己则迎风讲话，在场的人们无不动容。周总理虽已离开我们 30 余年，然而时至今日，每当人们忆起他，仍钦佩敬仰之至。其中缘由，正如电视专题片《百年恩来》中总结的那样："周总理是用作风和人格来教导我们的"。周恩来总理这种平易近人、身先垂范的人格魅力不得不说是作为一名领袖影响力和感召力的来源。最强大的影响力来自给予，而不是索取。只有不断地给予别人，才能有影响力。领袖只要多多地给予，就能在不知不觉中征服下属，自然而然地扩大影响力。1797年3月，华盛顿第二届总统任期告终，他在费城出席了新总统亚当斯的就职典礼。当他出现在众议院大厅时，几乎所有的人都挥舞着帽子、手帕发出由衷的欢呼。被冷落在一旁的亚当斯不无嫉妒地发现，那一刻人们的眼睛都是湿润的。在写给没有赴会的夫人的信中，他还耿耿于怀地抱怨"那热泪盈眶的眼睛，珠泪滚滚的眼睛，泪水滴滴的眼睛"。正是亚当斯那一刻心中油然而生的妒意，为他与领袖华盛顿之间的差距作了最好的阐释。1975年撒切尔夫人意外地当上保守党党魁，当时党内许多老臣子都不服气，甚至压根儿看不起她。直到她第一次以党魁身份出席保守党全国党代表大会，发表了著名演讲之后，情况才出现转机。这是一篇可以加载史册的经典："我们国家出现了一些怪事，有些人蓄意攻击我们一向紧抱的价值，攻击那些一直鼓励善良和美德的人，攻击我们的优良传统和伟大历史。有些人逐步丢弃了我们国家的尊严，颠倒英国的历史，把她说成是一片黑暗、充满压迫以及一事无成、令人绝望的历史，而非一般不断予人希望和光明的历史。我们不能因为被欺凌、被洗脑，就失去大家曾经紧抱过的信念。虽然今天我们很多最优秀的同胞，正因为备受体制卡压而考虑移民，离开祖国。但我相信他们是错的，因为他们放弃的太早。不错，确实有很多我们一向珍而重之的东西，从未像今天这般被危机，但它们仍旧未曾消逝。所以，就让我呼吁大家，把根留住……好让大家都曾经熟悉的那一个英国，将来仍会是你我的孩子都认识的那一个英国。就让我给你我的愿景：那就是英国的光荣传统，及人人都有工作的权利，有支配自己金钱的权利，有拥有财产的权利，有国家作为人民公仆而不是作为其主人凌驾于其上的权利，这也是一个自由国家的本质。我们的一切自由，都是建立在国家享有这种自由的基础上。"她的演讲空前成功，完全超乎自己的预料，代表呼声响彻全场。当它最后击败工党出任首相，面对全国烂摊子国民极力求变的年代，她在步进唐宁街十号首相府之前，在门口面对记者发表了演说："凡是出现过纷争的地方，就让我们带来和谐。凡是发生过错误的地方，就让我们追寻真理。凡是产生过怀疑的地方，就让我们树立坚定的信念。凡是感到绝望悲观的地方，就让我们赋予新的希望。"还有，二战时期美国著名将领巴顿，他有了战功总是归功于所有部下的官兵，不争先抢功劳。打仗的时候，他自己总是身先士卒，置个人安危于不顾，因此，他的部队作战勇敢，士兵都愿意加入，他也被称为"热血豪胆的巴顿"，而他

领导的部队是整个美军中伤亡率最低的，这就是给予
无取、肯为部下付出的最好回报。

（二）成功之本来自战略力

战略性是从全局和长远的高度思考论证和决断问
题。领袖看得比常人远，想得比常人全，唯知天下
事，预知胜负情，才能不战而屈人之兵。远见卓识是
战略力的体现。远见，就是远大的眼光，能展望未
来，看到目标。卓识，就是卓越的见识，能运用智
慧，提高战略力。

1. 战略是领袖卓越的资本

领袖具有高瞻远瞩的战略眼光，就有全局在胸的
战略思维。战略定位是一种法则、准则和思维模式，
是开局、中局、终局发展全过程中的眼光和胸怀。目
标比目的重要，方向比奋斗重要，选路比走路重要。
用定位实现战略，体现出高智慧，定位高于战略，是
战略之前的战略。定位深于视野，是视野背后的视
野。成功的领袖，善于掌握事物的发展规律，按照事
物的连续性、因果性的联系，预见它的发展趋势，并
针对事物的多变性，根据其时间、地点不同以及整体
利益与局部利益的差异来做出战略决策。《孙子兵

法》是世界公认的"古代第一兵书"、"兵学盛典"。它以当时进步的朴素唯物论与辩证法为指导，高度浓缩中国古代人民的大智慧，构建了中国古代军事理论体系的基本框架，思想和影响在今天已超出军事领域，深入到政治、经济、体育等社会生活的方方面面。《孙子兵法》提倡"屈人之兵而非战也，拔人之城而非攻也，毁人之国而非久也"的全胜思想，并将其视为用兵作战的最理想境界。为此，《孙子兵法》主张在战略谋划上做到胜敌一筹，强调系统全面考察战争的主客观因素及相互关系，即所谓知天。在《孙子兵法》里面，非常清楚地指出，知天是所有的基础和来源，所有的战争或者说所有的胜利来自于知天。领袖所具备的知天本领不是特异功能，它是指一种基于智慧、源于见识，对本源的领悟，通晓万事万物人伦的法则，方能推演预见未有之事。领袖注重首先从源头出发，去找寻规律性的东西，找到问题的症结，并最终从根本上解决问题实现意图。毛泽东说："没有全局在胸，是不会真的投下一着好棋子的。"豫皖地区洪水泛滥，灾情百年未有。毛泽东提出根治淮河，并委托周恩来具体指挥。在如何根治上有关省份发生了严重分歧。河南、安徽力主泄洪，江苏则竭力反对，让人很难决断。周恩来反复协商，仅各方面负责干部参加的会就开过六次，会下找人谈话征求意见。综合各方面意见后，周恩来提出蓄泄兼筹的方针，上游以蓄洪发展水利为长远目标，中游蓄泄并重，下游开辟入海水道。这一决策博采众长，全面正确。这就从决策对象的全局出发，分析其中各局部的内在关系和相关性，进而获得整体性认识。在中央红军长征途中，毛泽东亲自指挥的"四渡赤水"，堪为定位先于战略而制胜的典范。一渡赤水，避实就虚，摆脱川军。土城战斗，川军实力较强，还有后续部队增援。为了从不利的局面摆脱出来，毛泽东指挥红军避实就虚。二渡赤水，乘虚而入，速战速决。蒋介石调集各路国民党军，妄图南北夹击，聚歼红军于扎西地区。毛泽东利用敌人以为红军要北渡长江和黔北兵力空虚的弱点，指挥红军乘虚回师东进，连续攻占桐梓、娄山关，重占遵义，取得了长征以来的第一个大胜利。三渡赤水，将计就计，虚张声势。当蒋介石又调集重兵，妄图围歼红军于遵义、鸭溪地区时，毛泽东将计就计，故意在遵义地区徘徊，诱敌前来，当敌军逼进时，红军重入川南，同时以一部军队伪装主力，虚张声势，造成北渡长江假象。四渡赤水，形西实东，迷惑敌人。在国民党军重兵再次向川南集中的情况下，毛泽东为迷惑国民党军，以一个团的兵力诱敌西进，而指挥红军主力秘密北上，然后突然向东，四渡赤水，继而南渡乌江，跳出了敌人的包围圈。为了进一步调动敌人，实现由长江上游金沙江北渡入川的战略目的，毛泽东指挥中央红军示形于东而击于西，兵临贵阳逼昆明，调虎离山袭金沙，乘敌空虚，渡过金沙江。至此，中央红军跳出了数十万国民党军的围追堵截的合围圈，挫败了蒋介石妄图围歼红军于川滇黔边的企图，实现了渡江北上的战略意图，取得了战略转移中具有决定意义的胜利。毛泽东以高超的机动灵活的军事指挥艺术，指挥中央红军与10倍于己的国民党军进行周旋，穿插迂回于国民党军重兵集团之间，纵横驰骋于川滇黔地区，巧妙地牵制、调动、打击国民党军，使国民党军疲于奔命。蒋介石哀叹："这是国军追击以来的奇耻大辱。"滇军将领说："共军拐个弯，我们跑断腿"，中央军将领说："追，追，追，一直追死自己为止"。黔军将领认为是"磨盘战术，出奇制胜"。川军说共军是神出鬼没。毛泽东指挥四渡赤水作战取得胜利，成为他军事生涯中的得意之笔。四渡赤水作战是在失去根据地无后方依托，又面对十多倍国民党军围追堵截的严峻形势下进行的。毛泽东指挥红军经常变换作战方向，转移作战地区，在国民党军几十万重兵之间，避实就虚，忽东忽西，忽南忽北，大范围地迂回往来，如入"无人之境"迷惑和调动敌人，导演了一出威武雄壮的以少胜多、以弱胜强的活剧，展现了毛泽东高超的军事指挥艺术，成为毛泽东独具匠心的杰作。抗日战争时期特别是解放战争时期，包括抗美援朝战争，毛泽东不再是战役指挥，而是战略指挥，制定战争的战略方针，把握和指导战争的全局，"运筹于帷幄之中，决胜于千里之外"。虽然，这时毛泽东的战争指导艺术更加成熟，并且达到了炉火纯青的地步，但毛泽东更看重他作为战役指挥员、亲自指挥的四渡赤水之战，能够发挥出他高超的机动灵活的指挥艺术。所以，他对蒙哥马利元帅说："三大战役没有什么，四渡赤水才是我的得意之笔。"

2. 领袖应具备的战略理念

战略理念主要是指领袖对战略、战略管理、战略管理理论和实践的认识。战略理念的形成需要知识与经验，了解使命、愿景、核心价值、目的、战略、战略目标等基本概念并有独到的认识，熟悉战略分析、战略选择、战略实施、战略评价和战略控制等战略管理理论。应用战略管理理论指导自己的战略，实践并修正和发展战略管理理论，明确提出自己的愿景并使自己的愿景与组织愿景实现有机整合。领导者的战略理念是掌握战略管理理论与战略管理实践长期互动和融合的产物，战略理念常常以战略直觉的形式存在，并能够对特定组织的战略选择和战略绩效产生强大的影响。宏观外部环境因素构成了特定组织生存与发展的约束条件，规定了特定组织的总体发展方向和发展战略的基调。毛泽东是举世公认的无产阶级战略家，在中国革命的每一个历史转折关头，都能客观地、全面地和科学地预测事物的发展进程，同时作出相应的决策和采取相应的行动，从而使中国革命少走了许多弯路，减少了许多不必要的牺牲和损失，使一个独立自主的新中国屹立在世界的东方。抗战胜利后，中国的前途处在十字路口，中国何去何从？对此，毛泽东指出：抗战胜利后，国民党怎么办，看他的过去就可以知道他的现在；看他的过去和现在，就可以知道他的未来。依据对事物发展趋势的预测，毛泽东的科学预见被国民党发起的全面内战所证实。在党的七届二中全会上，毛泽东就以明末闯王李自成为例，号召全党在革命取得胜利后，要继续保持艰苦奋斗和不骄不躁的作风，防止资产阶级"糖衣炮弹"的进攻。新中国成立后不久，党内一些干部经不住资产阶级的诱惑拉拢，不思进取，腐化堕落。刘青山、张子善等就是资产阶级"糖衣炮弹"的牺牲品。现在看来，毛泽东的告诫更具有广泛的现实意义。毛泽东的科学预见，既体现了毛泽东的智慧、气魄与革命家的胆略，又是毛泽东勤于学习、勇于实践、善于思考、精于总结的结果。他的科学预见善于从客观实际出发，联系特殊的国情，从宏观着眼，微观入手，即掌握关键，又总揽全局，作出对事物整体发展趋势的预见。他善于从事物联系和发展的全过程出发，熟悉其过去，把握其现在，科学地预见未来的动态。他善于用矛盾分析的方法审视事物，通过对各种矛盾及其各个方面演化的分析，作出对事物发展进程的预见。他还善于以史为鉴，防患于未然，作出科学的预见与告诫。这些科学预见的得来，深深地植根于大量的革命斗争实践和科学的马克思主义世界观的有机结合。他还注重对事物性质的分析，注重人的主观能动性发挥和人心的背向等，从各方面、多角度、全方位、综合地分析事物，预见其未来。这样往往能从现象揭示事物的本质，偶然发现必然，从原因推知结果，从纷繁复杂的矛盾中抓住主要矛盾和矛盾的主要方面。历史多次验证毛泽东的预见，在进行社会主义现代化建设的过程中，毛泽东关于科学预见的基本方法和基本观点仍然具有现实指导意义。领袖人物成功的因素很多，懂得乘势而行、因势利导、因变应变是其中重要的一条。"兵无常势，水无常形，能因敌变化而取胜者，谓之神。"指挥者能因敌变化随机采取变化而取胜，谓之用兵如神。事实上，不论哪个时期，哪个领域，自古就是法无定规，变则通，不变则无法。元朝是中国历史上第一个由少数民族创建的统一王朝，元世祖忽必烈采取因势应变。忽必烈表现出极大的智慧，以变应变，妥善地处理了各种问题，使元朝在他统治的30多年内呈现出较为安定的局面。和历史上以往各个朝代相比，元朝的各种宗教都比较兴盛，这不同于历代某一两种宗教受宠、其他宗教遭受压制的情况，因此，元代宗教之盛在中国历史上是少见的。忽必烈继位之后，对宗教采取了兼容并蓄、广加利用的政策，体现出对宗教发展变化的积极应变精神。元朝都城设在大都，由于人口的集中和皇亲国戚众多，对粮食的需求量很大。为了将南方的粮食运往大都，忽必烈接受丞相伯颜的建议，从海道运输粮食，为了保证海运畅通，忽必烈又于1291年设置了专门机构负责管理此事，后将其归并为两个海道漕运万户府。由于海运粮食关系到元大都的生命供给，因此如何选派得力官员是一个非常关键的问题。蒙古将士虽然擅长马上打仗，但一到水上作战便毫无优势可言，因此很难挑出掌管海运的官员。这时，忽必烈又大胆起用了朱清和张瑄二人。朱清、张瑄原为海道头目，专干海上抢劫杀掠的事情。元朝统一后，他们率部众投降，得到忽必烈的优抚。当海道漕运万户府成立后，朝中无人能胜任此职时，忽必烈突然想起二人来，于是将二人任为万户，这在当时已经是最高的封赏，在汉人中是少有的。朱清、张瑄见忽必烈如此信任自己，也以诚相报。他们认真管理海运之事，为保证大都的粮食供应立下大功。同时，他们又不断摸索和总结经验，在开创和经管海运方面取得了许多可贵的成绩。正是起用了朱清、张瑄这样富有经验的汉人，元初的海道运输才有了比较畅通和安全的保障。而当初忽必烈敢于不顾许多大臣的反对，对朱清、张瑄委以重任，厚加赏赐，不仅体现出过人的气量和胆识，更显示了他善于认清形势，灵活机变的独特智慧。从忽必烈的统治经验来看，有效治理一个国家，需要稳定而持续的政策，但也需要顺应形势变化，以变应变，这样才能相得益彰，事半功倍。在错综复杂、瞬息万变的各种事物面前，领袖的战略行为的对象无论在主观方面还是客观方面都呈现出一定的模糊性和随机性。因此，领袖的这种战略行为也会随着环境或情况的变化，呈现出一种非规范、非程序化的艺术形态。如恩格斯曾经指出，人是"追求某种目的的人"，"愿望是由激情或思虑来决定的。而直接决定激情或思虑的杠杆是各式各样的。有的可能是外界的事物，有的可能是精神方面的动机，如功名心、'对真理和正义的热忱'、个人的憎恶、或者甚至是各种纯粹个人的怪想。"领袖在处理与这些追求某种目的的民众关系时，对待不同的民众，也运用不同的方式，不局限于传统的一些观念。治事同样如此，领袖人物都非常注意原则性与灵活性的统一，因地制宜、不拘于成制，在战略层面把握普遍的一般原则，在战术层面灵活地处置各种新情况，从而创造性地开展工作，既能灵活到从心所欲，又能遵守普遍的规律原则。

（三）雄心之念源于前瞻力

领袖前瞻力是最重要的领导能力之一。科学预见所处时代的发展趋势，提出科学的预见性，产生适应先进的思想和主张，是领袖前瞻力的体现。

1. 高瞻远瞩是领袖前瞻力的基础

领袖成为时代风云人物，成为时代先进思想的先驱和社会变革的领路人。领导前瞻力是领导者在自我的战略理念引导下，通过洞察组织外部环境的发展趋势，掌握组织所属行业的发展规律，整合和提升组织利益相关者期望，培育和提升组织的核心能力，持续预测和把握调整组织的发展方向及战略目标的能力。在领导前瞻力框架内，这五种要素的作用是不同的：在造就领导前瞻力方面，领导者的战略理念是原动力，利益相关者的期望是外推力，行业发展规律是引力，宏观环境发展趋势和组织核心能力则是约束力。前瞻力是由领袖的战略理念、利益相关者的期望、宏观环境发展趋势、行业发展规律、组织核心能力等因素决定的，这些要素构成了领导前瞻力模型。培养直觉思维，在制定和选择战略时，战略领导者的直觉与科学的战略分析同样重要。直觉是领导者所掌握的战略管理知识和战略管理经验不断积累与互动的产物，有时也称之为战略理念。领导前瞻力是领导者吸引追随者并赢得追随者支持的领导能力。领袖的前景规划是其部门的发展蓝图，是对未来可能出现的美好事物的憧憬。领袖前瞻力的主体是战略管理，特别是战略制定能力。要实现前瞻和把握未来，实现组织的战略管理，领袖需要持续对外部宏观环境进行系统分析，以期发现外部宏观环境中蕴含的机会及变化趋势。持续思考组织行业的发展规律，以期预见未来行业的发展态势。持续关注组织核心能力更新问题，以期把握组织的发展走向。持续整合组织的主要利益相关者的期望，以期引导利益相关者期望并获得长久支持。影响前瞻力的因素很多。如果领导者能够持续提升自己的战略理念，整合利益相关者的期望，塑造更新组织的核心能力，把握行业发展规律和识别外部宏观环境发展趋势，就能够形成较强的前瞻力。领袖由于具有杰出的才能，可以在社会实践中不断总结经验教训，并将这些经验教训系统化，不断提高总结的思想力。当群众需要领袖的时候，依据社会发展的规律和现实的状况，结合自己以前的经验教训总结，预见未来，给群众斗争指明方向，使群众了解自己的前途。在井冈山革命战争时期，由于革命处于低潮，党内一些同志由于对革命路线认识不清晰，出现了悲观思想。毛泽东在《星星之火，可以燎原》中作了分析和批评，并结合红军和中国革命发展的实际，从中国社会的基本特点出发，阐明了中国革命必须坚持创建农村革命根据地，必须用红军和农村革命根据地的发展促进全国革命高潮的基本思想，指明了中国革命的前途。他说："红军、游击队和红色区域的建立和发展，是半殖民地中国在无产阶级领导之下的农民斗争的最高形式，和半殖民地农民斗争发展的必然结果；并且无疑义地是促进全国革命高潮的最重要因素。"这封信进一步发展了"工农武装割据"的思想，标志着毛泽东关于"以农村包围城市，最后夺取全国胜利"的革命理论的基本形成。在这里，毛泽东展示了自己的预见作用，为中国革命的胜利指明了方向。一开始先有目标，然后采取行动，紧跟提升能力，接着反馈性质不断调整，最终达到成功。1984 年，东京国际马拉松邀请赛中，名不见经传的日本选手山田本一出人意料地夺得了世界冠军。当记者问他凭什么取得如此惊人的成绩时，他说了这么一句话：我不是用腿来跑的，我是用脑袋来跑的。当时许多人都认为，这个偶然跑在前面的矮个子选手是故弄玄虚。两年后，在意大利国际马拉松邀请赛上，山田本一又获得了冠军。有人问他：上次在你的国家比赛，获得了世界冠军，这一次远征米兰，你又压倒所有的对手取得第一名，有什么经验？山田本一性情木讷，不善言谈，回答的仍是：用脑袋战胜对手。十年后谜团终于被解开，山田本一在自传里说：每次比赛之前，我都要乘车把比赛的线路仔细看一遍，并把沿途比较醒目的标志画下来，比如第一个标志是银行，第二个标志是一棵大树，第三个标志是一座红房子，这样一直画到赛程的终点。比赛开始后，我就以冲刺的速度奋力向第一个目标冲去，等到达第一个目标，我又以同样的速度向第二个目标冲去。四十几公里的赛程，就被我分解成许多个小目标，也就轻松地跑完了。起初，我并不懂这样的道理，我把我的目标定在四十几公里处的终点线上，结果我跑到十几公里时就疲惫不堪了，我被前面那段遥远的路程给吓倒了。在领袖成长的过程中，往往会遇到这样的情形，有人取得了自己想都没有想到的成就。在此之前，他认为达成这样的目标已经很不错了。可一旦理想变成现实，就又会有新的目标。将模糊的、远大的目标细分为现实可行的阶段性目标，通过努力不断实现一个个阶段性目标，从小成就中获取信心，这种信心产生强大的推动力，充分调动主体的激情为达到目标而努力，最后就能完成远大目标。

2. 先人一步是领袖前瞻力的理念

前瞻性就是以现实为基础，从实际出发，尊重国情，尊重事物发展的客观规律，对未来事物发展的趋势和走向，作出科学的预测和决断。领袖对规律发展的先期预见，以及他们利用这种预见来影响历史进程的能力在整个人类历史中占据了几乎每一页浓墨重彩的篇章。按照思维过程与思维对象变化过程的相互关系，人类思维可划分为滞后性思维和预见性思维。前者主要是指经验教训的认真总结，常常以全局性失误和损失为代价，后者则运用在思维对象发生实际变化之前，预见到可能出现的各种趋势、状态和结果，这才是领袖的主导思维方式。超前思维就是革命思维、科学思维和创新思维，往往直接影响和决定着实践活动的效能，影响着事业的兴衰成败。超前思维具有否定性、独立性、变革性和超越性，是各个领域的领袖区别于本领域内其他人的品质集合与体现。否定性是领袖自身扬弃精神的集中反映，指把事物或观念中落后的、过时的排除，肯定进步的、有价值的东西，并在此基础上创造出新的事物或观念。没有否定，就没有创新。领袖身上崇尚独立，敢为人先，甘为真理而献身等都是与超前思维的那种敢为万者先的独立性相匹配的品质。变革性是领袖历史作用的追根探源，每当社会转折的关键时期或国家危难的紧急关头，总会有具有超前思维的改革者挺身而出，走在时代的前头，肩负起历史的重任。独立性是领袖担负历史使命的外化体现，它指超前思维首先都是来源于个体的独立见解。这种见解越超前，对未来预见的成分越多，越不容易被人们所理解和承认，有的则要付出巨大的代价。神奇的预言是神话。科学的预言却是事实。中国有句古语：凡事预则立，不预则废。还有人说，能预知三天之后发展变化的人是聪明的人；能预知三年之后发展变化的人是伟大的人；能预知三十年之后发展变化的人就具备了成为领袖的资质。1916 年 7 月 25 日，时年 24 岁的毛泽东预言，中日之间 20 年内必有一战，他的分析依据是：一、日本在历史上侵略成性，明朝时侵略朝鲜，骚扰中国沿海；二、甲午海战后签订《马关条约》，获得很大利益，尝到了甜头；三、日本正拼命扩军备战；四、日本占领朝鲜后，得陇望蜀，开始对东北采取行动；五、中日两国矛盾越积越深，总有爆发的一天；六、两国决战的条件还不成熟，需要相当一段时间。正是因为有了上述方面的"因"，注定中日之间会有一战的"果"，但是摊牌时间还不成熟，所以不会发生在短期内。结果，21 年差 18 天后，卢沟桥事变揭开了全民族抗战的序幕，更印证了运用超前思维可以作出不亚于预言的判断。领袖往往以决策者的面目出现，他们就需要作出这样的判断，将超前思维应用在对事物的未来发展趋势、发展动向及发展结果做出的科学预测、估计、分析和设想上，从而制定出行之有效的、具有科学性、创造性、前瞻性的决策方案并顺利执行。先知先觉是一种目光的犀利，是一双慧眼的灵动，它能穿透层层雾霭，预见到一片清朗的生机。这种"先知先觉"非常玄妙。领袖大都具备这种触摸未来的能力，这让领袖能够先人一步、棋高一筹，屹立于时代潮流的前沿。前瞻力是洞察力的主要含义，前瞻力与预见能力密切相关。可以说，没有预见就没有一切。前瞻力与战略规划能力也有很大关系。美国学者认为："领导的确是门艺术，因为战略是由不可预知的未来的决策构成的。最成功的领导者是那些能够成功建立他们的战略规划，然后实施到现实生活中的人。"

3. 高人一筹是领袖前瞻力的方法

超越性是超前思维最突出的特点和价值所在，超越性主要表现为对时间、空间和具体客观事物的超越。超前思维其本质虽然并没有超越思维方式的范畴，其重要性却尤为凸显，尤其是在领袖身上几乎成为一种绑定的能力标签和品质体现。运用超前思维往往能够成就一个领袖。二战后，战胜国决定建立联合国，总部设在纽约，可惜这个全球最权威的世界性组织竟然没有经费去寻找立足之地。正当各国政要为了办公场所一筹莫展时，洛克菲勒财团决定花 870 万美元在纽约买下一大片土地，无偿赠送给联合国，同时还将这块土地四周的地块全都买了下来。消息一传开，嘲笑、讽刺和奚落接踵而至，但是洛克菲勒财团决心不变，坚持将土地笑脸奉送。几年之后，联合国大厦建立起来了，联合国事务开展得红红火火。于是，联合国四周的地价也不断升值，几乎是成倍成倍地增长，洛克菲勒财团所购买的土地价值直线上升，相当于所赠土地价款的数十倍甚至近百倍的利润源源不断地涌入了洛克菲勒财团。洛克菲勒家族正是因为对商业规律的脉络有了清晰的把握，所以他们总能比别人早一步发现商机，在这种对超前思维一以贯之的应用之上，他们建立了自己的财富帝国，也成为一方商业领袖。超前思维应用在领袖的智力活动中，就会折射出大智慧的光辉，在更高层面上放射夺目的光辉。领袖运用超前思维体现在能够以一种向前的眼光看待整个世界图景，因而更容易发现哪些事物正在萌发，哪些潜在的因素正在崛起，从而具有长远而广阔的前途。超前思维所体现的"向前看"的智慧，是根据对现实事物的发展规律的认识，预见到事物未来的发展状况。而如果能够用发展的眼光综合地对事业的长远发展进行考虑，就会体现为领袖对打基础谋长远的高瞻远瞩。有人曾说："领先时代一步叫先进，领先时代三步叫先烈。"所说的先烈是因为虽然超前，但不知超的什么，结果试图在没有电的时代发明电灯，那只能徒劳无功，甚至舍身成仁。领袖就可以做到清醒地判断自己所处的位置，在形势变化中默默地酝酿，从而等到形势于己有利的时刻。领袖运用超前思维体现在对事物本质规律的认识基础上，通过把握未来环境的变化趋势，及时作出相应的调整，在新环境中保持自身的发展，进而改造世界现实。领导前瞻力本质上是一种着眼未来、预测未来和把握未来的能力。领导前瞻力包括洞察力、预见力、想象力、创造力、思维力和战略力等。前瞻力很重要，但不是领导力的全部。洞烛先机、决胜千里。历史上曾经有这样一个例子，1794 年深秋，拿破仑进军荷兰，荷兰打开各条运河用洪水阻拦法军统帅夏尔·皮舍格柳的大军，皮舍格柳无法前进，准备撤军，但当他得知蜘蛛大量吐丝结网的信息时，马上做出了停止撤退、准备进攻的命令，不久寒潮即到，一夜间河水冰封，法国踏过瓦尔河一举占领了要塞乌得勒支城。这个决策是具有丰富的军事知识和科学常识的皮舍格柳，根据蜘蛛吐丝结网的信息而想象出来的。尽管信息数量不多，但很关键。因为，蜘蛛吐丝是冷天气的前兆，气候变冷，河水能结冰，江河封冰部队就可踏冰而过。如皮舍格柳不能够敏锐地洞察到这个微小细节，就可能延误时机。领袖居于全局的统帅地位，要具有广阔的视野，能够把握事物的发展规律，并能果断地做出决策。超前思维以发展的观念分析事物规律，形成科学的认识，从而清晰地勾勒出未来事物发展的整体图景。领袖清楚地看到各要素的变化轨迹，提前洞悉规律走向，这是超出常人智慧的原因。

（四）治世之能展现控制力

危机管理视为"对任何可能发生危害组织的紧急情况的处理能力"。正像美国著名的管理大师奥古斯丁所说的："每一次危机的本身既包含导致失败的根源，也孕育着成功的种子。发现、培育以便获取这个潜在的成功机会就是危机管理的精髓。"危机中领袖表现出稳定的心理素质。面对复杂多变的局势，领袖人物应付自如，体现了领袖的控制力。

1. 胆识和毅力构成领袖的控制力

在这个充满变数的时代，任何国家都可能发生内忧与外患，出现纷争与危机。领袖的抉择影响着国家的命运。领袖们驾驭复杂局势的能力和艺术已经变得越发重要。《危机时刻的大国领袖》不仅是一部写给大人物的美国版的"资治通鉴"，也是一本如何鉴赏领袖人物的公民读本。在危机管理中，领袖如何发挥魅力，对领导者素质提出了更高的要求，他们必须同时具备理想型和危机型两种领袖魅力，要既能站在战略高度总揽全局，又能妥善解决眼前的实际问题。领导者实施隐性危机管理在正常状态下，危机管理是"隐性"的，表面看没有危机管理，但却处处体现对危机的防范。因此这时领导者更需要发挥理想型领袖魅力，重视长远发展。领导者从战略高度来进行危机管理要有战略的眼光，能够从战略的高度权衡企业危机管理的重要性。形成危机意识，认识到忽视危机可能带来的严重后果。领导者通过沟通来进行危机管理在危机爆发的阶段，进入显性危机管理，目标是对危机进行有效控制，尽量减少危机危害。这阶段的危机管理策略是高层管理者直接领导，快速行动，准确出击。尽快建立起与公众的良性互动关系，控制危机的蔓延，将危机带来的损失降低到最低。在重大危难期间，人心虚怯之际，让公众觉得"领袖仍在领导"，是凝聚人心的重要法门，所以"领导必须被看到"纵使只有"心理"而无实质的帮助，但让恐慌不至如瘟疫一般扩散，本身已经是一件很重要的事。危急中领导固然要果断，第一时间反应，但却也要小心反应过度。因为决策一经作出，便未必可能逆转，当中如何拿捏分寸取得平衡对领袖来说是一个重大挑战。危机型领袖魅力发挥了主要作用。出色的个人能力及其稳定的心理素质往往制约着危机管理的有效性，而这些恰好是领袖魅力的体现。1982年，美国发生了"泰伦诺"中毒事件，并导致几起死亡。娇生公司认为，他们生产的"泰伦诺"可能遭到不明人士下毒。为了避免受害人数扩大，娇生公司总裁詹姆斯·柏克紧急下令回收所有已经铺货到市场的"泰伦诺"，甚至包括已被消费者购买的。这次整个"泰伦诺"的回收将造成娇生公司约四千万美金的损失，但柏克却坚持这么做，虽然娇生公司并没有任何责任。当时的美国总统里根还为此事件对娇生公司表示赞许，他认为全美国的企业家都应该学习柏克的精神，因为他明智与负责的决定，救了70多条人命。娇生公司不仅受到总统称许，也在媒体的大幅报道下，获得美国民众的支持与信赖。在回收药品后的六周，娇生公司对"泰伦诺"进行了从内到外的全新包装。半年以后，"泰伦诺"的市场销售量又重新回稳了，不仅如此，娇生公司所生产的其他药品销售状况也都比过去好。这是因为娇生公司赢得了顾客的"信赖"。领袖之所以为领袖，还不在于智力和意识形态如何，而在于意志力和决断力能否经得起考验。可是选举却有点像是押宝。美国每四年选一次总统，但选民并不知道当选者会遇到什么挑战，也无法确知他是否能昂然应对不可预见的激流险滩。从这个意义上来说，每次选举都是在一个人身上下赌注。美国总统比一个非洲部落的专制酋长难当。政策意见的分歧，派系的不同，对失误的担心，政治平衡的需要，民众的期待等，都会成为执政者决策时的现实压力。在每一个复杂的局势面前，美国从来就没有出现过万众一心的局面。美国历史上没有一个在任职时不挨尖锐抨击的总统。从华盛顿镇压"威士忌暴乱"到小布什发动伊拉克战争，总统无一不是在面对着强大的反对之声。比如，当宾夕法尼亚西部掀起了反对威士忌酒税的风浪时，许多政治反对派特别担心的就是军事力量被用去镇压国内的不同意见。领袖的地位是令人羡慕的，但是身为领袖必须准备面对"反对你的人"，准备辛勤工作，牺牲自己的利益以协助别人，而得到的酬劳是别人的辱骂、敌对。做事的动机会受到质疑，也会遭遇不愉快。领袖必须具备耐心和勇气，因为反对的人来自不喜欢你的人，不同意观点计划，不同意采取的方法。还有一些想当领导而当不成，那些生来不愿意被领导的人，的确要有一颗善良的心，才能忍受这些打击，站稳立场，喜欢领导这项工作。作领袖的酬劳是什么？当协助个人或群体解决了难题时，精神上所获得的安慰，就是最大的"酬劳"。在现实领导中，用人和管人有许多领导的秘籍，充分授权是现代管理的原则，要合理地分权、授权。放弃控制是为了更好控制，放弃控制就能更好地抓住要点。什么事都要亲力亲为而且事无巨细的人，实际上犯了管理的大忌。中国古代一直强调："将在外君命有所不授"，就体现了这一原理。如宋朝时，御史台衙门有一名老仆役，刚强正直但有一个怪异的举动，每逢御史有过失，他就把一种惩罚性工具梃棍竖直，衙门中就把梃棍作为验证贤与不贤的标志。有一天，范讽接待客人，亲自嘱咐厨师做饭，厨师刚离开又叫他回来，一连叮嘱好几遍，一再叮咛。范讽回头一看，发现老仆役又竖起梃棍了，就问他为什么，老仆役回答："凡是指使下属，只要教给他方法，然后有常刑去处罚，何必亲自喋喋不休呢。假使让您掌管天下，能做到每个人都去告诉怎么做吗？"范讽既惭愧又佩服。

2. 创新和开明形成领袖的控制力

从现代组织的特性考量，领袖更富有创新和开明的特点。团队型领袖和"非人格化行政"具有规则和实绩，当一个地方、一个团队、一级组织的决策成为领导者个体决策时，就具有了"非结构化决策"的特征。这种决策模式是决策制定者对问题定义进行判断的决策，决策的每个举动都是重要的，不存在认可的或者理解的制定决策的程序。这种个性特征的决策很难规避随意化、浪漫化、非科学化的倾向，相反结构化决策是重复的和常规的，具有明确的制定决策的程序，决策制定不是由个体而是由群体或者组织来执行。高质量的公共决策，应该建立在集体智能和经受反复诘难的基础上。领袖和团队型领袖的特点都有不可替代的价值，当组织有变革需求时，对新的召唤会加大。但在和平发展时期和人类的"平庸时期"，人类公共生活更为需要的不是那种一呼百应、天下云起的个人领袖，而是那种依靠团队、规则和审慎决策的领袖。社会结构关系的偶然和分裂转变，导致各种危机可能不期而至。于是，应对危机、处置危机，就成了当代世界各国政府的一种要责，一种行政素质。执政的公信力和行政能力总是在各种危机中被充分地考量，不是升值就是贬损。从领袖或领导者个体风格来说，危机处置不仅使其显现了责任素质，也显现了行政效率和风格。处于任何复杂多变千难万险的境地中，具备"安居平五路"式的应对能力，以及从容、沉着、智慧、驾驭全局的风度，对于实现领导绩效来说相当重要。建兴元年秋八月，魏乘蜀汉刘备辞世之际，元气不振，急调五路大军合围西进：第一路曹真起兵 10 万取阳平关。第二路孟达起上庸兵 10 万，进攻汉中。第三路东吴孙权起兵 10 万取峡口入川。第四路孟获起兵 10 万进军益州。第五路番王轲比能率羌兵 10 万犯西平关，五路大军其势甚汹。诸葛亮闭门数日，居危思安，却五路大军于池边垂钓之际。可以把"安居平五路"看做是一种危机状态的"行为战略"。因为它不仅成功化解了危机，而且玩得很艺术。"安居平五路"不仅是军事谋略的杰作，也定格为一种危机文化符号，一种危机艺术经典。对于领袖来说，"安居平五路"式的化解危机能力，对于成功实现领导目标、提升领导绩效是至关重要的。意大利政治学家加埃塔诺·莫斯卡说过："专制王朝通常是由某些势力强大、精力充沛的个人创建的"，同样一个王朝的再度勃兴，也需要精力充沛的个人来担当，将"中兴之主"作为一种政治艺术意向。有一段时间，国际社会普遍关注克里姆林宫在世界政治舞台上的强势表现，被认为俄罗斯的衰落宣告结束。如与乌克兰展开天然气之争，努力成为八国集团有发言权、投票权的成员国，邀请哈马斯进行谈判，展现一个越来越自信的俄罗斯。克里姆林宫永远不会放过在世界政治舞台上发出自己声音的机会，体现了对外政策方面的革命性变化。克里姆林宫所掌握的国家政治和经济权力得到巩固，是俄罗斯咄咄逼人的外交政策。一切强势动作与强势的普京风格紧密相连，不同的领袖风格以及人们对领袖风格的期待，与社会状况紧密相关。从领导风格的角度来说，真诚，动情，坚毅，镇定，是国家领导人一种稳定性很强的人格。领袖们在注意重大问题的同时，也往往关注细微的末节。见微知著重点在见微，是对信息深度挖掘的一种能力，发现信息背后的信息，为准确判断提供有力的支持。领袖往往对关键信息敏感，见机发现，起到不可思议的微妙作用。名医扁鹊曾说："疾在腠理，汤熨之所及也；在肌肤，针石之所及也；在肠胃，火齐之所及也；在骨髓，司命之所属，无奈何也。"扁鹊正是对关键病理的敏感，推断出病情发展的程度。明智的人注意主要点。面对种种信息，领袖对获得的细微信息有强的认知程度、敏感程度和对信息利用的能力。

3. 平衡和中和聚成领袖的控制力

平衡是"和"的一个重要层次。从对世界的认识引申出来的和为贵，是最高的目标和最高的标准。包容是和的一个层次，领袖的包容、宽容外化为道德品格，在内部体现为对和的哲学思考。通常领袖人物把"和而不同"的包容品格作为实现"中和"的手段，作为处理事物的一般原则和态度。《论语》中孔子讲："君子和而不同，小人同而不和。""和而不同"就是承认差别，在差别的基础上，相互补充、相互汲取，甚至相互斗争，最后得到一个完善的认识，求得和谐。对领袖包容之和不是取消斗争，也不是消极斗争，是差别中的斗争与统一。很多时候，和是通过斗争达到的，或者通过斗争来维持，这样可以达到"忠恕违道不远"的状态。领袖人物区别于常人之处，就在于他们能在众多复杂变化的各种关系中，包括人与人、人与事之间，把握一个合适的平衡，从而处理好各方面的关系。基辛格讲："伟人之所以成为伟人，因为他处事有度。"把握住度就能找到这个平衡点，就会有助于问题的解决。适度是"中和"的前提和基础，无论做什么事都要适度。平衡的适度是动态的，不是孤立的，也不是绝对僵死的，而是处在一种联系之中，也就是动态的平衡。平衡是动态的，平衡如果是静态的，事物就没有发展。只有在动态中事物才能得到发展，才能体现运动中求平衡的必要。当然，一味地追求确定性的平衡，就会使平衡成为绝对化，只有不确定性的平衡，才能使平衡适应千变万化的运动过程。平衡要关注"过"与"不及"这两个方面，在事物适度时，看到它的发展趋势，看到发展适不适度。老子指出，"在一极中找对应的一极"，要注意事物的相互转化。平衡不是照顾主义，不是取悦每一个人，而是有原则的取舍，很周到的集中。先要看到不同，在发展中达到平衡。康熙三十六年，康熙征讨噶尔丹叛乱取得了胜利，扫除了漠北、西北地区的不安定因素，稳定了那里的社会秩序，加强了清政府对嚓尔喀蒙古、厄鲁特蒙古的统一管辖。巩固了边防，粉碎了沙俄侵略势力寄希望于噶尔丹的配合，侵略蒙古族居住地区的阴谋。康熙的举动进一步团结了蒙古部落，正如康熙所说："本朝不设边防，以蒙古部落为屏藩耳。"对于各蒙古部落，康熙采取了刚柔并济的统御艺术，"乱则声讨，治则抚绥"，"富威蒙古，并令归的"。康熙尊重蒙古各部落的宗教信仰，但也绝不是无原则地迁就，任其胡作非为。除了强硬的方略，康熙还对各蒙古部落采取了笼络的策略，他继承了清政权入关前满蒙联姻的政策，将公主和皇室宗女嫁给蒙古王公，并迎娶蒙古贵族之女为后妃。所以，成大事者懂得能屈能伸，顺时务者为俊杰。清朝政府恩威并施的政策，微妙间把握了平衡的艺术，达到了应有的效果。平衡之道的另一层含义是道德与博弈的平衡。优先预测结果后做出的不争是道德，优先预测胜利前做出的竞争是博弈。竞争与不争基本对立，博弈与道德基本对立。如果一心胜在博弈，就可能输在道德。如果一心赢得道德，就容易输在博弈。领袖的行为一半是道德，一半是博弈。博弈是决策优先，道德是默认不争。艾森豪威尔说："我能够取得今天的成就，很大程度是因为懂得恰当地收敛起自己的锋芒。"具有战略思维的领袖知道怎样不争，又何时竞争。总是寻找战略主题，制定战略规则。《礼记·中庸》记载："中也者，天下之大本也，和也者，天下之达道也，致中和，天地位焉，万物育焉。"中是天下最根本的东西，和是天下最行得通的道理。达到了中和，就会天地作用到位，万物健康成长。中和是领袖高超的哲学境界。圆通中和是和实生物。和实生物是客观的自然规律，是对宇宙万物本质及其存在形式的根本认识。以中国文化的视角考察，这是领袖艺术的最高境界，是领袖精神的核心所在，是领袖方法论中宏观与微观的统一，致广大而尽精微。圆通中和是多种因素、多种成分，能够按照一定的秩序配合起来，起一种"相成"、"相济"、"相生"的作用。它比包容之和的范围更广，比动态平衡两极的转化与稳定更全面。这个观点与马克思主义的辩证法也是一致的，即对立统一。马克思主义的中国实践，在中国传统文化视角下，可以认为是马克思主义与中国传统文化的一种"中和"，让马克思主义更具中国气质，更符合中国人民喜闻乐见的民族形式。实践本来是儒家的话语，比如所谓道德实践、道德践履，还有实事求是等。儒家讲修身养性，讲洒扫应对，都是实践问题。虽然翻译形式上的重合并不代表什么，但是承认文化的延承性，批判地继承传统文化并赋予时代含义，确是马克思主义的观点。对于领袖而言，真正的高超艺术在于，既从传统思想中继承科学的内涵，又善于批判地把握，理清科学进步和历史局限，让属于全人类的闪光智慧更具时代特点。

（五）帷幄之策体现决断力

决断力是决定事物发展的主要方面，决定了事物最终发展的结果。领袖要善于掌握事物的发展规律，把握矛盾的主要方面和空间与时间的契机，善于谋划未来发展的蓝图，并加以综合分析和思考，按照事物连续性、因果性的联系，运用抽象思维，修炼抽象能力，站在领导的角度抓管理。

1. 决断体现领袖领导力的本质

决断是领袖为组织创造价值的方式。如果没有正确的果断拍板，之前所做的准备工作都将失去作用。中国古代理论中把领导者的决断看成一个非常重要的素质。领袖总是把最重要的事放在前面做，不重要的事放在后面做。战略就是选择，选择很难才叫决策，如果很容易就谈不上决策。很多情况下，领导者要学会放弃，必须做出选择，学会放弃是一种智慧。现实往往不是按部就班就能做得很好，选择的时候注定会失去东西，而且失去的那个东西同样很重要，甚至选择的时候马上就会后悔，只有这样的选择才叫决断。在非常紧要的关头，决断成功，就成为英雄。决断失败，就可能被千夫所指。沃伦·本尼斯说过："没有正确的决断，其他的一切都毫无意义。"1949年毛泽东避免了和国民党的划江而治，"宜将剩勇追穷寇，不可沽名学霸王"，使中国以统一的姿态站立在世界人民面前。在三年国内解放战争时期，国民党违背民族大义和广大人民的意志，撕毁了国共和平协议，与共产党进行最后战争对决。以毛泽东为首的共产党人在复杂的战争战略选择上，作出了选择东北战区作为解放战争战略大后方的决策，随后在东北战区发生的辽沈战役中，毛泽东对整个战局作出了准确的战略判断，最终取得了辽沈战役的重大胜利，为解放全中国一举奠定了坚实的基础。这种重大决定的历史时刻，显现出领袖人物战略决策力的极端重要性。1978年邓小平关于"解放思想，改革开放"的决断，使中国30年的高速增长和经济腾飞成为事实，成就了中国经济大国的地位，使人民逐渐富起来。领袖应当具备三个最基本的素质：热情、责任感、正确的判断。

判断力是在纷繁复杂的各种事物中，透过现象看本质，抓住主要矛盾，进行科学的归纳、概括、判断和分析，举一反三，触类旁通，找出解决问题的关键所在，最终作出准确判断。抽象思维能力强，必然思路清晰，临阵不慌，善于透过现象的干扰，抓住问题的本质，把握管理的主旨。抽象思维能力弱，面对大量管理事务，眉毛胡子一把抓，纠缠细枝末节，既无助解决问题，又容易搅乱全盘工作。抽象思维能力强，思维的透射力就强，不仅能够看到管理的事务层，而且能够看到管理的制度层和文化层，从而在管理工作中及时回应领导层所关注的问题，实现领导与管理的对接。抽象思维能力弱，则极易被管理中的各种具体现象所迷惑，采取一些急功近利的短期行为，误解领导层意图或做出与领导层意图相去甚远的事情，造成不应有的人力浪费和物质损失。领袖决断是针对组织的，获得合理的决策，则一切事物的本末终始无不了然。可以按照轻重缓急，制订计划顺序执行，适时考核调整误差，寻求满意的效果。判断力是决策力的科学预见。古今中外，领袖在判断能力上都是出类拔萃的，具备睿智的判断力。丘吉尔是一位具有睿智判断力的政治家。20世纪30年代的欧洲，希特勒在侵略波兰的那一刻，他根本不知道那是第二次世界大战的开始，他只认定一点：前边把捷克、奥地利占领了，苏联人和英国人都没说话，把波兰再拿下，别人估计也不会说话。因为德国和苏联已经有友好条约了，先把苏联稳住，再打波兰。结果最后却触发了世界大战。希特勒夺取了德国的统治权，随着德国经济和军事实力的迅速上升，政治上奉行法西斯主义，开始了向外扩张的外交政策。以张伯伦、法拉第为首的英法领导人在反对苏联共产主义的意识形态左右下，想祸水东流，意欲让德国去攻打苏联，遂对德国采取了"绥靖政策"。而丘吉尔以其睿智的判断力，敏锐指出了西欧即将来临的战争威胁，他指出，法西斯德国正以德国历史上空前未有的规模扩充军备，准备发动一场使欧洲"德意志化"的战争，要拯救欧洲其他国家，必须要联合欧洲一切力量来约束来抑制，必要时甚至挫败德国的霸权图谋。后来历史事实的发展充分证明了丘吉尔睿智的判断力，他以其不凡的分析、睿智的判断能力，为后人所敬佩。科学预见它的发展趋势，根据其时间、地点不同以及整体利益与局部利益的差异来作出判断，从而制定出最有利于组织发展的战略决策，战略决策力是体现领袖能力的一个重要方面。

2. 执行力是决策力的植根实践

执行力是分析所有影响最终目标达成最终结果的

因素，并对因素进行规范、控制及整合运用的能力。领袖判断并作出决策后，在实践之中的执行能力，也能体现领袖权威。核心竞争力就是所谓的执行力，没有执行力就没有核心能力，这就是令人折服的执行力。只有最终扎根于实践，才能具有永恒的生命力。强大执行力是领袖能力中的重要能力。法国前总统戴高乐是一位具有强大执行力的领袖人物。第二次世界大战爆发不久，由于德国对法国发动了突然的进攻，猝不及防的法国军队很快就溃败了，法国当局遂即宣布投降，当时许多当局领导人向德国投降了。但是戴高乐却不愿当亡国奴，他在法国对面的英国组织了"自由法国"组织，时刻准备收复祖国。在当时，一方面由于该组织自身没有有效的资源，另一方面刚开始不为同盟国政府所重视，戴高乐在极其困难的局面，亲力亲为，百折不挠，最终带领人民解放了法国，成为了法兰西国家的领袖。决策是组织的灵魂，但决策的推动有赖领导，有效合理而持久的领导不是凭一时的豪气、聪明机智或权术手段，必须有主客观条件的配合。主观条件为领袖的权威，它必须依赖领袖人物公正客观的判断、言出必行、依法办事的魄力与推动的决心而建立，客观条件为严谨的规范制度，即组织制度予以保障，两者不相互矛盾。法家所谈论的法治相当于组织制度，而人治则相当于领袖，认为人治和法治应双管齐下，相辅相成，才能产生有效的领导。优秀的领导者应具备公而无私、赏罚分明、公正不阿、知人善任等特质，但这些特质必须依赖良好的制度才能发挥。同样的，良好的法制也必须合乎人性需要，因时制宜，合情合理，才能协助组织目标的达成。每个组织的目标固然不尽相同，达成的方法亦各异，但基本上皆应合乎理性，领袖一方面自省是否具备应有的特质，同时应评估组织制度是否周延合理，以避免运作时情、理、法的冲突。一旦冲突应用法的周延性，以理作为情与法的平衡点，以情弹性例外的要求，这是法家的领导哲学。成功是一种过程，需要不断付出自己的努力。21世纪的领袖必备素质包括系统思维、未来视野、伦理判断，领袖包括人际沟通、善用媒体、想象与创意。群体领袖具抗逆力、感情智能、性别合作欣赏。悲悯的领袖关顾老弱者，对文化有传承意识，爱护社会民族，还有不断学习，服务取向，发散能量，信任别人自我新生。《史记·留侯世家》记载，秦朝元年，张良杀秦始皇没有成功，便逃到下邳隐居。一天，他在镇东石桥上遇到一个白发苍苍、胡须长长的老人。老人的鞋子掉到了桥下，便叫张良去帮他捡起来。张良觉得很惊讶，心想：你算老几，让我帮你捡鞋子？张良甚至想拔出拳头揍对方，但见他年老体衰，自己年轻力壮，便克制住自己的怒气，到桥下帮他捡回了鞋子。谁知这位老人不仅不道谢，反而大咧咧地伸出脚来并说："替我把鞋穿上！"张良心底大怒：嘿，这老头，我好心帮你把鞋捡回来了，居然得寸进尺，让我帮你把鞋穿上，真是过分！张良正想脱口大骂，但转念一想，反正鞋子都捡起来了，干脆好人做到底。于是默不作声地替老人穿上了鞋。张良的恭敬从命，赢得了这位老人的首肯。又经过几番考验，老人终于将自己用毕生心血注释的《太公兵法》送予张良。得到这本奇书，张良日夜诵读研究，后来成为满腹韬略、智谋超群的汉代开国名臣。张良克制自己的不快，为老人拾鞋、穿鞋，看上去好像很窝囊，但这并不是软弱的表现。明知自己比老人身强力壮，处处礼让，这既表现为对老人的尊重，也表现为对自身品格的完善。张良正是在不断礼让的过程中，磨砺了意志，增长了智慧，最终成为"运筹帷幄之中，决胜千里之外"的杰出的军事家、政治家。

3. 决断展示治世之道专以致贤

人力资本投入是社会经济迅速增长的主要因素，发达国家与发展中国家的差距，主要在于人力资本生产制度的差异。20世纪，美国以强大的经济实力稳居全球霸主地位，这在很大程度上得益于美国特有的人才优势，即多年来美国在人力资本开发与利用方面的独到之处。20世纪被认为是"人力资本世纪"。人力资本的获得，不仅需要个人、组织和国家大量投资，而且涉及专业人员的复杂劳动。人力资本的形成过程，是具有特定运行规律和实现机制的系统工程。从人力资本的角度看，人才是具有较强的管理能力、研究能力、创造能力和专门技术能力的劳动者。根据工作性质与收入性质的不同，人才可以被划分为若干群体，如白领人员、知识创新人员、复合型人才、行业领袖，从而形成一个人才金字塔。而最令人瞩目的是高居金字塔顶端的领袖群体，这些"关键少数"人才处在世界经济发展的前沿，以敏锐的洞察力和果断的决策力，引导技术创新与产业进步的潮流，为人类做出巨大的贡献。软件巨人比尔·盖茨就是一个典型代表。人力资本理论为研究精英人才的成长过程提供了重要依据。管理方格理论是由美国行为科学家罗伯特·布莱克和简·莫顿提出来的，它是在领导行为四分图的基础上发展起来的。该理论列出了五种典型的领导方式：一是"权威服从型管理"。领导者只关心工作，不关心人。领导者要求严格和全面地控制以便有效地完成任务，他们认为创造性和人际关系并不重要。二是"乡村俱乐部型管理"。领导者非常关心人，但不太关心任务的完成。对他们来说，友好的人际关系比完成工作重要得多，他们的目标是使人们愉快。三是"中庸型管理"。领导者在关心人和关心工作方面都处于中等状态。他们的目标是将与员工的关系和工作的绩效保持在一个安全的界限之内。四是"贫乏型管理"。这是一种自由放任的领导方式，领导者既不关心人，也不关心工作。为了尽量少参与，领导者会避免支持任何一方，保持在局外观望。五是"团队型管理"。领导者对工作的关心和对人的关心都达到了最高点。他们的工作是激励员工取得最大的成就，以开放和进取的态度来探索各种新的方式，对变化能够作出灵活的反应，对人才的管理分类起到了积极的作用。选才用人，事关国家事业兴衰成败和前途命运。才者，德之资也；德者，才之帅也。培养或选好一名合格的干部及领导干部，特别是如何培养一名人民群众满意的干部及领导干部，尤其显得重要。实践证明，选对用好一个干部或人才或领导干部，就树立了一面旗帜，确立了一个领头人，明确了人民群众主心骨。选错用坏一个干部及领导干部，就会影响某个地区或单位发展和创新，直接损害人民群众利益，败坏国家和政府形象。从领袖选才用人的哲学思想上，方可彰显治国方略与大国智慧。在中国，曾国藩的用人给人们留下了极深的印象，曾国藩对人才的重视和荐举，使湖南人才团结在其周围。人们常说千里马常有，伯乐不常有。人才的发现，人才群的形成，还要依靠伯乐、即有权势的政治精英人物对人才的重视与举荐。湘军之所以兴旺发达，吸引人才，是曾国藩谋力的结果。没有曾国藩对人才的高度重视与竭力举荐，湖南人才不可能集中到湘军中，湘军也不能为王朝建立功业。曾国藩认为，"国家之强，以得人为强"，把人才问题和国家兴衰联系在一起。又说，"治世之道，专以致贤、养民为本"。所谓致贤就是发现、培养、提拔、使用人才，使其各得其用，各展所长。他还将人分为三等"敢敢之民"，即普通老百姓"贤且智者"，即广大的知识分子群与官僚们"尤智者"，即所谓人才，这类人才的发现与培养，就是"治世之道"。曾国藩对人才的重视，体现在：一是广泛地搜罗人才。处处留心人物，出事戎轩，尤勤访察，一才一艺，阉不甄录，又多方造就以成之气，他在《致胡林翼书》中对人才的追求有一个生动的比喻"庄子云'以天下为之笼，则雀无所逃'。阁下以一省为笼，又网罗邻封贤俊，尚有乏才之叹。鄙人仅以营盘为笼，则雀且远引高翔矣"。曾国藩以湘军为吸引人才的基地，却深感这个基地容量不够。他提出培养人才的四法——教诲、甄别、保举、超摇，并形象地将其比喻为庄稼的生长"教诲，犹种植耕耘也甄别，则去其狼芳也保举，则犹灌溉也皇上超摇，譬之甘雨时降，苗勃然兴也"。二是大胆使用人才，他主张对人才要放手使用，用人不疑，区别对待，知人善任，用其所长，使所有的人才都能一展所长，尽其所能。由于曾国藩对人才的重视，"汲汲以举荐为己任，疆臣阃帅，几遍海内"，组成了一个强大的人才阵营。在封建社会，士子们强调"知遇之恩"，正是由于曾国藩对人才的重视和举荐，因此得到了人才的信任和尊重，理所当然地成为咸丰、同治年间湖南人才众望所归的领袖。求贤就是君王需要有识之士的辅佐，得众人之助方可一展其宏图伟略。人主近贤良，譬如纸一张。以纸包兰麝，因香而得香，故识识才，求贤为先，任能为重。山不在高有仙则灵，水不在深有龙则鸣。正所谓人才有能不在多，只要各尽其职，就能发挥其最大的功效。

根性是生活在人身上打下的烙印。

自信是一个人脸上的阳光，
是心灵里不灭的圣火。

第五章　领袖根性

（一）　超然于舍我其谁的自信

领袖肯定要具备杰出的能力，但更重要的是具备领袖根性。根性就是根本性格，根性与能力是塑造领袖人物的两把宝剑。人们往往不是失败在自己的能力上，而是失败在自己的根性上。领袖的关键就在于一般人所不具备的根性，越早有这种根性，事业成功的几率就越大，许多伟人的成功足以证明这一点。领袖越对自己能力高度自信，越能对部属产生激励。

1. 自信是卓越人生永不屈服的支柱

"自信人生二百年，会当水击三千里"，自信是领袖最基本、最重要的心态，是领袖必不可缺的心理素质。别人可以不相信我，但我不能不相信自己。人生下来就应是自信的，只有自信的人才能扼住命运的咽喉，创造属于自己的机遇。歌德曾经说过，"如果早上醒来我们没有感受到新的喜悦，如果夜晚降临没有赋予我们对新的快乐的期望，那么每天的睡觉和醒来还有什么价值呢？今天的阳光照耀在我们身上，我们应该去认真地感受生活"。领袖作为国家的管理者和政策的制定者，理所当然具有高度的政治效能感。良好的性格和稳定的心理特征，会生自信，自信是领袖所必备的人格，自身独特的性格特征。人们常常使用领导这个词，许多人以身为领导为荣，许多人为成为领导而努力。其实这个名词指的只是一个职位，带来一些地位的同时，意味着承担一些相应的责任。当人家叫领导时，就必须像个领导。领袖和领导有较大的区别，当人家叫领导的时候，也许不像个领袖，也许人家认为是一个领袖时，不必是个领导。通常讲能力决定成败，能力就是操控的本事，领袖人物面对一盘棋局、一个群体、一线机会或一场竞争，要能操控得了。让团队成员在其指挥下，抓住稍纵即逝的机遇，赢得一场搏杀，从而取得胜利。习惯决定性格，性格决定命运。科学家研究，90%以上的人智商介于90至115分之间，大家的智商都差不多，人和人之间没有太大的区别。人的外在表现与其内心息息相关，内在有什么样的素质，外在就有什么样的表现。内心沉稳给人的感觉一定是十分镇定坦然。康熙八岁就登基，顺治在遗诏中特别安排了四个辅政大臣，其中一个叫鳌拜，很有能力但非常专断。康熙十四岁开始亲政，那一年鳌拜要处死苏克萨哈，康熙不同意，鳌拜与康熙争了起来。鳌拜居然挥拳说：我说杀就杀，他非死不可。果然，苏克萨哈人头落地。康熙承受了这样的委屈，他在花园里咬牙切齿地发狠说，我要干掉这个鳌拜。孝庄皇太后正好听到说，放肆！这种话如果让鳌拜听到，还有你当皇帝的份吗。康熙低着头一言不发，心中暗暗发誓一定要除掉鳌拜。康熙亲政后，鳌拜竟图谋废君改朝，康熙被迫拼死相争。终于等到一个机会，最终智擒鳌拜，肃清政敌。康熙八岁登基，十岁开始就和鳌拜有正面冲突，一直等到十六岁才有机会诛除鳌拜。当时康熙的年纪还那么小，如果沉不住气，也许会早早被鳌拜废掉，甚至会无声无息地死去。但康熙非常沉稳，面对鳌拜能委曲求全，待到时机成熟再把他除掉，体现了他的非凡能力，也反映了沉稳的效益。毛泽东在青年时代就把自己的雄心壮志溢于诗词之中，"问苍茫大地，谁主沉浮"，表达出对事业充满的自信。同时，政治效能感使他对国家及制度等产生强烈的归属感，从而积极参与各种政治活动。领袖人物充满必胜的信念，对事业确信无疑，迈出坚定的步伐，产生克服万难的力量，想出解决问题的对策，赢得他人的信赖，最后到达为之孜孜奋斗的终点。创造机遇首要依靠自信之心。唯有自信，才能引爆人们生命中的潜质。唯有自信，才能战胜人们生命旅程中的苦难和挫折。唯有自信，才能不断超越自我。唯有自信，才能抓住生命当中不期而至的机遇。自信能抓住成功的良机。著名的音乐指挥家小泽征尔誉满全球，意大利歌剧院和美国大都会歌剧院等许多著名歌剧院都曾多次邀他加盟执棒。有一次，他在欧洲参加音乐指挥家大赛，在决赛时被安排在最后一位。小泽征尔拿到评委交给的乐谱稍做准备，便全神贯注地指挥起来。突然，他发现乐曲中出现了一点不和谐。开始他以为是演奏错了，就让乐队停下来重新演奏，但仍觉得不和谐。至此，他认为乐谱确实有问题。可是，在场的作曲家和评委会的权威人士都郑重声明，乐谱不会有问题，是他的错觉。面对几百名国际音乐界的权威人士，他难免对自己的判断产生了犹豫，甚至动摇。但他考虑再三，坚信自己的判断是正确的。于是，他斩钉截铁地大声说："不，一定是乐谱错了。"他的声音刚落，评委席上的那些评委们立即站起来，向他报以热烈的掌声，祝贺他大赛夺魁。原来这是评委们精心设计的一个圈套，以试探指挥家们在发现错误而权威人士不承认的情况下，是否能坚持自己的正确判断。因为只有具备这种素质的人，才真正称得上世界一流的音乐领袖。

在比赛选手中，只有小泽征尔坚信自己而不随声附和权威们的意见，因而他摘取了这次世界音乐指挥家大赛的桂冠。

2. 自信是激情迸发永不止步的源泉

领袖的事业是充满着风险的艰巨事业，对实现目标充满激情。领袖和平庸的人最大的区别就是激情，这种激情就是强烈的企图心，在实现成功的道路上，不断激发自己的成功欲望。要有信心、有热情、有意志、有毅力，还要用行动体现激情。这样利用习惯的力量来推动事业的进步。亚里士多德说："人的行为总是一再重复。因此，卓越不是单一的举动，而是习惯。"一个人一天的行为中，大约只有5%是属于非习惯性的，而剩下的95%的行为都是习惯性的。可见习惯是继续通过学习来改变的目标，作为成功领袖不是只拥有一时的激情，而是要拥有一世的激情。作为成功领袖，还需用习惯的行为语言，让更多的人感受到激情燃烧。这种一世激情向行为转化就是习惯。激情来自于习惯，有了良好的习惯，周围的人才能感受到激情，这也是影响力。建立习惯是战胜自己的过程，建立和进入目标环境是最好改变自己的方法。根据行为心理学的研究结果，三周以上的重复会形成习惯，三个月以上的重复会形成稳定的习惯，即同一个动作，重复三周就会变成习惯性动作，形成稳定的习惯。相信坚持二十一天，必将充满力量。要精力充沛、充满热情，领袖不需要别人的激励，而是自我激励，领袖所面临的挑战要远远高于其他。因而，坚强的意志、坚定的信念以及宽广的胸怀等素质是必备的品质，是不断战胜各种艰难险阻，克服各种困难，战胜各种风险与挑战的强大武器。远大的理想和坚定的信念，可以增强领袖的时代感与历史责任感，增加战胜风险和挑战的信心，使意志变得更加坚强。坚强的意志可以使领袖能够经受起各种挫折和挑战的考验，能承受普通人所不能承受的打击与磨难，从而在时代的暴风骤雨中岿然不动。良好的政治性格，最重要的两点就是要有独立的自主意识和坚定的意志力。独立的自主意识是个体对政治现象进行自我认识、自我分析、独立思考、发表自身的见解，影响政治活动的行为。领袖善于表达自己的思想，擅长运用各种言辞和非言辞的表达技巧。有着卓越的沟通能力，与下属交流时思想内容丰富，旁征博引，能对下属产生强烈的感染力，凭借这种表达能力，使下属理解其愿景，激发人们的热情，推动对新的未来设想的支持。任何领袖的成功必须具备特定的社会基础和必要条件。否则，都不可能有所作为。领袖人物遇到事情坚毅果断，深思熟虑，沉稳而不顽固，活跃而不轻率。1950

年 6 月 25 日，朝鲜内战爆发，10 月 1 日，金日成向毛泽东发出求援信，毛泽东感到事态严重，当日即召开党中央书记处会议，力主出兵援朝，但与会领导人顾虑颇多。据《彭德怀自述》一书记载，毛泽东针对多数人主张不出兵的意见，4 日在政治局会议上说："你们说的都有理由，但是别人处于国家危急时刻，我们站在旁边看，不论怎样说，心里也难过。"被毛泽东紧急召到北京开会的彭德怀，当日下午 4 时乘专机到北京机场后立即赶到中南海颐年堂会议厅。他听了大家的发言，也听了毛泽东最后的讲话，没有发言。5 日毛泽东单独约彭德怀谈话，彭德怀表示赞成毛泽东出兵的决策，坚定了毛泽东出兵的决心。下午，彭德怀在政治局讨论出兵援朝的会上发言说："出兵援朝是必要的，打烂了，等于解放战争晚胜利几年。如美军摆在鸭绿江岸和台湾，它要发动侵略战争，随时都可以找到借口。"彭德怀的发言引起与会领导人及其他将领的敬佩，特别是敬佩他临危受命率军入朝作战的无畏精神。13 日，毛泽东又电召彭德怀从安东回京再议出兵决策。此时朝鲜首都平壤告危，朝鲜人民军仅剩 5 万人了，朝鲜危在旦夕。毛泽东与彭德怀等协商后决定出兵援朝计划不变，不能见死不救。彭德怀已下定决心，一定要打，要打就要打赢，令出国部队 10 天完成作战准备。随后，彭德怀

指挥我军发动进攻战役，扭转了朝鲜战局。敌军遭痛
歼溃退三八线以南。事实证明，中央作出关于国家安
危与亚洲命运的出兵抗美援朝战略决策是英明正确
的。抗美援朝战争的胜利，保卫了中国的安全，巩固
了人民民主专政的政权。抗美援朝极大地提高了中国
的国际威望，对国际局势产生了深远的影响。领袖要
想有效地实施领导行为，除了具有法定的权力影响力
外，还要以非权力影响力，即他的道德品质、勇气、
毅力，把握时机、分寸、尺度等。领导行为是一项艺
术，是一种某些人具有，而另一些人缺乏的才能。要
有敢于冒险的胆魄，领袖是不会计较个人得失的，更
不会计较一时一事的得失，一切考虑都以集体利益为
基础。特别是当集体的利益需要做出牺牲时，作为该
集体的领袖一定是第一个站出来的，这种大无畏的牺
牲精神是升华领袖品格的要素。领袖的冒险，迥异于
冒进。胆识外在表现就是强势、果断、冒险。有胆才
有识，有胆才能冒险，能冒险才有可能成就不凡的事
业。有这样一个故事：一个人问哲学家，什么叫冒
险，什么叫冒进？哲学家说，比如有一个山洞，山洞
里有一桶金子，进去把金子拿了出来。假如那山洞是
一个狼洞，这就是冒险；假如那山洞是一个老虎洞，
这就是冒进。这个人表示懂了。哲学家又说，假如那
山洞里的只是一捆劈柴，那么，即使那是一个狗洞也

是冒进。这个故事的意思是冒险是这样一种东西，经过努力有可能得到，而且那东西值得得到，否则只是冒进，死了都不值得。

3. 自信是敢于牺牲乐于奉献的品性

领袖人物能超人超世，主要在其突出的牺牲精神，从自我牺牲中完成使命。古哲有言，"圣人不爱己"，"圣人不贵己"，"圣人不为己"。如果没有牺牲自我的精神，不能有万古不朽的大成。只有着眼大局虚怀若谷，舍身为人方能牺牲个人名利甚至生命，去做有益于他人、有益于国家民族、有益于世界人类的事。只有这样，才能成为人们所景仰的领袖。人在艰苦的环境中容易发愤上进，人在优越环境中容易不进取。人们要养成逆境不累、顺境不骄的心态。一位哲人说过："人要有种冻死迎风站，饿死不出声的气质"，人要活得有尊严，活得有志向。要保持浩然正气，不畏权势所屈，敢于坚持真理和原则，做到铁骨铮铮。做人要有一身正气，正气不仅是做人之要，更是做官之本。勇气就是在恐惧中经过祈祷之后，所凝聚而来的力量。勇气有感染力，一个领军人物能站稳立场，其他人的腰骨都会挺直起来。古罗马哲学家西塞罗说："自信是心中抱着坚定的希望和信念走向伟大荣誉之路的感情。"自信是一个人脸上的阳光，是心灵里不灭的圣火。它与出身、地位、权利、金钱都无关，只源于对生活的态度，对自我的肯定。领导要多培养点领袖气质。"领袖气质"这个名词源出希腊文，原意是一件美丽的礼物，意思是说上天给的某些东西，可以引申为与生俱来的禀赋。但拿破仑却不以这种解释为然。他说："我的权力靠我的威望，而我的威望全靠我会打胜仗。假若我不再会打胜仗，不再有威望，我的权力就会消失。征服造成了今天的我；也只有征服才能保持现在的我"。拿破仑的意思是，别人都认为他天生具有领袖气质，但实际上他是靠努力得到成功。为了保持这份领袖气质，他就得不断成功下去。他的话的确有道理。根据南加州大学班斯和蓝纳斯的研究发现，成功的领导者常被人看成具有领袖气质。这并不是说，假若要别人认为有领袖气质，必须先成为一位成功的领导者。假若要等到成功以后，才会是位有领袖气质的领导者。那么所谓的领袖气质到底是什么？是不是这种领袖气质帮助获得成功的？是否能在成功以前采取某些行动，让自己能具有领袖气质？幸运的是，在这里能找到方法。华盛顿有一所国防大学三军工业学院。进到三军工业学院的学员，全都是经由联邦政府挑选的军界及民间的高级人员，本身已有相当地位和声望。在每位学员进入国防大学受训以前，校方就发出一份领导才能评估表给这位学员的下属、上司及同事，要他们对他进行评估，填表人不用写名。这项详细的评估表分成 21 部分、125 个问题，内容包括这位学员的领导才能，对团体的贡献和性格。这些入选国防大学受训的学员，全都是已有成就的领导人物，正如所预料，这份领导才能评估都很好。有一位学员出类拔萃，在领袖气质这一项，所有的人都给他满分。这表示都认为他随时随地都持有那股领袖的魅力。有人费了很大的力气想找出他这种魅力的秘诀，但发现看上去和一般人没有什么两样，个子也并不高。假若不知道他在领袖气质上得如此高分，看不出他有什么特别的地方。他有什么秘诀呢？他认为自己领导还算成功，大部分是靠别人认为他有领袖气质。换句话说，并不是先成功后，别人才认为他有领袖气质，不过他也同意，在他获得成功以后，别人更容易认为他具有领袖气质。根据他的下属说，他所以领导成功，部分原因是在他的领袖气质。更重要的是具备领袖气质不完全出于天赋，而是后天刻意的培养。此外，每到一个他领导的新团体，他又会积极行动培养另一种适合新环境的领袖气质。由此可以看出，自信也是培养领袖气质的力量，自信更是成功的首要秘诀，有自信才能创造自己的神话。自信是成功的奠基石，成功之路必然踏着自信的时间步步登高。有了自信，才能达到自己所期望的境界，才能成为自己所希望的人。自信者的格言是："我想我能够，现在不能够，以后一定会能够的。"成功始于自信，自信乃成功之帆，有自信就能够创造奇迹，只有自信心才能得心应手，才能在下属面前树起优秀的形象。拿破仑说，我成功是因为我有决心，从不踌躇。如果说自信是相信自己一定能成功，那么决心就是坚定自己一定要成功，不达目的誓不罢休。尼采说："一个有强烈决心的人，将无所不能。"相信每一个人都知道，期望的强度不够，最终会使人无法面对残酷的现实或自身缺点的挑战，从而半途而废。只有那些抱有誓不回头的决心的人，他们因有足够牢固的期望强度，才能排除万难，坚持到底，永不放弃直至成功。人们永远不要抛弃自信，因为不信任自己心灵力量的人是不会有什么成就的。只有当信心融会在思想里，使潜意识转变成强大的精神力量时，才能实现成功。有人用老鹰做了一个比喻：老鹰是世界上寿命最长的鸟类，它们可以活到70多岁。问题是，要活那么长，它们在40岁时必须做出一个困难却又重要的决定，就是改造自己。因为，当他们40岁的时候，喙变得又长又弯，几乎碰到胸脯。爪子开始老化，无法有效地捕捉食物。羽毛长得又长又厚，翅膀变得十分沉重，飞翔十分费力。这时，老鹰只有两种选择：要么什么猎物都抓不到，活活饿死；要么经历一个十分痛苦的更新过程，获得新生。老鹰必须很努力地飞到山顶，在悬崖上筑巢，并停留在那里，重新修炼。首先，用它的喙击打岩石，直到老化的喙完全脱落。当新的喙长出来以后，鹰会用新长出的喙把爪子老化的趾甲一根一根拔掉，鲜血会一滴滴洒落。当新的趾甲长出来后，老鹰使用新的趾甲把身上的羽毛一根一根拔掉。老鹰在新生阶段，是非常危险的一个时期，因为这段时期，它不能飞行和猎物，很可能成为其天敌的盘中之餐。5 个月后，新的羽毛长出来了，老鹰又开始了它后 30 多年翱翔蓝天的岁月。

（二）非凡与敢为人先的胆魄

聪明出众谓之英，胆识过人谓之雄。聪明的人很多，但如果只有聪明而没有胆识，顶多只能成为"英才"，很难取得大的成就。一名卓越的领袖，有胆有识、敢作敢为、敢为人先是一种必不可少的根性。

1. 思想有多远，人们就能走多远

敢想敢为，敢于尝试一般人不敢涉足的领域，勇于创新。领袖不断地增强自己的行动力和创造力，敢于突破现有的思想行为模式。领袖的思想观念和方式

不断地革新，领袖目标和战略总是不断地向更高更远调整，目标和对策也总是不断地翻新。而普通人常常拒绝变化，被一种习惯限制，离开了这种习惯，会觉得不习惯。领袖是勇于推动变化的人，能给别人以变的勇气。诗人奥古斯特说："愚蠢的人就是那些不会改变的人"。善于"变"的领袖拥有超出组织现有时间而取得进步的想法，并具有远见。僵化是僵死的前奏，变革是新生的开始。美国总统肯尼迪说："变化是生命的法则，只看到过去和现在的人注定会与未来擦肩而过。进步是个很好的词，但只有变化才会进步。"不断进取的创新开拓能力，是当代领袖必须具备的能力之一。时代在前进，处在这种时代潮流中的各行各业领袖如果没有旺盛的进取心，就会被时代所抛弃。有了不断进取的创新能力，永不衰竭的进取心，任何艰难、困苦、落后保守势力都不能阻挡前进的步伐。罗斯福也是一位具创新能力的领导者。1929年至1933年，资本主义世界爆发了一场迄今为止最严重、最持久的经济大危机，其中美国所受的危害最深。当时的美国总统胡佛面对日益严重的经济危机，只知道墨守成规。还是一味推崇亚当·斯密提出的对资本主义经济发展起过大推动作用的"看不见的手"理论，奉行自由放任的经济政策。1932年在竞选中，胡佛除了毫无根据地发表盲目乐观的演说外，拿不出任何新政策来摆脱经济危机。而罗斯福则针对美国经济危机，深刻地分析其原因，大胆提出"为美国人民实行新政"，要用政府力量调节和改革经济。后来，他采纳凯恩斯理论彻底放弃自由放任的经济政策，实行国家干预经济政策。罗斯福为美国人民实行的新政，是一种超凡大胆创新之举，"新政"使美国逐步摆脱经济危机，获得新的经济增长，也标志着资本主义世界自由放任经济时代的结束，国家调节干预经济政策的开始。罗斯福的新政，也是他能够成为二百多年来最具影响力的美国总统的原因之一。胡佛在经济危机面前正是缺乏创新能力，墨守成规，所以竞选连任失败。而罗斯福正是依靠他的创新能力当上总统。普通人常常因为习惯而走向僵化。美国作家亨利·米勒说："新事物总是给人一种罪犯和亵渎的感觉，死去的东西是神圣的，而新的东西，也就是说与以前不同的东西总是邪恶危险，或是带有破坏性的。"而领袖必会打破禁锢发展的枷锁，不管这枷锁是别人给套上的，还是自己给自己套上的。帕斯卡尔说："如果还没有打破，那就打破它。"打破它才有发展的机会，才能获得新生。

2. 胆魄有多大，人们就获得多大

人类最重要的美德就是勇气。有眼光的人必须有所作为，立刻着手去做，不顾后果如何，在追求目标的时候，有勇气破釜沉舟一心前进。领袖必须有最大的勇气，经常是精神上的勇气，多时也要有肉体上的勇气。记得苏东坡曾做过这样一段描述：在四川万县、云阳一带有许多老虎。白天，一个妇女把两个小孩放在沙地上玩耍，自己在河边洗衣服。这时有一只大老虎从山上下来，那妇女一见就慌了，自己赶紧跳进水里躲了起来。而两个小孩不知道害怕，依然若无其事地在地上玩耍。老虎站在一旁看了他们好半天，又走上前用身体挨擦小孩，希望他们害怕，可两个幼稚无知的小孩竟然一点也不感到害怕，真是"出生犊崽不怕虎"，结果老虎自己走开了。传说，老虎不吃喝醉酒的人，它遇上醉汉必定坐在那里守着，等待醉汉醒过来。其实，老虎并不是等人醒，而是要等人怕。可以肯定不是婴儿、醉汉有什么特别的力量战胜老虎，而是他们不怕老虎，用无畏征服了老虎。这说明"虎威不惧己者"，人不怕虎，虎反而怕人。苏东坡这些描述有些奇异色彩，但这些奇闻轶趣中包含的道理丰富而深刻，在现实生活中，有的人受欺负多了就增加了怯弱之心，一见到"老虎"就害怕，唯恐避之不及，而"老虎"恰恰把握了这种心态，必定先施展"虎威"，如果人们一开始就吓得灵魂出窍，哪还有反抗的力量。老子说："民不畏死，奈何以死惧之"，就是说人如果不怕死，便无法拿死来吓唬他们。在生活中，确实要有一种初生牛犊不怕虎的精神，需要不被一切困难威胁所吓倒的勇气。勇气就是那种心神品性，能使人遇到危险或困难时仍能坚定不会惧怕，也不会意志消沉。人要有自己的个性，有自己的特点，无事不惹事，有事不怕事，敢于坚持原则。首先，要身正不令而行，身不正，令而不行。居于领导地位的人，如能以身示范，以自己的美德感化下属，下属则会仰领导之德，犹如无声的命令。德化所之，无不望风披靡。同样的道理，若居于领导地位者，出现方向性错误，往往会诱使部下步入歧途。领导者应该对自己的言行负责，以身作则，防止上梁不正下梁歪。要以德服人，以德服人才能服众，以德服人不但是一项修身的内容，更是一项高明的谋略。人的潜能蕴含着无穷的创造力，如果采取适当的方法激发出来，那么每一个人的价值都会大大提升。培养和树立一个人的远大理想，就能从根本上改变人的被动状态，使人的进取心达到自觉。别在道义上失去正义的力量，人们常说，得道多助，失道寡助。一个有作为的人，一定是懂得赢取正义力量帮助的人。其实，在正逆之间，有时界限并不分明，如果盲目以正义自居，滥施淫威，在道义上便失去了正义的力量。以德服人重在付诸行动。不得人心的事不可强为，不要违背大家心里默认的规则，否则，就会输得很惨。人狂一点不要紧，但不要过分，分寸一定要把握好。得人心才能得天下。不得人心的事不能强为，否则就成为众矢之的。领袖做什么都有一种力量在推动，这种力量的源泉就来自于追求不断超越的坚韧。只有具备这种不断否定"前我"的魄力并树立更高目标的胆识才能让领袖之路长青。"超越"是变化的灵魂所在。不断超越"前我"，就会拥有比别人更多的成长机会。《易经》中说"易者变化也"，天地之间唯一永恒的东西就是变化，变化乃是历史发展的动力。变化是成长所必需的，尽管变化常常会带来阵阵剧痛，但是只有经受住了这种剧痛才能成熟，领袖必定是变化的推手，历史的先知先觉者，引领变化的脚步，也执著地推动这种变化的节奏。一个领袖，应当懂得孤注一掷的原则。拿破仑曾说过："唯有在危险之中方能享受快意"。他常拿自己的生命作孤注一掷的筹码。在有关整个战局的阿科拉之役，他便跑到前线桥上冒枪林弹雨之危险去督战。因为他如果不这样做的话，便难指望士卒效死以获胜。在西方历史上，恺撒带领军队在英国登岸时，决心不留退却之路给自己的军队，而将一切船只都烧毁，示士卒以此一战争，不是胜利，就是死亡。这就是孤注一掷的大英雄手法。要孤注一掷，首先需要战胜恐惧心理、怯懦心理，抱着勇往直前的大无畏牺牲精神。

3. 文化有多广，人们就渗透多广

　　一面是"先之以身"，一面是"后之以人"。做好事业的重要保障是进行文化引领，文化源于精神资源，谁占有和控制了这些精神资本和精神资源，谁就占有和控制了精神权力。对于领袖来说，从文化方面来引导群众，塑造在群众心目中的形象，从而来树立自己的事业，这是一条重要的途径。文化引导，主要是从价值的认同、道德的引导、意识的塑造三个方面来进行。首先，共同价值取向的认同是领袖从事事业的基础。马克思认为："价值"这个普通概念是从人们对待满足他们需要的外界物质关系中产生的。事业的建立要在共同价值认同的基础上，没有共同的价值基础，领袖与群众之间很难形成相互沟通，更不可能为长期的目标共同奋斗。领袖和群众价值认同的形成过程，是指领袖与群众通过相互交往而在观念上对某类价值的认同和共享，也是指双方通过不断改变自身价值结构，共同达到对于某种价值的认同，对这种价值观采取一种自觉接受、自觉遵循的态度。价值认同必然是一个矛盾发展的辩证过程。价值是可以塑造和引导的，在立体价值层次中，领袖与群众要找到价值共同点，才有可能确立并发挥作用。人们在社会实践

活动中能以某种共同的价值观，作为标准来规范自己的行动，或以某种共同的理想、信念、尺度、原则为追求目标，并自觉内化为自己的价值取向，也就是领袖与群众对于共同信念的坚持和追求。只有基于对共同价值的认同，领袖和群众才有可能形成一种意志服从关系，群众才会自愿服从领袖的领导。不同文化影响着人们形成不同思想、行为范式和心理素质。因此，文化造就了人的道德心理和道德人格，引领了道德塑形。文化氛围影响社会的道德规范，形成"建德"的不同内涵。一种社会形态形成什么样的道德原则和道德规范，往往受到文化背景和文化环境的制约。古代希腊人在探索世界本原、观察自然界的过程中提出知识即美德，智慧为至善的观念。中国的传统文化在治理国家调解人际关系时，在当时"王权"和"皇权"体制下，传统政治文化要求臣民的政治人格和道德人格合一，是为了调动臣民的主动性、自觉精神，去承担外在的强制性、约束性的政治义务。在资本主义文化背景下，由于区域、文化系统的不同而呈现出英国男子比美国男子要绅士，两个国家对道德行为的评价也是不一样的。另外，文化能够改造人们的习性和气质，促进道德进步和完善。中国文化常说的"文以载道"就是这个道理，也就是文化赋予社会以道德的原则和形式。作为领袖要在政党的基础上树立意识形态的旗帜，政党的意识形态关系到政党在思想观念和精神上凝聚、团结全体民众，获得民众价值认同的能力，是实现既定目标、巩固执政地位的前提和基础。美国政治学家雷贾伊和菲里普斯认为，所有革命精英在其个体人格发展过程中，都具有程度不同或组合方式不一的心理学动力，并且这些心理动力是逐渐培育和发展的。20 世纪 80 年代初，他们曾对英国革命后 300 多年中，全世界 29 个国家的 31 次革命运动中所涌现的 135 位革命领袖人物进行综合研究。他们发现，这些人物获得权力的年龄一般在 40 岁至 50 岁左右，通常在青少年时代就接触过革命思想或参与革命运动，他们大都出生或成长在城市或城镇，并且热爱城市生活。就这些革命者的社会地位而言，有大约 50% 出身于中产阶层，大约 30% 出身于社会底层，大约 20% 则出身显赫，属于上流社会。所有革命领袖身上，都存在着与生俱来的共同心理特征。正义感使他们坚信他们的革命行为是匡扶正义、铲除邪恶、替天行道的正义事业。一方面，革命者都是那些在早年生活中深刻地体验过心灵创伤的个体，另一方面，其心理体验比一般人要深刻、强烈。甘地出生于印度上流社会之家，他的父亲是普尔班德邦的首相，属于包括农民和工匠在内的吠舍种姓，拥有非凡的政治影响力。同样，甘地家族也以正直和自立而见称一方。甘地就是在这样一个有五个叔伯及其各自家庭组成的大家族中长大，如此，甘地自幼就养成了忍耐、济人和善于群体生活的个性。他在回忆录中称赞他的父亲具有正直、守信、勇敢和乐善好施的品质，同时也具有性情急躁及强烈的纵欲倾向。根据埃里克森的研究，甘地在这样一个多妻制的大家族中，是最小的孩子，而且自幼体弱多病，他总是害怕他的父亲，老是觉得自己不配称为"男子汉"，与家族所要求的"男子汉"标准相去甚远。沃芬斯坦在埃里克森的基础上进一步发挥说，甘地的心灵同时受到服从父亲的强烈愿望和以母亲的标准为标准的强烈愿望这两种对立的愿望的折磨。对甘地来说，他的母亲是正直、圣洁和完美的化身，母亲总是始终如一地恪守印度教所有教规教仪。而对父亲则是既敬重又害怕。甘地自幼就受到这两种具有同样的强烈程度但在取向上属于相反的心理倾向的折磨，造成他的幼小心灵中具有强烈的不安感，尽管他在幼年时代也曾表现出相当的优越感和原创意识。列宁也是出身优越。其家庭被当地人普遍地认为是幸福之家，与当地的居民相处十分融洽。父亲以讲求诚信、态度和蔼、关心他人而在当地很有口碑，在家中还经常陪孩子一起温习功课。家中六个孩子之间发生争吵时，父亲总是居中调解，让他们心服口服。同样，列宁的母亲也是讲信用的人，且具有很强的机智善变能力，经常给孩子们弹钢琴、唱歌，还为孩子们朗诵诗歌。据说，列宁就跟他的父亲一样，习惯于为公务在外奔波。沃芬斯坦说："其父亲高尚的道德、正直给儿子造成的影响便是儿子列宁极度需要'超我'。父亲的道德标准和界限分明、立场坚定的是非观对列宁以后的革命行动起到了关键的激励作用。"

（三）卓越于宽阔大度的胸怀

只有宽阔博大的人，才能胸怀人民，只有胸怀人民的人，才能成为领袖。具有"先天下之忧而忧，后天下之乐而乐"理念的领袖，才是人民所喜爱的。

1. 领袖在领导活动中要有博大的胸怀

为人君者，肩负天下之任，必有容人之大气，超人之气度，才能做出常人所不能做到的事。欧文说："宽宏精神是一切事物中最伟大的。"宽容是人类情感中的种子，在人类心灵的这片净土上发芽。在爱的保护下茁壮成长。宽容是多么的伟大啊！他能够熄灭怒火，能够感化邪恶传播善良。人有多大量，就能做多大事。气度能容一国，就能治理好国家，使百姓安居乐业。领导者就是能够领导一群人共同完成任务的人，必须具有兼收并蓄的广阔胸怀。"海纳百川，有容乃大"，博大的胸怀能使领袖周围聚集更多的人才，共同去建立一番事业。世界著名人文主义作家亨得里克·房龙在《宽容》一书中说：宽容这个词，从最广博的意义讲，从来就是一个奢侈品，购买它的人只会是智力非常发达的人，这是一群从思想上摆脱了不够开明的同伴们的狭隘偏见的人，他们能看到整个人类具有广阔多彩的前景。包容能使人从情绪化的冲动中解脱出来，从而做出符合长远利益的决定。包容之策，首先建立在有容乃大的道德品格之上。真正有胸怀的领导者，是那种接受别人缺点的人。缺点是一种缺陷，既然改不掉，还不如容忍它。当然，这也是一件不容易做到的事。对领袖来说，人际关系始终是非常重要的方面，领袖在群体中，每个人的个性不一样，能看到彼此的特点，对他人的性格抱有宽容的心理，就能使工作群体充满活力。即使有人在工作中出现了失误，也真诚地谅解小过失，往往会使下属爆发出对领袖人物的极大友爱。康熙是中国历史上少有的一位明君，在位61年，励精图治，开疆拓土，中国成为当时世界上幅员最辽阔、人口最众多、经济最富庶、文化最繁荣、国力最强盛的国家。康熙二十二年（1683年）8月11日，福建水师提督率兵前往台湾受降，康熙精神异常振奋，作诗："海隅久念苍生困，耕凿从今几壤同。"第二年12月，郑克塽等奉旨晋京。康熙肯定郑克塽等"纳土归诚"之功，授郑公爵衔，其他归服人员亦有受赏。对于郑成功父子，康熙非但不认为是"乱臣贼子"，反而命将其父子灵枢归葬安南，还亲撰一联："四镇多二心，两岛屯师，敢向东南争半壁；诸王无寸土，一隅抗志，方知海外有孤忠。"挽念郑成功收复中华故土的不朽业绩。康熙站在中华民族立场上的包容之策，不仅推动了满汉的融合，更为随后北方其他民族的融合共存，以及中国这个多民族国家的巩固做出了贡献。康熙的平台方略不但是以斗争求"和"之策，而且在郑氏政权失去军事话语权后，仍然坚持"抚之为善"的政策，体现出大道包容的风范。有容乃大，包容可以建立起高大、宽厚的形象，使追随者找到真正的精神庇护所在。富兰克林说："我们若想别人容忍谅解我们的见解，就必须先养成能够容忍谅解别人的见解和肚量。"心胸宽广之人才有追随者，宰相肚里能撑船就是领导气量的最高体现。领导气量小就不能容纳各种风格，就会使自己的世界变得狭窄起来，还会失去一部分人的支持。作为领导一定要心胸开阔，能容言容人。任何忍让和宽容都要付出代价，甚至是痛苦的代价。人的一生常常会碰到自己的利益受到他人有意或无意的伤害，这就需要宽容和忍让。即使是感情无法控制时，也要管住自己的嘴，管住自己的大脑，忍就能抵御急躁和鲁莽，忍就能控制冲动的行为。要找出一条平衡心理的理由，说服自己，把忍让的痛苦化解，生产出宽容和大度。要用别人的失误惊醒自己，前事不忘后事之师，让自己心中永远保留一轮明镜。不断提高自身修养，同时以万物为镜子，时刻参照内省。有没有宽广的胸怀一直是人们关注的焦点。有没有宽广的胸怀体现在如何对待人才上。"武大郎开店比自己高的不要"，任何事情都要高人几分，看到别人强于自己就不舒服，看到别人超过自己就觉得没面子，这是一种浅薄和虚荣心的表现。狭窄的心胸会影响进贤之路，影响同志团结，影响事业发展。不要怕别人超过自己，更要欢迎别人超过自己，甘愿为有发展潜力的人才搭好台阶。要正确对待敢于提出不同意见甚至顶撞过自己的人，正确对待反对过自己实践证明反对错了的人，只要他们有真才实学就应该委以重任。有没有宽广的胸怀体现在如何对待不同意见上。听奉承话舒服，听批评话逆耳，是一种较为普遍的心理现象。要创造宽松的氛围，提供合适的渠道，广泛听取各种不同的意见，以吸取合理成分，完善各项工作。风趣幽默是工作生活的润滑剂，可以放松心情，调节气氛。要有鲜活的语言表达能力，幽默需要培养也需要抑制。纯洁有益的幽默，最能松弛紧张和解救难局。对领袖来说幽默的用处有莫大的价值，不但耕耘心灵的田地，也要发展心灵的娱乐，幽默是传教生活中的一件大宝贝，但说笑要防止给别人难堪，更不能借说笑之际，抬高自己贬低别人，幽默的最高境界是自嘲。领导者有没有宽广胸怀，从小事上就能体现。宽广胸怀的修炼，也应该从小事做起。肯尼迪在确定执政团队人选时，有一个鲜明特点就是包容。财政部长道格拉斯·狄龙，不仅是共和党人，而且他曾经支持过尼克松，但肯尼迪并不在意，他需要的是一个"能够对华尔街的一些人直呼其名的人"，是一个能够帮助他重振疲软经济的人。而狄龙也确实不负所望，在促进自由贸易方面起了很大作用，并通过减税促进了经济发展。同样，福特汽车公司总裁罗伯特·麦克纳马拉也是共和党人，但却被委以国防部长的重任。把国防部和财政部这两个重要的部门委托给共和党人，对于民主党总统肯尼迪来说，是一个极富包容精神的事情。西方的管理研究者发现，领袖也有各种各样的。惠普创始人之一休利特就是一个典型的沉静型领导者，他属于典型的工程师性格，喜欢钻研，冷静，很谦虚。面对部下的时候，他的领导方式就跟惠普的另一位创始人帕卡德不一样。帕卡德很强势，而休利特会用很柔软的方式来做。他最典型的沟通方式叫三顶帽子。你给他提建议的时候，首先给你的是高帽：哦，你这个建议太好了！你接着说。提建议者很高兴，会说很多。第二顶帽子叫质疑的帽子。不断地问你问题，考察对建议的思考。第三顶帽子叫决断的帽子。他会找到提议者，跟你谈那个问题：我仔细考虑了，这个好像目前还不是很成熟，如果时机成熟，你这个建议我们会采用的，这是一种决断的帽子。这就是休利特三顶帽子的领导方式，尊重部下的建议。如果换成中国人的话说，沉静型领导的特点就是稳重、谦虚、克制，这都是儒学要领导者做的。一个优秀的领袖，就一定要懂得和学会怎么把人吸纳进来，像水一样吸纳，就是合众若水。英国前首相威尔逊与一个小孩有过一件趣事，有一天，威尔逊为了推行其政策，在广场上举行公开演说，当时广场上聚集了数千人。突然从听众中扔来一个鸡蛋，正好打中他的脸。安全人员马上下去搜寻闹事者，结果发现扔鸡蛋的是一个小孩。威尔逊指示属下放走小孩，后来马上又叫住了小孩，并叫助手记下小孩的名字、家里的电话和地址。台下听众猜想威尔逊是不是要处罚小孩子，开始骚乱起来。威尔逊要求会场安静，并对大家说："我的人生哲学是要在对方的错误中，发现我的责任。方才那位小朋友用鸡蛋打我，这种行为很不礼貌。虽然他的行为不对，但是身为大英帝国的首相，我有责任为国家储备人才。那位小朋友从下面那么远的地方，能够将鸡蛋扔得这么准，证明他可能是一个很好的人才，所以我将他的名字记下来，以便让体育大臣注意栽培他，使其将来能成为我国的棒球选手，为国效力。"威尔逊的一席话，把听众都说乐了，演说的场面也更加融洽。也许有人会说，威尔逊是小题大做、故弄玄虚。但他懂得从别人的过错中发掘长处，不仅让不愉快的事情随风而逝，还将坏事化为好事，帮助自己摆脱尴尬的境地。

2. 领袖审时度势放眼世界的宽广气度

领袖应抱着地球思维，站在地球想象。胸怀革命大志，心中想着人民，为着人民的根本利益，率领大家共同奋斗。1871 年，在欧洲革命战场上，法国无产阶级率先举行城市武装起义，建立了巴黎公社，使无产阶级的革命大旗在欧洲上空飘扬，虽然巴黎公社只存在了很短的时间，但是它的短暂成功毕竟为革命胜利指明了一条可能成功的道路，也在一定程度上为城市暴动取得革命胜利提供了初步的证明。1917 年，列宁领导的十月社会主义革命取得胜利，创立了世界上第一个社会主义国家，为当时国际共产主义运动取得胜利形成了这样一种认识，无产阶级及其政党要想夺取革命的胜利，就必须走巴黎公社的道路，按十月革命的具体模式，即通过中心城市的武装起义夺取政权，取得革命的胜利。"中心城市暴动"夺取革命胜利的理论成为当时无产阶级革命学说的重要组成部分。所有这些对当时的中国共产党影响至深。处在幼年时期的中国共产党内部出现把马克思主义教条化和俄国经验神圣化倾向，使"城市中心论"在党中央占了统治地位，给革命带来一次又一次严重的损失，直到第五次反"围剿"失败。在革命和党的生死存亡之际，惨痛的教训使中国共产党人意识到，十月革命的道路虽然具有普遍的指导意义，但中国革命的具体道路必须从中国的实际情况出发来作出选择，俄国革命的具体道路不适合中国。毛泽东在面对着新的革命客观形势下，将通过暴力革命夺取政权的基本原则，同中国的具体实际相结合，创造性地提出了实行"工农武装割据"，走"农村包围城市"道路，直至夺取全国胜利的新理论，这是马克思主义革命导师从来没有提过的，从而在以往革命实践的基础上，实现了突破性的革命创新，这是领袖宽广的气度和宽阔的胸襟。以毛泽东为首的中国共产党人，以实事求是的态度，敢于探索，敢于创新，把马克思主义的基本原理同中国革命具体实践相结合，为中国革命开辟了一条崭新的道路。这一实践上的伟大创新，赢得了中国人民的拥护，树立了中国共产党领袖集体的权威，引导中国人民走向了胜利。领袖面对客观环境发生的变化，面临新的历史任务，必须进行实践上的创新，才能获得群众的认同。毛泽东就是通过实践创新强化了领袖权威，这种权威不仅属于毛泽东个人，而且属于全体共产党领袖集体，正是这种创新精神和宽广的气度最终取得了革命胜利，创立了新中国。毛泽东成长为新中国第一代极具魅力的领袖，有其历史必然性。乱世出英雄，那是一个英雄辈出的年代，历史独独选择了他，离不开他过人的个人素质和领导艺术，特别是不安现状的天性是成为领袖的要素之一。从农民之子到激进学生，从教书匠到革命家，从农民领袖到军事天才，毛泽东的一生，承载了太多的历史负荷，他毕生都是在大是大非面前毫不妥协，全身心地关注中国的命运与前途，从中发现规律性的东西，制定出相应的战略与政策。以超前的远见卓识，在朦胧中洞识未来的曙光。这是一种不畏强暴、敢于创新的大无畏气概与胆量，就是这种气概和胆量，让无数跟随他的革命家为之倾倒。大海可纳百川，如水才能合众，百众云集，成就卓越领袖。领袖如海方能人才云集。因为纳了百川以后海才变大。海平面低，所以它能容纳百川，因为海有胸怀，姿态低，海更加宽广和博大。因此，领袖只有如水以后才能容众，容众才能合众，才能让大家一起来做事。老子讲"上善若水"。要想成为领袖，你做的事情就要像水一样。因为"水善利万物而不争，处众人之所恶，故几于道"。老子还说："天下莫柔弱于水，而攻刚强者莫之能胜。"最柔弱的就是水了，手拿不住也抓不住，很快就会流走了，因此它最软最柔弱。但是它却也能够水滴石穿，能够冲决千里之堤。领袖一般都具有水的品性，柔中带刚，刚柔并济。只有像水那样，善利万物而不争，才能留住人才。领袖若水还取决于水的另一个特征，那就是水的因形而变，只有很小的摩擦力，但是势能最强大，无可阻挡。尽管柔弱，但是汇聚到一起又能让人看到最强大、最宏伟的状态。水变成了天下第一大，因为它容纳一切，肯容纳各种各样不同的事物，肯容纳大家看见而不屑一顾的东西。西方也有类似中国"领袖如水"的理论。实践证明，要想成为领袖，首先要考虑到别人怎样才能服从。从最基本的层面来说，一个人接受领导，有两大原因：一是要使他佩服。二是可以从中得到利益。日本"经营之圣"稻盛和夫，是个管理天才，他谈自己的管理经验，最早来自小时候当孩子王的经历。他回忆："那时候，作为一个同伴中的小头头，怎样能让小伙伴们全部围在自己身边而不离去，怎样让自己的一派能多添一个部下，才是我当时最大的担心，最大的烦恼。所以，遇到打架时，即便是觉得自己打不过，也不得不打。即便是有点心疼，也得把自己的糖果零食拿出来分给大家……也许我这样说多少有点过分了，但我总觉得，正是通过这样的体验，我在那时对于朝三暮四之人心的易变已有了充分的认识，对于社会生活中人与人之间关系的基本原理，差不多都已经掌握了。"稻盛和夫的经历耐人寻味，这些经历反映了成为领袖的关键：第一，即使打不过也要打，这是体现勇气，领袖必须是所属群体内最有勇气的，否则没有人跟你走，就是让人佩服。第二，即使心痛，也得把自己的糖果零食分给人家，这是给予好处，就是让人得到利益。它更说明了得与失的辩证法，先为人谋利益，才有人更愿为你谋利益。

（四）出众于彪炳史册的职责

领袖在社会中的地位越高，责任及在物质和精神方面的负担就越重。当一个人的能力不断提升，施展才华的舞台就会越大，拥有的资源和平台会越好，影响力也会越来越大。

1. 责任重于生命

习惯优秀是领袖成功的力量，干好事业是领袖一生的向往，承担责任是领袖的大家风范。作为领袖应该勇于承担责任，朱利安尼写道，所谓的领导就是在享受特权的同时承担起更大的责任。在风险或危机来临时有勇气站出来，单独扛起压力。能担当责任的领导，有一种引领人的气质，责任是使命也是动力。信用既是无形的力量，也是无形的财富。承诺是最容易让人与人之间产生信任的东西，然而承诺也可以让人瞬间失去信任的感觉。要知道承诺的重要性，承诺是不能随便的，承诺了就要实行，即使做不好，也不能说放弃。放弃一个承诺就放弃了许多机会。落实任务首先要落实责任，抓好责任的落实，核心是解决问题。能力越大责任越大，不履行责任只能是懦夫，是不折不扣的废物。有这样一个故事，一个保姆带着六岁的男孩到公园放风筝。玩了一段时间，保姆感觉很疲倦就躺在草地上讲故事，可讲着讲着睡着了。恍恍惚惚地醒来后，保姆发现男孩不见了，她非常着急，到处呼唤着男孩的名字，可是没有人回应。忽然，她听到有人在喊："有个孩子掉到湖里了……"她义无反顾地奔向湖边，纵深跃入了水中，死死地抓住孩子，把他拖出水面，幸好渡船及时赶到，把两个人救了上来，但保姆发现，她救的孩子并不是她要找的孩子。就在焦躁不安的时候，她要找的孩子出现了，她忍不住眼泪哗哗地流下来。当记者问她："是母爱让你奋不顾身以致忘了自己不会游泳？"她说："不，不是，是责任。我只是个保姆，如果小孩出了事，我会愧疚一辈子，我宁愿舍弃自己的生命也要让小孩平安。"一个保姆都知道责任重于自己的生命，为了自己的良心和责任可以舍命，应该说是难能可贵的。英国思想家罗伯特·欧文说："人类一切努力的目的在于获得幸福。"其实，承担责任既是为他人，更是为自己，实际上责任重于自己的生命。当在工作中负责任时，就会发现能力会随着付出而提高。领袖与管理者有着明显的不同。管理者总是将一件已经明确的东西做好，将现有的计划实现，而领袖总是在设想、构思一幅未来的图画，告诉人们现有的状况是有缺陷的，甚至是错误的，应该往一种全新的方向去努力。领导必须有预见性，懂得应该领导人们走哪条路。领袖这个词就包含着这种意义，有引导的能力，能够在充当"领头羊"的时候，带领人们超越现在而走向未来。承担起自己的责任，就会获得能力上的提升和更多的发展机会，可以说，责任等于机会。因此，选择了承担责任，就选择了一条成为强者和成功者的道路。这也是勤奋者之所以能获得成功，而其他人碌碌无为的原因。成功从培养责任意识开始，如果多做一些事情，多给一些责任，那就是更大的信任。事业有多大，责任就有多大，不要怕多承担责任。一个人承担的责任越大，获得的成绩也就越大。诺曼底登陆是一项极为艰巨的行动，面对被纳粹吹嘘得上天的

"大西洋长城"事前凶吉难料。当艾森豪威尔下达作战命令之后，便坐在桌子旁默默写下一张字条，并把他放在制服的口袋里，准备一旦失败时，拿出来宣读。字条是这样写的："我们的登陆作战行动已经失败……所有士兵无论海、陆、空三军，无不英勇作战鞠躬尽瘁死而后已。假如行动中有任何错误或缺失，全是我一个人的责任。"艾森豪威尔就强化了责任意识，担当就是承担并负有责任。一个人成功与他的责任心成正比。一个人想有成就必须有强烈的事业心。而事业心的核心就是责任心。居里夫人说："我们应该不虚度一生，应该能够说，我已经做了我能做的事。"跳蚤是世界上跳得最高的生物，有个动物学家做了一个实验。他将一群跳蚤放入实验用的大量杯里，上面盖一片透明的玻璃。跳蚤习性爱跳，于是很多跳蚤都撞上了盖上的玻璃，不断地发出叮叮咚咚的声音。过了一阵子，动物学家将玻璃片拿掉，发现竟然所有跳蚤依然在跳，只是都已经将跳的高度保持在接近玻璃即止，以避免撞到头。玻璃杯的高度逐渐降低，最后当打开玻璃盖子的时候，结果竟然没有一只跳蚤能跳，跳蚤最后变成爬蚤。它们已经适应了环境，已经不知道什么是正确的。人们在工作和生活中不断地受到周围环境的影响，当领导激发大家激情的时候，是否大家已经不会跳跃了。这就是无形的自我设限。我们要敢为天下先。最后的一步实验是动物学家在量杯下放了个酒精灯并且点燃了火。不到 5 分钟，量杯烧热了，所有跳蚤自然发挥求生的本能，每个跳蚤再也不管头是否会撞痛，因为它们以为还有玻璃罩，全部都跳出量杯以外。这个试验证明，跳蚤会为了适应环境，不愿改变习性，宁愿降低才能、封闭潜能去适应。养成在生活中和工作中把每件任务都当成求生中的状态去思考和行动，相信人们的能量，还可以发挥得更大。这就是优秀的习惯是成功的力量。

2. 管理寓于领导

领导与管理在理论视角下可以加以区别，在领导实践中，两种行为不可分割。领导行为和管理行为不是对立的，而是相互贯通的。大部分的领导行为和管理行为都是一种混合行为。领导行为的主要特征是"出思想"并找出"能人"或载体来贯彻，通常会把作决策、用人、制定组织发展目标作为领导职能。而管理行为的主要特征是把领导思想转化为现实，通常把制订方案、组织实施、配置资源等作为管理职能。一般情况下，领导行为和管理行为是一起发生的。如历史上有些领袖，只出一个思想，当他的思想和旗帜与现实情况共振时，民众就会在他的思想和旗帜下团结起来，这种领导者实际上也是精神领袖。管理行为表现在具体的人员身上，如管财、管物。实际工作中，管理层人员的工作又会涉及人力资源、文化和组织协调等问题，这就具有领导成分。领导行为与管理行为是相对的。任何领导活动或管理活动都是分层次的，每个层次都有上级和下级。当处于上级层次时，可能是领导者。当处于下级层次时，可能是管理者，这是一种相对。还有一种相对，指领导行为与管理行为之间会相互转化。领导者与管理者不同，领导和管理在工作动机、行为方式上存在着差异。管理者可能是循规蹈矩按照某种要求来做事，不会越雷池半步。领导者就不同，他是用积极的态度来面对目标，只要对绩效有帮助就可以改变。管理者更多强调程序化和稳定性，总是围绕计划组织指导、监督和控制这几个要素来完成。但领导就不一样，强调适当的冒险，冒险可能会带来更高的回报。领导者就相当于把握着梯子，要确定靠到哪一面墙才对，关注的是一种方向。而管理者则是如何顺着这个梯子，最快地爬到顶端。两者有着本质的不同，但领导行为与管理行为之间并不存在明显的界限，其中存在着多个传递两种行为的中介，这两种行为通过这些中介产生互动互逆的转化，使领导与管理贯通起来。领导者或管理者不能单一地追求领导力或管理力，而要追求两者的贯通力。从领导学的角度，可称之为"下行"贯通力。从管理学的角度，则可称之为"上行"贯通力。管理两个字，既有"管"也有"理"，某种意义上"理"比"管"还要重要。实际上，管理是个系统工程，不是盲目无序的。管理是一个人本工程，不是一种机械的管理。管理是法治工程，不是随意而为的。管理是精确工程，不是模糊粗放的。美国管理学家曾经说过：不需要为了管理而成为管理者，而是为了使命而成为管理者，你所做的一切工作无非是与大家进行沟通，让大家接受这个使命，然后团结带领大家朝着这个方向前进。据说清朝湖广总督爱必达有一个特点，他在接见辖区内的官吏时，总好询问其辖地山川古迹一类的情况。对答如流者则可得到赏识和提拔。有一个名叫苏凌阿的官员，探知总督这一嗜好，便找来一本《沔阳志》翻阅，将该州的山川古迹等记得滚瓜烂熟后觐见总督，果然谈得头头是道。总督大为欣赏，苏凌阿被朝廷提升为外省巡抚。当他向爱必达辞行时，总督感到十分惋惜，希望苏凌阿临别前，留下赠言，苏凌阿便坦率地说，大人为朝廷办事尽心尽力无可非议，只是以山川名胜询问属员，并把这作为判辨属员优劣的标准我认为不妥。人之贤否，并不能凭这点就能看出，作为知府、知州、知县，首要的是知道怎样做事利民，怎样做事害民。如果对这些大问题能了如指掌，即使对一些小事不知道，也无损于吏治。爱必达听后如醍醐灌顶连连称是。这个故事可以看出，爱必达凭自己的爱好和情趣，将一位普通官员给予提拔，可谓随心所欲。这种融合个人爱憎好恶、感情用事的做法，是根本不可能真实反映官员的政绩的。失去了公正衡量的客观标准，这种识人任用偏爱偏物造成严重损失。在实践中，许多组织的领导层具有良好的宏观决策力，会提出高质量的决策，但缺乏把决策贯彻到管理层的能力。而管理层贯彻领导层的决策，仅靠手段是不够的，还需要领导力，缺乏领导力不是有效创新的管理。领导层中的领导者要提升管理力，管理层中的管理者要修炼领导力，在较大型的组织中具有一定的普遍性。因为较大型组织的建构比较健全，分工比较精细，纵向的指挥链与横向的协作面，充满着需要领导与管理相互贯通的环节。问题是管理层缺乏悟性，不能完整准确地把握高层领导的决策，遇到新的情况，束手无策，不能按领导层的决策精神去处置。这就是领导层的决策容易忽视内部要素。高层决策往往外求发展有余，内部安排欠周全。领导层与管理层的功能相对分离，使得领导与管理具有一定的二元性。因此，领导者要提升管理力，要实现领导与管理的贯通，提升指导力。指导管理层站在领导层角度去认识问题，去认同领导意图。领导层不仅要给管理层出"金点子"，更重要的是指导他们学会"点金术"，善于把领导意图转化为管理的实践。要提升体察力，体会管理层的难处，洞察管理中存在的矛盾，提出合理化建议。管理者是站在局部来改进管理的，而领导者是站在全局来改进管理的，其目的是提高管理的整体效应。领导者如缺乏体察力，就会在管理层面前失语，领导力就很难转化为管理力。真正的强者总是善于隐藏自己的锋芒，成熟的管理者应该掌握一种外圆内方、绵里藏针的管理技巧。让别人的攻击因为没有着力点而不能发挥作用，反之自己只需轻轻一击就可以令竞争对手受到重创，这才是真正的管理高手。

3. 卡兹曲线原则

开发人力资源，就是调动人的积极因素，做到人尽其才。在开发时领导力资源应摆在首位。政治路线确定之后，干部就是决定的因素，领导者有时决定着事业的成败兴衰。针对一届领导任期多长，这个既简单又复杂的问题，美国科学家卡兹对科研组织的寿命进行了分析。他通过大量的调查统计，做出了一条组织寿命曲线，即卡兹曲线。这一曲线表明，在一起工作的科研人员，在一年半至五年区间里，信息沟通水平最高，获得成果也最多。在不到一年半的时间段，成员信息沟通水平不高，相对不十分熟悉，尚难敞开心扉，因而获得的成果也不多。而超过五年之后，人员之间成为老相识，相互间失去了新鲜感，工作轻车熟路，可供交流的信息减少，成果也呈下降趋势。卡兹曲线给出组织的最佳年龄段是一年半至五年这一区间。高层次领导，最佳工作区间应是二至五年。因为担任主职的高层领导，管理的范围宽，非常规决策的比重大。到领导岗位需要适应环境，熟悉情况，掌握第一手资料，只有在调查研究的基础上，才能做出长远发展规划和科学的决策，并把它付诸实施。这需要一段相当的时间里程。即使在本系统直接提升，也同样有对新管理的领域全方位熟悉的时间里程。取得优秀的绩效，没有一段时间的积累，难以达到最佳的工作状态。中下层领导，通常一届工作的最佳区间在一至四年，较之高层领导的最佳工作区间整体前移。因为，中下层领导管理的面窄，常规性决策比重多，非常规性决策比重少，中下层领导进入最佳工作区间的时间相对较短。管理又是一条线或一个方面，完成执行性任务多，决策性任务少，一届任期四年相对符合组织最佳寿命曲线。现实中，领导者的调动交流不宜过于频繁，否则就会带来诸多弊端。一是领导者的能力和水平得不到充分发挥，绩效不会达到最佳。二是造成领导者的短期行为，因调动频繁使领导者想要显绩，容易搞"新官上任三把火"，留下一系列问题，甚至带来负面效应。像日本十年九相那样，走马灯似地调换干部，是用人的大忌。对进入最佳工作区间的领导也不宜马上调换，因为此时正是领导充分发挥能力和水平的时候，事业如日中天，调整也会造成人力资源的浪费。领导者最佳任期过后，也应该进行调整。卡兹曲线方法说明了领导者在承担新的任务之初，蕴含蓬勃向上的激情，具有挑战性、新鲜感的激励，促使决策力、创造力的激发，进入峰值区。在峰值区稳定后，热情容易消退，创意逐渐消失。人际关系熟稔，无形中增加了惰性。如不及时改变环境和工作内容，不设立新的目标，领导力很容易在低水平徘徊。为激发领导者的创新思维，使其始终保持蓬勃向上的激情，及时变换领导岗位和工作环境，是有益的人事变动。变换领导岗位，方式是多种多样的。职务晋升是最积极、最有效的激励方式。按照能级跃迁原理，如在一届任期中，领导才能得到充分发挥，工作卓有成效，既有显绩又有潜绩，个人的工作能力和水平得到了提高，具备承担更重要岗位工作的潜能，此时获得晋升，会激发领导者新的工作激情和创造力，使其潜能得到有效发挥，在新的领导岗位上会做出更卓越的贡献。晋升虽好，但往上走的道路越走越窄，因为领导岗位的设置是金字塔形的。因此，满足领导者成就动机，不是仅仅通过晋升，对做出杰出绩效的领导的奖赏。越来越多的是通过不同工作岗位之间的横向调动，来使领导者认识到他的工作更重要，更富挑战性，更具主动性。如在任期届满或过了最佳工作区间后，应考虑交流到新的工作岗位上。一届领导任期有一个最佳工作区间，如连任两届，会创造连续的最佳工作区间。关键是每届任期都有明确的目标。伟大的动力来源于伟大的目的，对领导者来说，目标责任加大，尽管职务没变，但成就感、责任感仍然不减，同样也能激发创造力。连任要根据领导者在任工作状态和客观环境综合考虑。领导者任期的最佳选择，要进行科学分析，合理定位，适时晋升，恰当交流，使他们的决策力、创造力始终处于良好状态，其领导水平、工作业绩随着年龄的增长不断提高，形成一个又一个最佳工作区间，这些区间连起来，形成一条领导能力和工作业绩不断上升的曲线。达到这一点才说明领导能力资源得到了有效开发。应注意，领导者任期最佳选择有一定的条件约束：一是领导者必须胜任工作，不胜任的人本身不存在任期最佳选择。二是领导者最佳任期只能以概率数据统计。卡兹曲线研究的是事物的普遍规律，带有普遍性，而任何事物又有它的特殊性，因此，必须高度重视现实中的特殊性。运用卡兹曲线，要具体问题具体分析，在使用中，如公式化地生搬硬套，必然犯形式主义和教条主义错误。

（五）优秀于诚实独特的风格

最成功最优秀的人才，会做出一番大的事业。世界上，有才华的人多，但有才华又忠诚的人却少。一个失去忠诚的人，是非常可怕的。忠诚本身就是一种能力，因此，忠诚远远胜于能力。

1. 忠诚胜于能力态度决定一切

忠诚是一种责任，是一种品质，也是一种操守。忠诚让人变得有意义，忠诚使人有激情。忠诚是发自内心的情感，忠诚不谈条件，忠诚不讲回报，忠诚是一种与生俱来的义务。忠诚是执行的最大动力。领袖在选人和用人时，执行力应该排在忠诚度的后面。缺乏忠诚，执行力强的能人最为可怕，一个人最大的动力，并不完全来自物质的诱惑，而是来自精神执著的追求，包括理想信念目标等，而追求动力的大小，又来源于人们的忠诚度。越忠诚追求就会越忠诚。忠诚是执行任务的最大动力，这个理念适合于一切组织。人们越来越激烈的竞争较量中，从单纯能力对比延伸到了品德方面的对比。在品德的打拼中，忠诚越来越得到重视。因为，只有忠诚的人，才有可能成为优秀团队的一员。忠诚是一种品德，更是一种能力。忠诚是一个人的立身之本，人都不会单独存在，总是和这样那样的人、那样这样的组织和团队发生联系，总是和人和组织建立友好的关系，联系对方就忠诚，否则，对方就不会信任你，也很容易被抛弃。有的人天生具备忠诚的品质，这种人的生存能力就强。有的人天生不具备忠诚的品质，这种人的生存能力就弱。有效领导力永远建立在积极的态度上，而积极态度的实质是"愿意改变自己现有的态度"。态度决定生活方式。态度决定人际关系的好坏，态度会让坏事变为好事，使挑战成为机遇。拥有积极、正面的态度，面对困难挑战和压力，态度决定一切。感觉能够战胜困难，就可以战胜它。成功的领导者从内心深处感到学习的重要性，永不满足，永不懈怠，终身学习，不断进取。成功领袖总在为他人增加价值。好的领导会主动影响下属，发挥人的潜能，进而发展并培育出一支战斗力强大的团队，共同实现目标。积极向上的态度是领袖成功的必要保障，而消极的态度对人嫉妒，自我膨胀，悲观情绪，是领导失败的重要因素。如果一位领导者仅仅是因为权力和职位去领导群体，那么其影响力不可能产生很大效用，更不可能持久。下属对领导者的个人魅力、知识、品格不是心悦诚服，仅仅是因为职位不得不听命于你，那么这种服从将随着你的离职而迅速消失。因此，必须培养自己的忠诚。忠诚建立信任，忠诚建立亲密，只有忠诚的人，周围的人才会信任你承认你容纳你。只有忠诚的人，周围的人才会接近你。人活着，离不开忠诚。1957 年 7 月上旬的一天，毛泽东在南京下榻处，问中共江苏省委第一书记江渭清：你们江苏省委书记、常委里头，有没有右派，为什么不反。江渭清回答说：主席啊，哪个人没有几句错话呢。您老人家说的嘛，十句话有九句讲对，就打 90 分。八句话讲对，就打 80 分……毛泽东听了顿时生起气来，他拍着沙发的扶手说：你到底反不反右派。江渭清心想自己是省委第一书记，如果书记常委有右派，那自己就是头，于是犯颜直言道：要反右派也可以，请您下令把我调开，另外派人来。因为是我先右嘛，您先撤了我，让别人来反。听江渭清这么表态，毛泽东倒消了气说：那好呵，你就不要反嘛。他还带着幽默的口吻说：渭清啊！你是舍得一身剐，敢把皇帝拉下马。江渭清这样说，完全出于对毛泽东的由衷崇敬。毛泽东在同江渭清个别谈话以后，在会上当着各省的第一书记说：对中央的指示，你们不要一听就说这是中央的，就完全照办。正确的，你要执行，不正确的，你要过滤，打坝嘛！江渭清后来回忆说：我所以能在毛主席面前敢讲真话，因为我是来干革命的，不是来当官的。我们共产党人办事，一切都要有利于人民，为群众着想。关键时刻如果不向中央讲实话，就是对党对人民不负责任。（据江渭清《七十年风云》，江西人民出版社出版）江渭清是这样说的，更是这样做的。忠诚的人对工作感到是享受，不忠诚的人感觉工作是受苦。实际上，忠诚最大的受益者是自己。忠诚也不仅仅是一种纯粹的付出，忠诚会得到忠诚的回报，自己是忠诚的最大受益人，忠诚的人会比不忠诚的人获取更多。淡泊宁静，洁身自好，公正公平，疾恶如仇，关键时刻不退缩。海瑞刚直不阿，是明末有名的清官。他自己种菜，老婆织布，不收一分钱的礼物，冒死直谏皇上，一生坎坷。万历十五年，海瑞在南京病故，临死前三天兵部送来的俸禄中，多算了一分银子，海瑞即刻让人退回去。来人说：不就是一分银子吗？海瑞回答："对你来讲，是一分银子；对我来讲，是终生的人格。"海瑞清廉的为官作风，对后世清官产生了深刻的影响。宋代宰相寇准，一次宴会时胡子上沾了点东西。一旁的尚书丁谓竟然离席上前，毕恭毕敬地为他拂去。对于这种明显的溜须拍马行为，寇准毫不领情。当面对丁谓斥责道："你身为大臣，竟为人拂须，太过分了。"南宋秦桧任宰相时，修建了一栋私室，称之为"一德阁"，落成时许多官员巴结秦桧，送了许多奇珍异宝。广州守臣经过一番思考之后，送了一卷高级地毯，铺在厅堂尺寸竟然分毫不差，广州守臣可谓马匹拍到家了。开始秦桧十分满意，但狡猾的秦桧很快清醒，既然这位守臣有本事精确刺探到密室的尺寸，那他刺探其他的秘密也就不在话下。由此推断，此人是个危险分子。没过多久，秦桧便设法把他送上了断头台。

2. 庸才治国常态化的政治艺术

杰出的领袖会做出杰出的成绩，而历史往往让人匪夷所思。一些平庸的人也能作出一些意想不到的成绩。2000 多年前，中国的《老子》中说："反者，道之动"，"物壮则老，是谓不道，不道早已。"事物的发展，往往会走向自己的反面。事物强大了，就会引起衰老。特别是违反事物发展的自然，人为地塑造事物的强大，那很快就会从顶峰上滑落下来，实际是加速事物的衰亡。从根本上说，勃列日涅夫不懂事物发展的这一辩证法。勃列日涅夫当政 18 年，使苏联"不道早已"，其中含义十分耐人寻味。苏联当政的八任领袖中，相对而言，勃列日涅夫被公认为是缺乏领袖魅力、喜欢过平静生活的庸才。除斯大林 29 年之外，就数他当政的时间长。勃列日涅夫之所以能平稳地当政 18 年，主要是因为他能审时度势，从自身事务出发，使苏联权力结构调整趋向常态化、均衡化、人情化。他收获赫鲁晓夫改革的成果，并利用国际市场石油提价之机扩大石油出口，积聚财富，增强综合国力，提升农村社会生活质量，缩小城乡差别，打造世界霸国地位，高扬国威，以凝聚民心。由于实行这些措施，勃列日涅夫终于能在后革命精英年代，为自己创造新的执政资源，在坚持苏共一党专政、坚守斯大林模式的方针下，平稳地死于任内。常态化是勃列日涅夫一个特殊政治艺术，也是勃列日涅夫能平稳地当政 18 年的政治基础。1964 年 10 月，他通过宫廷政变式的密谋上台，以自身条件及权力交接的方式，在构建新权力中心时，特别谨慎地解决赫鲁晓夫的拥护者，以及杜绝发生自己当政方式重演。解决这两个问题，既不搞斯大林年代的"大清洗运动"，也不能挥舞赫鲁晓夫年代"反党集团"的棍子。勃列日涅夫采取常态化的方式，逐步地、平静地调整。上台后，人员调整幅度很小，而且基本上是做加法，很快稳定了局势，解决遗留问题做到水波不兴。米高扬辞职，勃列日涅夫顺水推舟。米高扬的引退标志着参加十月革命、创建苏维埃国家老近卫军年代的结束，新的后革命精英掌权年代的开始。勃列日涅夫遇到在后革命精英年代，怎样架构新权力结构群体的新问题。均衡化是勃列日涅夫又一特殊政治艺术。他大力提拔了一批干部，安排到关键部门任要职。在苏联庞大的官僚体系中形成一个特殊的网络。勃列日涅夫信任时任苏共中央书记的安德罗波夫,安果然不负所托,成功地处理了一些棘手问题,且处处表现出大智若愚,很快建立了亲密的关系。人情化是勃列日涅夫另一特殊政治艺术。他积极营造情感氛围,打造富有人情味的公众形象,赢得相对稳定的信任度,积累了当政的政治资源。勃列日涅夫以较为现实的态度对待自己,对待别人。承认自己对经济工作不太熟悉,对外交事务也不太了解,意识形态工作不是内行。对帮助他的人,不忘说声谢谢。勃列日涅夫出行,会见下属,总要带上馈赠的小礼品,至于见面时的拥抱、吻面,成了勃列日涅夫的常规礼节,以致有了"勃列日涅夫式吻"的成说。授勋也是一种工作方式和情感纽带,他把接受勋章和授勋都作为乐事。勃列日涅夫不顾重病缠身,坚持到塔什干,为乌兹别克共和国颁发列宁勋章,安排参观飞机制造厂,陪同人员担心太疲劳建议取消。可勃列日涅夫说:我们答应了参观工厂,那里已经准备迎接我们,人都集合好了,等我们不太好,还是去一趟。进入飞机装配车间时,因为围观的人太多,将装配飞机的木台压塌,勃列日涅夫被压倒在地,耳朵撕裂,右锁骨骨折。尽管受伤,他于次日坚持亲自为乌兹别克共和国颁发列宁勋章并讲话,宁可回莫斯科后立即住进医院。勃列日涅夫架构权力结构的这些做法,不仅适合苏联体制的新需要,也为他个人赢得了一定的信任度。勃列日涅夫收获赫鲁晓夫改革的成果，从观念、理论层面来说，赫鲁晓夫已经打破了斯大林模式的坚冰，扩大了部分企业的管理权，提高了赢利在评估企业实绩中的地位。"利别尔曼计划"大讨论，实际上成了"新经济体制改革"的理论准备。苏联出卖石油和石油产品获得"石油美元"，支撑了经济发展停滞后的苏联经济，构成勃列日涅夫当政的重要经济基础。在新的历史条件下提升农村社会生活质量，打造世界霸国地位，是勃列日涅夫凝聚民心的两大举措，成为当政的国内民心基础。勃列日涅夫当政年代的苏联，综合国力已大大增强。20 世纪 70 年代中期，苏联与美国的经济差距有所缩小。苏联在电力、原油、原煤、天然气以及钢等能源和有色金属的产量方面，还超过了美国。勃列日涅夫凭借经济实力，在国内经济发展中，将 85％以上的工业投资用于发展重工业，尤其是军事工业。勃列日涅夫把拥有强大的军备和核威慑力量，看做是苏联推行全球外交战略的依托，一手抓核武器的发展，另一手抓常规武器的发展，表示要在军备竞赛中谋求优势。海军战略调整，海军大发展，则是苏联上升为世界霸国之一的重要标志。强大的俄罗斯，强大的海军，是近代以来俄国不变的战略目标：争夺海洋是俄国不变的战略。但是，直到第一次世界大战前，俄国海军仍然被世界各海洋大国封锁在俄国的近海海域，难以伸展。苏联建国后，斯大林虽然极度重视建设和发展苏联海军，怎奈囿于有限的综合国力，给海军的定位始终只是"红军的忠实助手"，在战役战略方面都是防御性的。赫鲁晓夫当政年代把主要精力放在发展核武器上，海军发展战略是维持原方针不变，快速建设和发展潜艇，包括核潜艇和常规潜艇。勃列日涅夫当政后，凭借积聚起来的财富和提高了的综合国力，调整海军发展战略，致力于建设以航空母舰、导弹巡洋舰、大型核潜艇为中心的远洋舰队，竭力向远洋伸展。1975 年 4 月，苏联海军总司令戈尔什科夫指挥苏联海军所有各舰队参加的、代号为"大洋—75"的战役—战略作战演习。演习结果表明，苏联海军已由苏联近海驶向世界各大洋。戈尔什科夫自豪地称：苏联海军正以自己的战斗勤务兵力，控制着诸多重要的战略海域。勃列日涅夫终于圆了300 年来历代沙皇的梦，使 300 年来俄国的梦想成真！在苏联 74 年的历史中，列宁作为苏维埃国家的缔造者的地位是无与伦比的。斯大林的骄傲是打败法西斯德国，赢得反法西斯战争的胜利。赫鲁晓夫可以留名青史的是进行了大规模的垦荒运动，使苏联全国老百姓能吃上面包。勃列日涅夫则成就了苏联的霸业，使苏联成为世界历史上两极格局中令美国生畏的一极。

勃列日涅夫作为苏联领袖确有他自身条件的劣势，但他以比较务实的态度面对苏联的局势，在后革命精英年代为自己创造新的执政资源，固守原有的体制，当政 18 年。平庸，恰恰是平庸成就了勃列日涅夫作为斯大林模式守业型领袖的一生，作为斯大林模式的守业型领袖，他也做了他所能做的一切。

领袖是高山
领袖是旗帜
领袖意味着高端和领先

第六章　领袖品类

（一）　造化领袖之因

混沌既开，万物生息。物竞天择，汰弱存强。各群居种族中自有天赋异禀、身躯强壮者脱颖而出，当仁不让地获取领导地位，成为主导本种族繁衍生息之"首领"。傲视于生态链顶层、万物之灵长的人类，首领纵横捭阖，为追随者的精神旗帜，身系人类文明发展的荣辱兴衰，人们称之为"领袖"。

1. 领袖诞生之说

在整个人类历史舞台上，领袖首领扮演着不可或缺的重要角色，决定着人类社会发展进程的快慢缓急，以活跃表现为特定历史阶段的象征标识。领袖的诞生，就像是浴火重生，凤凰涅槃。领袖诞生于集体，从原始共产到民主法治，从"构木为巢，穴居野处"到高楼林立、比邻而居，人类中的杰出人物在千百年的集体生活中源源不断地吸取智慧的力量，在学习劳动中脱颖而出，成为主导社会历史进程的领袖人物。在无数个千百年大自然的生存考验中，各种群形成了自己独有的行为模式和处世法则，最核心的是首领机制。无论种群分工如何粗略，都必然有一个居于最高领导地位的首领。它是同种群里身心素质最好，拥有最强悍武力者。在群居动物严格的等级制度世界中，武力通常是决定地位的直接手段。以狼群中的小狼为例，长到一个月的小狼就已经热衷于打架了，只要两只小狼走到一起，就会用爪子和刚长出来的乳牙厮打。胜者用脚踏在败者身上，翘起小尾巴，得意非常。败者则伏倒在地，一面摇尾一面喘气，向胜利者乞求宽恕。游戏时的打斗决定了它们的地位，久而久之打架的常胜者成为同代中的狼王。羊群也是如此，当一群羊中有两只以上公羊时，就非得以决斗方式选出头领不可。一次斗输后失败者会偃旗息鼓，待时机有利时乘胜利者不备从侧面发起攻击以挽回败局。经过几次甚至是几十次的决斗后，屡战屡败的公羊便再也不敢与胜利者一决雌雄，胜利者也昂首享受雌羊的簇拥，成为新任领头羊。动物首领享有食物、巢穴、配偶等资源的优先选择甚至是独占权。在蜂群中，蜂后每餐吃的是由工蜂咽头腺分泌的蜂王浆，而普通蜜蜂只能吃蜂蜜。在猴群里但凡有美味佳肴，必须是猴王享用完毕后，其余猴子才能各按级别依次进食。当然，有权利便有相应的义务，首领在纵情享乐的同时也担负着种群里最艰巨危险的任务。数量超过五头的狼群里必定有一狼王，它是狼群的核心所在，在整个群体遇到困境时，它必须挺身而出，用自己最锋利的牙刃将敌人扑倒，撕开受困罗网，率领狼群逃生。头羊最具威望的领路者，在它身后跟随着大批充满信任、忠心不二的羊群。它身先士卒，路上有陷阱，它会第一个掉下去。前面有岔路，它要凭经验做出最佳选择。当两群羊狭路相逢谁也不肯让路时，双方的领头羊就会挺身而出，在狭道上进行一场你死我活的顶撞，直至其中一只头羊被顶到从悬崖峭壁上滚落下去，胜利的羊群便可顺利通过狭道。雁群在天空中飞翔，一般都是排成人字阵或一字斜阵，并定时交换左右位置，因为这是飞行的最佳方式，后一只大雁的羽翼，能够借助于前一只大雁羽翼所产生的空气动力，使飞行省力，而一段时间后交换左右位置使另一侧的羽翼也能借助于空气动力缓解疲劳。在迁徙过程中，排在第一的大雁就成了担当重任、领导雁群的首领，它必须承担最大的气流阻力，根据雁群体力变化情况调整队形，将幼小、老弱病残的大雁排在最后面。若发现有掉队者，领头雁还会安排留下一只大雁陪伴照顾，以保证掉队大雁体力恢复后能迅速追赶上雁群。作为灵长类生物发展的高等形式，人类由猿猴进化而来，也由此遗传了猿猴的群居本能。猿人在极其不完备的工具条件下，不能单独与大自然进行斗争，只有在社会中共同生活，才使猿人能够同自然、同各种猛禽野兽抗衡。在原始经济的最早发展阶段，劳动工具只能起辅助作用，最可靠的还是集体的力量。人类依赖集体的力量，成长为熟练的食物采集者。1927 年以来，考古学家在北京周口店遗址挖掘出了包括男女老幼 40 余具猿人遗骨，有力地证明了当时猿人的群居生活状态。与共同劳动相适应的，是生产资料的公有制。在这个阶段没有生产资料的私有，连私有财产这个概念也没有，只是对某些劳动工具，它同时又是个人防御猛兽的武器，有了私有。但这些原始的工具人人可以取得，并非是剥削的工具。因为劳动生产率太低，集体劳动所得来的一切，被平均分配，仅足以维持生活的最低水准，部分出让劳动产品是没有可能的，人剥削人更不可能发生。当然，身为万物之灵的人类与普通的群居动物毕竟是不同的，尤其是当人类社会沿着奴隶社会、封建社会、资本主义、社会社会主义社会的发展方向迅速推进时，智慧、经验、文明程度也相应地爆炸式增长，其群体活动逐渐远超于动物界仅限觅食繁殖的范畴，其间的首领人物也转变为集军事领导、政治构建、文化道德引导、精神信仰号召于一体的领袖人物，与动物界简单自然的生活状态不同，人类迈入文明史后无论是社会形态、体制构成，还是物质生产、经验累积，都有了质的飞跃，因此产生了政治、经济、军事、思想、文化等各方面的多元需求。在这种背景下成长起来的人类领袖也是多元化的：适应军事需求的有军事领袖，适应文化教育需要的有思想领袖，适应提高生产力水平需求的有技术领袖。自然界种族万千，群居生物不可胜数，但无论狼王也好，蚁后也罢，都不过遵循自然法则的共性，或以武服众或繁衍后代，就领导种群活动而言，此狼王不异于彼狼王，此蚁后相似于彼蚁后，并无风格特异之处。人类领袖则因各自的家庭环境、教育背景、成长经历的不同形成了迥然各异的性格特点，其在对本领域的贡献，对追随者的深刻影响等成效方面的功能或许一致，但在具体领导活动过程中却绝对表现出了鲜明强烈的个人风格。

2．领袖渊源之词

领袖说法的出现，在中国至少可以上推到晋代。《晋书》记载了司马昭对魏舒的一段评论："文帝深器重之，每朝会坐罢，目送之曰：'魏舒堂堂，人之领袖也。'"南朝刘宋时范晔的《后汉书·皇后纪上·明德马皇后》载："领袖正白"，意指衣服的领子和袖子。领袖原本是人们日常生活中最为平凡的词汇。领袖常常是为自己留意、被他人注意的。旧时领袖不但未必玉树临风，甚至可能丑态可掬。在有些时候"领袖"同样被当做对坏人的奖赏。领袖最初并不是作为拥有最高政治道德与政治智慧的统治者的化身出现，可以高高在上为万民万世所景仰。所以说，在领袖一词被圣化以前，它并非完全以褒义的、值得赞美的形式出现。由于领袖在服饰美学上所起到的关键作用，从而引申比喻为同类人中的杰出者，被用来指称领导者、带头人或中坚力量。按照《辞海》释义，领袖一词泛指主要领导者或领军人物。应该从衣服的领和袖说起。正如《辞海》的第二个解释那样：领袖借指为人表率的人。用衣服的领和袖代指主要领导者或领军人物，十分贴切，不仅说明其地位重要，作用特殊，而且意在其另一面，即固有的薄弱处也不容忽视，因为领和袖是衣服的标志性部位。据《晋书》记载，魏舒是晋文帝身旁的大臣，官居相国参军。此人工作鞠躬尽瘁，勤勤恳恳又非常智慧，凡是有重大问题，其他大臣出不了主意的时候，他总能一针见血地提出解决问题的方法和步骤。一次朝议之后，晋文帝望着他转身离去的背影，无比感慨地说："魏舒堂堂，人之领袖也。"与古希腊地图学家托勒密齐名的"中国科学制图学之父"裴秀，少年聪颖好学，有风操，八岁即能属文。当时他的叔父裴徽极有名望，家中常有很多宾客来往，有些宾客拜见完裴徽后，还要特地到裴秀那里交谈，听听他的议论，时人称赞其为"后进领袖"。应当注意的是，魏晋以来领袖的楷模表率之义一般限指于同类人物中的突出者，如"韦昭、王肃，先儒之领袖"，即指韦昭、王肃两人是儒家学者中的出类拔萃者。明清时期，领袖才开始专门用来称呼最高领导人，如 1861 年，英国驻华参赞巴夏礼就称洪秀全为太平天国的最高领袖，日本人也把康有为称为清国改革派领袖。在领袖人物的定义中，人们时常强调，表面权力手段的占有，并不足以说明作为领袖人物的统治集团的性质。领袖人物的特征，除了对维护或者改变社会结构具有巨大影响之外，就是被统治者对他们领导作用的承认，或者说对他们的社会榜样作用的承认。领袖人物概念在政治理论中的运用，往往同道德上和政治上最优秀人物相联系。在社会科学中，领袖人物主要是指可以确切表现出来的领导才能，而没有伦理的或者政治的要求。甚至在日常用语中，人们也谈论体育和其他工作中的精英，但这并不带有价值观上的褒贬的意思。在政治理论中，这两种使用方法常常汇合成一种带有意识形态的领袖概念。在现代的领袖人物理论中，领袖人物大多被置于同群众这个概念相对立的位置上，并且被颂扬成救世主。领袖指个人还是指集体，从国际共产主义运动历史来看，列宁、斯大林、毛泽东等领导人，人们在习惯上都称为领袖，他们都是本国最高的领导人，享有崇高的威望。在西方政治学范畴里面，对于领袖一词也是个人的解释，例如伯恩斯的《领袖论》、尼克松的《领袖们》等书籍里面，对于领袖的理解都是个人。但是，列宁在《共产主义运动中的"左派"幼稚病》中认为，领袖是指最有威信、最有影响、最有经验、被选出担任最重要职务而称为领袖的人们。从"领袖的人们"来看，在列宁的理解中，党的领导集团是选举产生的，是由称为领袖的人们所组成的，不能把党的领袖仅仅看做是若干个别领导人，更不能认为只有一个领袖，而应该看做是一个领导集团，一个按照民主集中制原则组织起来并实行集体领导的领袖集体，领袖又是集体。在当时特定环境下，这对强调集体领导，发挥每个领袖人物的作用及防止个人专断，正确理解和宣传群众、阶级、政党、领袖的相互关系，无疑都是有益的。每一个领袖集团都有一个发挥主导作用人物，或者称之为核心人物。所谓领袖集团中的核心，就是指领袖集团中处于主要地位、起主导作用的领袖个体。恩格斯曾把马克思比做"第一小提琴"手，以此来突出马克思在无产阶级政党中的核心地位和作用。他说："当现在突然要我在理论问题上代替马克思的地位去拉第一小提琴时，就不免要出漏洞，这一点没有人比我自己更强烈地感觉到。"他还说，如果没有马克思，"我们至今还会在黑暗中徘徊"。由此可见，核心领袖人物对实践是至关重要的。领袖是一个集体，而不是个人，而领袖集体中必须有一个核心。许多伟人都对领袖及其相关概念进行过论述。恩格斯在《论权威》中也说过："不论在哪一种场合，都要碰到一个显而易见的权威。不仅如此，假如铁路员工对乘客先生们的权威被取消了，那么，随后开出的列车会发生什么事情呢？"现代意义上的领袖一般指正在进行或曾经进行某项较有影响力的活动或某些较有影响力的组织的领导人物。随着人类社会在政治、经济、思想等领域的急速发展，各学科都在不同程度上深化了对领袖问题的研究。当然，由于立足点及侧重点不同，领袖的含义也不尽一致。在政治学里，领袖的概念主要定位于政府领导，是指"在国家或政府中担任主要职务，或者说掌握国家的核心权力的人。因此，他或者是国家元首，或者是政府首脑，或者是一个人同时兼任上述两个职务"。又或是着眼于政党首脑，即"党员集体意志的执行者和领导集体的主持者"，是由"党员选举出来的，受托在党的日常活动中贯彻和实现党员集体意志"的最高领导人。甚至有学者认为领袖是个不涉及伟大与渺小、进步与落后的中性概念，仅是"所在国家具有最高实际权力的人物"。尼克松根据其任职 35 年来所目睹的各国领袖执政情况，撰写了《领袖们》一书，从自身经历的角度分析领袖成败的原因，他认为，领袖既要有远见，又要有能力去做正确的事。不必在道德的高度上苛求他们，领袖之为领袖，是在于"他们以宏伟的规模非常有效地行使权力从而极大地改变了本国和世界的历史进程"。商界领袖李嘉诚在回顾自己的从商经历时也说："领袖者，要致力于建立一个没有傲心但有傲骨的团队，在肩负经济组织特定及有限责任的同时，也要努力不懈，携手服务贡献于社会。"领袖是所属领域的高层，具有指导、引领作用。政府首脑也好，公司主管也罢，都是在特定组织某种系统中占有主导地位的群体。领导权赋予领袖以管理、指导的权威和责任。相反，如果不能在自身所涉及的领域范围内获得主导权，组织、系统的发展不是在其有意识的规划引导下运行，也就不再具有相应的领袖意义。领袖是所属领域群体的根本利益和发展目标的代表，并由此拥有一定数量的追随者。"天下熙熙，俱为利来。天下攘攘，皆为利往。"从一定程度上来讲，集体是人类利益活动的结合单位。在阶级社会里，不同阶级各自具有不同的利益属性，其间矛盾因根本利益的对立而不可调和。在同一阶层内部，所属成员的具体利益诉求也是多种多样。"物以类聚，人以群分"，在追逐利益的过程中，具有相同利益诉求的人们逐渐结合，以集体的合力寻求最大化利益收效，而其中的领袖人物就是最能代表群体，也最有能力带领群体成员实现最终目标的人。领袖能在所属领域内产生较大影响，其辐射面甚至可能波及社会其他领域。国家元首、政党领袖、商业巨子……部分掌握国计民生影响力的领袖不仅能以其决策左右本利益集团的发展，更可以其所引发的巨大社会性效益导致全社会领域政治、经济、文化、生活运行模式的变更调整。领袖应是指那些能够代表特定群体的根本利益，在一定范围内具有强大影响力，拥有大批非权力的追随者，能以其言行引领社会新潮流，甚至在某历史事件或某历史发展进程中留下印记的领军人物。简而言之，领袖是人类历史的推动者，社会发展的领军者，精神文化的开拓者，以及各行各业、各项事业的领航者。那些我们耳熟能详的历史人物，毛泽东、拿破仑、丘吉尔……他们既是国家的最高领导，也是留名青史的领袖人物，或者说最高领导的身份为他们展现领袖才华提供了政治平台和权力支持。领袖是要做对的事，管理是要把事做对。要将领袖和领导两个概念完全分隔开来是不现实的。当然，难以区分不代表无法区分，概念重叠不意味着两者合二为一。领袖是曹操，懂得望梅止渴的远见和激励。领导是孔明，擅长草船借箭的计划和执行。领袖与领导的主要区别在于奠定地位的方式不同。领导，是被所在集体授予一定职位并因此获得相应权力的人。某一层级领导的任命是由比他更具有领导权力的上层建筑通过行政命令的手段予以确定的，其奠定地位的方式遵循着最高权力资源自上而下的传递分配规律，具有不可抗拒性。领袖则不是什么机构或权贵可以任意赐予的，主要是因在所属群体中的巨大作用而逐步奠定的，通常来源于群众自下而上的拥戴推举，群体内普遍认同。领袖不一定是领导，发挥领导作用不一定非要担任领导职务，领导也不一定是领袖，担任职务的也不一定起到统领的作用。领导是经上层组织以行政命令的形式任命的，向下层组织施加影响的方式也通常按照组织结构的固有节点传导下去。领袖则截然不同，他并不单纯依靠命令权威，而是以自己的思维力、道德力、行动力，尤其是独有的人格魅力来发挥作用，引导集体成员行动。杰出领袖的作用一直是唤起人们对信仰的追求，一个人有了信仰力量就会倍增。领袖和领导的概念具有多重交集，很难完全区分。领袖和领导都有管理功能，为组织拟订制度规章，分配资源，分派任务等，这是一种机械的行政行为。仅就管理一项而言，比尔·盖茨、迈克·戴尔、史蒂夫·乔布斯等与普通电脑公司经理相似，只是应用领域和权力层级上远胜于彼而已。又比如说，领袖和领导都负有为组织谋取最大化利益的职责，哪怕一个小型公司的部门经理也会将本单位的运营效益视为头等大事，这是他的天然属性。另外，在多数时间里，领袖本身即是领导，也在行使着领导权限。1815 年，因与反法联盟作战失败而被流放厄尔巴岛的拿破仑巧妙躲过波旁王朝的监视抵达法国南岸儒昂湾。当时，拿破仑的部队不过千人，但当他发表完慷慨激昂的演说后，几乎所有法军都临场倒戈转投拿破仑麾下，法国民众也自发组织起来迎接领袖的回归，拿破仑未用一枪一弹便顺利入主枫丹白露宫，重登帝位。领袖的强大影响力不是行政命令所能抗衡的，其辐射范围远超领导。领导对应的是下属，领袖对应的是追随者。领袖唯一定义是其后面有追随者。当上领导，只是有了下属，只有把下属变成追随者，领导才成为领袖。思想家、政治家都重要，但没有追随者就不成其为领袖。追随者不同于下属，下属是天然存在的，而追随者是靠领袖的魅力和努力争取来的。联系领导与下属的纽带只有权力，一旦管理的权力消失了，领导的威严也就变化了。现实生活中，不难发现有的领导一旦离任，下属便很快淡化了对他的印象，甚至刚刚离开就被下属品头论足。

3. 领袖类别之分

领袖，虽然是个亘古常青的话题，但是每个时代都有不同的解读。美国著名学者詹姆斯·伯恩斯认为："政治领袖无处不在。在大多数社会中领袖并不局限在少数一群拥有无限权力的杰出人物的范围内，而且还包括人数众多但尚不明确的人员的行为在内。"不同社会组织都有着不同的领袖，如宗教领袖、军事领袖、政党领袖、工会领袖，以及各种社会团体的领袖等。将人类领袖归纳为以下三种类型：一是意识形态领袖。在世界观、方法论等思想领域拥有较大影响力的领导人物。他们或许不是权贵显要，没有雄厚的物质基础，但却是人类的精神导师和思想教育的领航者。中西方各学派的代表人物如孔子、老子、韩非子、朱熹、伏尔泰、卢梭、黑格尔等均属意识形态方面的杰出领袖。他们中间许多人家境贫寒，甚至终其一生穷困潦倒，但他们的意志没有因恶劣的物质环境而削弱，思想智慧更因长年累月在社会底层的奔波劳碌而变得愈加深邃。他们没有为社会创造具体的物质资料，但却通过著书立说、广收门徒为整个人类文明留下了最宝贵的文化遗产，他们为社会历史创造的价值是无法以任何货币财富予以简单衡量的。

二是行政管理领袖。在政治、军事、经济等实体领域产生重要影响的领导人物。他们是权力的象征，其决策方略直接关系国计民生、社会稳定。秦始皇、成吉思汗、拿破仑、艾森豪威尔等军政领袖及马云、李嘉诚、巴菲特、默多克等商界领袖均属此一范畴，他们是引领历史发展方向，主导人类社会变迁的中流砥柱。三是专家技术型领袖。包括医疗卫生、文体娱乐、工农渔副、科学技术等各行各业的领军人物。他们是各项专业技术的顶尖掌握者，也是各领域时代潮流的开创者和引领者。鲁班、华佗、梅兰芳、爱迪生、霍金……该类型领袖人数众多，不胜枚举。他们中很多人可能并不如行政管理领袖权威显赫，也不像意识形态领袖那样流芳百世，但他们以自身的专业技艺为广大人民群众提供了保障生存发展的物质生活、生产资料，抵御疾病侵害的技术支持，茶余饭后的精神寄托和文化消费产品，是人类文明史中当之无愧的无冕之王。领袖类型的划分反映了人们对领袖给予准确理解的希望和企图。柏拉图在《理想国》中提出了三种类型的领袖：依靠理性和正义的哲学王，保卫国家和节制欲望的军事领袖，为公民提供物质需要和满足公民最低欲望的商人领袖。这是对领袖类型的最早划分。詹姆斯·麦格雷戈·伯恩斯在《领袖论》中则提出了道德型领袖、政治型领袖、变革型领袖和交易型领袖四种类型。这是目前学界对领袖最全面、最权威的类型表述。时代赋予权利的大门已经打开，在科学技术的推动下，人人成为领袖已成为可能。一些人已经站在"巨人的肩膀"上冲向领袖的时代价值，并呈现出多样化的态势，这是一个领袖辈出、各领风骚的美好时代。

（二）企业领袖之重

人类进入以知识经济为主导的时代，从生产力和生产关系的视角去考察企业领袖时，企业领袖的个人行为都可能影响到经济走势。企业领袖一定要有创新的素质、创新的思维、创新的能力。

1. 企业领袖的战略责任

企业领袖的价值观是在他们的自身素质和外部环境共同作用下形成的，企业领袖的价值观是由社会经济的发展水平和市场经济的竞争状况决定的。有人形象地比喻："跨国公司打个喷嚏，一些国家就要感冒。"像沃尔玛这样的跨国公司的经济水平已经超过瑞士、瑞典、奥地利、波兰、丹麦、希腊等国家。在新旧格局交替之际，跨国公司的投资战略将更加注重构建全球化的国际生产体系和专业化的国际分工体系，跨国公司似乎越来越成为"世界经济的引擎"。20 世纪 90 年代初，俄罗斯首富霍多尔科夫斯基旗下的尤科斯石油公司是俄罗斯的第二大石油公司，它曾在全球石油市场上和欧佩克组织抗衡，影响石油价格的走势。拥有电影公司、出版公司和卫星电视的传媒大亨默多克，他多样化的经营成功地将影响力扩展到了全球范围的政治、经济及文化领域。他麾下的电视台福克斯的节目备受美国民众欢迎，有时节目中的一些理念都会影响到民众的消费习惯。印度首富穆克什·安巴尼的发家史与印度经济的发展一起跑步前进。这位印度首富在谈到他的企业时却并不怎么谦虚："世界上只有两家公司能够从零开始建设大型项目，只有微软和我的公司。"穆克什的家族企业信实工业集团是印度最大的私营公司，不仅掌控了国家电力、石油勘探、金融、生物科技以及电信领域的发展方向，而且在很大程度上左右着整个印度经济。巨型跨国公司的经济实力增强并不意味着政府对它们已无能为力。恰恰相反，它导致了政府越来越注重培养支持本国的巨型跨国公司，服务于本国跨国公司的利益，以加强对经济发展趋势的把握，平衡其他国家跨国公司的影响。如在《财富》杂志公布的全球 100 家最大企业中，至少有 20 家在过去的 15 年中，得到了政府的挽救，否则它们无法生存下来。企业领袖在企业的第一线，做着数量惊人的工作，同时还要迅速地完成他们的管理工作，狂热地投入工作只是企业领袖工作观的一部分，而企业领袖工作观的另一部分，则必须体现在对问题解决的办法上。企业领袖不能事无巨细，事必躬亲，企业领袖必须从繁杂的事务之中解脱出来，把工作的重心放在企业的战略规划、资源管理以及团队管理上，从宏观来把握企业的运营。企业领袖的人生信条是对企业领袖人生观、世界观、价值观、社会观、工作观的浓缩，是企业领袖内心世界的外在反映。具有奋斗精神、简洁凝练的人生信条可以促进企业领袖的奋斗，给别人留下深刻的印象。企业领袖应当从战略高度加以重视，并应结合企业的具体条件，在文化、能力和资源等三个不同层面开展针对性的工作。在变化万千的市场竞争环境下，只有主动地进行规划和建设，企业才有可能获得强于竞争对手的竞争优势。企业高层领导的战略能力，是汉布里克提出的观点。他把焦点集中在对组织负有全盘责任的个人身上。根据他的观点，"战略领导"意味着对整个组织的管理。领导者具有的能力被称为战略能力。这种能力是一种综合能力。在这种能力的指导下带领团队实现企业的整体战略。

2. 企业领袖的人生信条

理念治企，理念治人。在中国，很多企业领袖把古代哲学大师的观点作为自己的信条。理念作为指导行动的中枢，是事业成败的关键。正确的、坚定的价值观、世界观、人生观奠定了企业领袖的领导风格，奠定了企业领袖的发展源泉。而企业领袖的外延社会观、工作观和人生信条则成为指导企业领袖前进的航标。企业领袖既是空想家，又是实干家，敢于想象企业的未来，又乐于承担风险，他们以自己独特的价值取向来经营企业，来面对激烈的竞争。虽然企业领袖自身也存在对金钱的需求，但是企业领袖都有一种精神，不是为金钱而奋斗，而是为事业而奋斗。在企业领袖的价值观里，衡量成功与否的标准已经不是个人的得失，而是事业的成败，个性的张扬。因此，在现代企业中，企业领袖的价值观应该是极端自信，具有对企业经营必胜的信念，对成功有着强烈的欲望。富有领导艺术，善于沟通，善于与人相处，思维敏捷。深具远见，有深刻的洞察力，对事情有独特的见解与主张。擅长驾驭资源，能够集中必要的资源加以利用、发挥，善于采用适当的行动以保证成功。极具独创与创新精神，善于变革，善于抓住机遇。有着强烈的挑战精神，乐于冒险，有冒险能力等等。企业领袖这种以个人能力为自己价值观参照的方法是一种比较客观、实用的方法。企业领袖的价值观又随着企业的不断发展而发生变化，因为价值观是由经济的发展水平来决定的。企业领袖的世界观要求在企业的战略上要有一种"野心"，就是构建企业发展蓝图的战略，这是企业领袖世界观的经济性体现。企业领袖的世界观的社会性体现是必须更多地关注社会对待企业的反响，企业对社会的贡献。企业领袖人生观的确立是和他们的目标、理想一致的。不同的政治环境，不同的经济状况对于企业领袖的人生观有着不同的影响。企业领袖的社会观就是企业对于社会，不是攫取利益，而是为社会尽恰当的责任和义务。企业领袖是一种团体的行为，不是个体的行为，所以能否产生世界级的企业领袖，不在于单个的英雄，而是整个企业家团队是否能够健康成长，是否能够在世界的舞台上传递起来，连起来打造整体形象。企业发展需要合作，有些企业经常盼对手快快地倒下，这种思维太狭隘。单个的人太孤单了，也不可能成为真正的世界企业领袖。要做一个成功的、令人尊敬的企业领导人，企业家有很多需要注意的地方。一个优秀的企业家必须是一个遵守法律的企业领导人。胸无大志的企业无所谓，如果想成为百年老店，首先应该是一个守法的企业家。企业家必须讲信誉，信誉之所以难，是因为注重信誉意味着要牺牲好多眼前的利益，如果不牺牲眼前利益

就可以有信誉，每个企业都会非常讲信誉。正因为要
牺牲眼前利益，所以重视信誉很困难。2001 年，中
国正式成为世贸组织的一员，中国经济成为世界经济
的重要组成部分。十年来，中国科学技术一日千里，
市场经济突飞猛进，综合国力日益提高。对此，人们
有目共睹。联想、海尔等企业不仅对中国经济的发展
起到了一定的作用和影响，也对世界经济发展有一定
的影响力。张瑞敏让中国企业家看到了管理的力量，
让中国消费者享受到了服务的魅力，让哈佛的学子们
认识了中国人创造的企业文化。如今，在世界的很多
地方，海尔品牌、海尔产品已经不再被人们视为廉价
货，张瑞敏成了让生活更舒适、更便捷、更有品质和
品位的"创意大师"。现在，他是世界著名家电制造
商，他的工厂和分销渠道遍布世界四个大洲，产品远
销美国、欧洲、中东、亚太和日本等 200 多个国家和
地区，在全球 30 多个国家建厂。张瑞敏走上美国哈
佛商学院讲台，讲解了海尔的管理案例，海尔集团成
为被正式写入哈佛案例的第一个中国企业。记得还是
在欧洲的一次商务晚宴上，人们融洽地交流着，席间
有一位来自中国的企业家，遇到了一位当地经销商的
夫人，他显得非常自信，于是便问她："您知道我们
的产品吗？"这位夫人说："我知道，你们的产品品
质非常好。"这位企业家感到非常满意，接着问：

"您会买吗?"这位夫人回答说:"我不会。"企业家很诧异,这位夫人告诉他说:"我会选择米勒的产品,它不仅是冰箱,更是件艺术品。"这位企业家回国后,那位夫人的话久久萦绕在他的耳畔,他意识到有了品质、品牌还不够,想征服广大消费者,还需要有品位。几年后他再次来到了欧洲,和当地一家非常知名的家电连锁企业进行洽谈。对方问他:"我们这儿只能放五种产品,为什么让你们的进来,让别人的出去呢?"他回答道:"因为我们的冰箱不仅仅是冰箱。"后来他终于如愿以偿,和欧洲这家著名的家电连锁企业合作,他的产品已经可以和米勒并肩而立。因为他的冰箱也不仅仅是冰箱,它装有摄像头,可以记录下家人的一点一滴,还可以给家人留言。把简单的工作做好就是不简单,把平凡的事做好就是不平凡。不回头欣赏自己的脚印。

3. 企业领袖的动力之源

从资本家到知本家,美国文化中的传统企业家精神是美国企业领袖的动力之源。新生代企业家的动力性人力资本,体现了美国传统企业家精神的回归。在不断挑战自我的奋斗中,在努力创新和超越的过程中,才会由衷地感到愉悦和幸福。作为企业家,可以时刻享受到创新的乐趣。做到这一点,就必须学会不断创新，勇于开拓未来。20 世纪后半叶的企业领袖在教育程度方面大有长进，同时企业创始人与家族接班人的比例均明显减少，而职业经理人比例大大增加。这些变化印证了钱德勒的"革命"观点："指导各级工作的支薪经理这一职业，变得越来越技术性和职业化。选拔与晋升变得越来越依赖培训、经验和表现，而不是家族关系或金钱。"另一个突出变化是：在传统企业家时期，尤其是 20 世纪 20 年代之前，企业领袖大有英雄辈出、百舸争流之势。而职业经理人时期脱颖而出的企业领袖明显减少，由传统企业家时期转向职业经理人时期是美国企业界的管理革命，有一大批毕业于名牌商学院的工商管理学硕士展示才华，那么这一变化似乎有悖常理。管理学大师明兹伯格曾坦言，"工商管理学硕士学位课程训练出来的毕业生犹如雇佣兵，除了少数的例外，他们对任何行业或企业都没有承诺感。对企业来说，最危险的管理者往往就是这些信心超出实际能力的人，尤其是在这个极度虚华与亢奋的社会里，这些人会把所有其他人都逼疯。工商管理学硕士学位课程不仅吸引了大批这样的人，而且对这种倾向还予以鼓励，起到了推波助澜的作用。"明兹伯格明确指出，企业真正需要的是均衡、有献身精神的管理者，他们的管理模式可以被称做全心全意型。实际上，美国的工商管理学硕士学位教育特别注重灌输美国人的价值观和工作态度，崇尚自由竞争、个人奋斗与大胆创业，鼓励事业追求、勤奋工作、创造财富等。工商管理学硕士学位教育模式本身并无过错，是大萧条之后美国经济结构与企业制度的变化使受雇于大企业的职业管理者影响了他们的创业激情与个性的发挥。怀特在《大企业管理者》中指出，这些职业经理虽然是社会经济舞台的主角，但他们工作得并不开心。虽然就职于大公司意味着和谐安定、有条不紊的生活，但他们必须对雇主忠心耿耿，保留个人意见，服从组织决定以便得到提拔。在大企业组织结构中，美国传统企业家的节俭、勤奋、自力更生与刚性个人主义不再受到褒扬，管理决策由领导班子而不是主管经理做出，集体智慧取代个性创造。大企业组织结构下职业经理人缺乏个性追求与冒险精神，这在很大程度上制约了他们激情创业的动力与惊世骇俗的举动。反观19世纪后期自由资本主义时代成长起来的第一代企业家，如洛克菲勒、卡内基、摩根、福特等美国行业巨头，虽然其正规教育程度参差不齐，但他们具有相应的技术性专业知识，并意识到企业家应当具有综合管理，而不仅仅是掌控具体业务领域的能力。更重要的是，他们把敢于冒险、大胆创新、积极进取的美国传统企业家精神发挥得淋漓尽致。在20世纪最后25年，美国传统企业家精神在以硅谷科技精英为代表的一大批新生代企业家身上充分再现。他们在以电子通讯、计算机与网络技术为核心的知识经济中发挥着十分重要的作用，因而被称做"知本家"。这些"知本家"式的企业家以饱满的创业激情，忘我的工作态度及卓越的领导才能打造了微软、英特尔、苹果、思科、数字设备等信息时代的标志性企业。新生代企业家的出现使物质资本的所有者被"架空"，企业成为知识的所有者尽情展示人力资本的舞台。对于新生代企业家来说，专业性人力资本固然重要，但更重要的是企业家的动力性人力资本。

（三）宗教领袖之神

宗教精神是清醒时依然保存的坚定信念，是人类知其不可为而不放弃的理想，它根源于对人本源的向往，对生命价值的感悟，是美的层面。经过四百年的演变，天主教、东正教、基督教、佛教、犹太教、印度教、道教……诸多宗教都在程度不同地接受宗教宽容思想。

1. 宗教精神是对人类理性的赞歌

宗教会使人想到愚昧无知而对某个事物的盲目崇

拜，甚至想到迷信。只要把宗教精神与宗教相区分，就会有一些新的认识。如道教是世界上最古老的宗教之一，道教回归自然、与自然保持平和，认为万物平等、物我合一，世界和谐的主张。它的教义思想体系建立在老子《道德经》的基础之上。《道德经》集中了东方古老智慧的精华，核心和信仰宗旨是老子讲的"道"。道是宇宙本源，运动的法则是自然、无为，中心思想顺应事物发展的自然常情，不可融入任何个人主观意志。《道德经》说："道生一，一生二，二生三，三生万物。万物负阴而抱阳，冲气以为和。"又说："知和曰常，知常曰明。"宇宙万物无一不在大道自然、无为的运动法则及和的属性中生息。道的属性是和，但人们在日常生活中，往往因私欲过甚，情感频生，失去了大道自然无为的运动法则，脱离了大道和的属性，不知常妄作凶，因而导致处境不良的后果。自然界雪山、冰川消融，阴阳失和，恶风暴雨时作，地震海啸频繁。人类社会战火不熄，互施机智相为欺诈，金融危机蔓延等。这些不祥现象，正是违背了大道自然无为的运动法则，失去了大道和的属性所导致。道教界呼吁人们节制私欲，戒除浮躁和主观妄为，遵循老子讲的"去甚"、"去奢"、"去泰"，回归人之本性，遵从大道自然无为的运动法则及和的属性，返本归真。道教认为，人的本性与道合真，纯粹而不杂，素朴而无伪。谨守自然无为，做到少私寡欲，就能保持清静恬淡的心境，从而返璞归真，所作所为皆合乎天理。人类果能如此，则能调理自然界的阴阳和谐，天清地宁，风调雨顺，万物繁荣，而人类达到天下太平，社会稳定，刀枪入库，马放南山，共存共荣，和平共处，万民康乐。这正是道教祖先老子倡导的天人合一中心思想。中国传统仁者爱人和仁义礼智信来影响社会的思想。佛教大悲为首、慈悲为怀、普度众生的精神等。这些宗教中的和平精神铸成了中国人为善、致和、成仁、赞天地之化育，为万世开太平的理想追求，凝练为忠孝仁爱、信义和平的伦理精华。宗教精神其实是对人精神的赞歌，对人的意志的力量的赞歌。宗教领袖对和平的态度及国际合作格外重要。正如联合国原秘书长科菲·安南所言："世界著名宗教和精神领袖联合起来呼吁和平，将促进新千年的和平前景。"宗教由人类不同的信仰群体所构成，不同宗教之间的对话、宽容及和解在人类和平的进程中发挥着重要的作用。对此，西方天主教思想家孔汉思曾深刻指出：没有各宗教之间的相互了解，国与国之间则很难相互了解；没有各宗教之间的对话与沟通，诸教之间则很难达到和平与友好；而诸教之间若不能和平相处，诸国之间亦不可能和平相处或安全共存。这种宗教与和平的关系及意义在现代社会尤为明显，而在宗教信仰团体中，宗教领袖对和平的态度和对其信徒的影响乃举足轻重、甚至会起着决定作用。化解冲突、促成和解将是宗教领袖在新时代对人类和平事业的新贡献。世界上的宗教，要旨在于对人的精神的拯救，靠神对人的拯救。宗教精神也是对人的精神的拯救，是人依靠自己的精神力量对自我的拯救，是自救。这是宗教精神与宗教的最根本的区别。罗素说过，现在人们常把那种深入探究人类命运问题，渴望减轻人类苦难，并且恳切希望将来会实现人类美好前景的人，说成具有宗教观点，尽管他也许并不接受传统的基督教。耶稣说"我是好牧人"，主在世的时候，忠于父神的使命。主身体力行，"他代替我们的软弱，担当我们的疾病"，为传福音，饭顾不上吃，觉睡不安。主不仅自己竭力遵行父的神圣使命，他还拣选了 12 门徒，又设立了 70 人，训练他们，差遣他们一同担负起这天国福音的大使命。主善于引导这些不同性格的门徒发挥专长，及时纠正缺点，主没有因为彼得有好出风头，拦阻主上十架和三次不认主的缺点而丢弃不用，也没有因为腓力信不过主的复活置之不管，也没有因雅各、约翰求坐神的左右边的错误动机而灰心，长叹主没有要求门徒完全后才使用，而是在锻炼中渐趋完全。一个合神心意的教会领袖必须深深明白，神并非只招呼他一个人单独工作，要避免单打独斗，把自己摆在高过众人之上，要看自己是众人的仆人，那些身陷单打独斗网络的人，无法实现教会的真正目的。一个看任何人都不如意的领袖是永远不会做好工作的，合神心意的领袖要把眼睛盯在同工的优点上，挖掘同工的潜力，善用不同恩赐的同工，齐心协力推进教会质和量的增长。合神心意的教会领袖应走在群体的前头，他必须不断努力迈向成熟，追求各方面的长进，"总要在言语、行为、爱心、信心、清洁上，都作信徒的榜样"。保罗说："我所祷告的，就是要你们的爱心在知识和各样见识上多而又多，使你们能分别是非，作诚实无过的人，直到基督的日子。"宗教领袖联合起来，以其独到影响来防止战争、化解冲突，对人类和平作出重要贡献。

2. 宗教精神让人插上想象的翅膀

中国教会的发展，是随着国力的兴盛而广扬的，绝不仅仅是时间的推移，而是涵容着社会变革的深刻内容。教会的发展烙上时代的烙印，从建国初期到改革开放期间，教会同样经历了奠定、发展、拓展的时代痕迹，从而以崭新的面貌立于普世教会之林。宗教教导人弃恶扬善，维护社会稳定。这方面宗教的力量可以发挥其独特的社会作用，宗教具有宽慰人心、缓和情绪、化解矛盾的镇痛作用。在社会竞争激烈，人们思想活跃、情绪不稳，因躁动不安、贪欲、嫉妒、烦恼、失望、愤恨、困难、挫折等引起的浮躁情绪和社会不稳定现象下，宗教能在信仰者群体中发挥一些镇痛、清凉的作用。从几十年的事实来看，中国的宗教在维护社会稳定方面发挥了作用。20 世纪 80 年代初，新疆喀什地区曾经发生民族冲突，引起社会的不安定。由于做好了宗教界人士的工作，宗教界没有乱。那些在群众中有很高威信的大毛拉、大阿訇站出来做穆斯林的工作，终于使民族矛盾得到比较妥善的解决。实践证明，宗教界和广大信教群众确实是维护社会稳定的积极力量之一。中国宗教具有民族性的特点，宗教问题往往与民族问题紧密相连。有些少数民族全民信仰某种宗教，甚至几个、十几个民族共同信仰某种宗教。在这些民族中，民族的共同语言、地域、经济生活以及表现于共同民族文化特点上的共同心理素质等，都与其所信仰的宗教息息相关。宗教在维系这些民族内部团结方面起着重要的凝聚和纽带作用。宗教的这种民族性，一方面使宗教在这些民族中具有很大的影响，是这些民族传统文化的基本要素，影响着这些民族的世界观、人生观、价值观。另一方面则使得宗教问题与民族问题紧密联系在一起，成为民族关系中重要组成部分。在那些少数民族聚居区，宗教领袖受到群众的普遍尊重，社会威望较高，其原因也在于此。由于历史的原因，少数民族大多生活在边疆或艰苦贫穷的西部地区，经济、文化以及生活水平比内地要落后很多。然而，总有人在境内外敌对势力的操纵下，破坏民族团结、制造民族分裂，要依法严厉打击与镇压，但还远远不够，还要做大量思想教育工作，不断加强民族团结，将各族群众更广泛、更紧密地团结起来，有效地粉碎敌对势力破坏活动。中国各种宗教进一步高举爱国爱教的旗帜，为维护和促进祖国统一大业做出了重要贡献。宗教以不同的语言和表述来强调护生、至善、平和、博爱，宗教领袖以其教诲和行为在人类和平事业中亦树立了榜样和典范。不少宗教领袖提倡普世之爱和人人共享之和平，从宗教教义及传统中阐发对和平的追求，展示了宗教领袖的人格风范。在协调当代中国社会关系、促进人与人之间的沟通和了解、消除社会矛盾和冲突中，起到了很好的作用。孔子和儒家思想受到的广泛欢迎，对于中国道德指南针的寻找是真实的，并且是来自民众的。没有道德的信用，就没有信任，也就没有合作。要想生存下去，就必须有道德，必须有"心"。东方的哲学，儒家思想，佛教思想和道家思想，可以丰富人们评估目前遇到困境的方式，并插上想象的翅膀。

3. 宗教领袖具备独有的宗教睿智

宗教领袖以对信仰精神的把握及独有的宗教睿智和人格魅力，在宗教关注千年和平的事业上可以发挥作用。赵朴初是一位虔诚的佛教徒，对宗教虔诚地信仰、高度地尊崇，也有很多实际体验。他长期担任中国佛教协会会长，作为一位宗教领袖，对宗教的历史与现状、功能与作用有过深入的思考，具远见卓识。赵朴初也是一位著名的社会活动家，热心社会文化慈善事业，广交朋友，是中国民主促进会中央名誉主席，为国家作出了贡献。作为中国共产党的亲密朋友，新中国成立前夕，他参加了中国人民政治协商会议第一届全体会议，后任第九届全国政协副主席，是国家领导人之一。赵朴初观察问题从国家、社会、民族整体的角度思考，他的宗教思想有一种把握全局的大观念，具有很强的现实意义。一生都追求真理、追求学术、追求进步、追求崇高，这些精神反映出他的宗教思想，具有相当的深度和高度。对宗教的结构，赵朴初认为由三个要素构成：宗教是一定形态的思想信仰体系；宗教是一定形态的文化体系；宗教是具有同一思想信仰的人们结成的社会实体。赵朴初宗教三要素的特点，强调了宗教也是一定形态的文化体系，突出了宗教的文化性。在这个物质文明空前发展的时代，人类却面临着精神家园缺失的情境，而佛教作为一个文化体系具有许多明显的优势，能够完善人类的精神品格，为人类文明的健康发展作出应有的贡献。1991年，赵朴初阐述了宗教是文化的观点，把宗教文化提高到了精神文明建设的高度。赵朴初谈到，"过去把这些特征都概括为'五性'，群众性、民族性、国际性、长期性、复杂性，我个人加了一性，即文化性。"强调中国宗教的六性，也足见他对宗教的文化特征的重视。在宗教与无神论关系上，赵朴初讲过这样一句话，"佛不是神"，佛是一位历史人物，是一位思想导师，是引领人类从痛苦中解脱出来的精神领袖。由此也可以推论说佛教是一种无神论。联系佛教反对上帝创造世界，主张缘起论，认为一切事物都是因缘条件聚合而成，从终极世界观的角度来考察，佛教确实具有无神论的因素。强调宗教与民族的可分性与民族工作和宗教工作的不可分性。宗教和民族的关系不是相等的关系，宗教不是民族之为民族的基本特征和决定条件，"在某一民族中，有信仰宗教和不信仰宗教的；就信仰宗教来说，在同一民族中有信仰不同宗教的，在不同民族中有信仰同一宗教的。所以，不能把民族和宗教混同起来。"但是宗教工作与民族工作又具有不可分性，特别是少数民族地区，有的少数民族是信仰一种宗教的，这里的宗教工作和民族工作就是密切不可分离的。不但要做好民族工作，贯彻好民族政策，同时也要做好宗教工作，贯彻好宗教政策，这两者是相辅相成、相得益彰的。《沉思录》原为古罗马皇帝奥勒留自我对话的记录，行文质朴，不尚雕琢。作为人一方面要服务于社会，承担起责任，另一方面又要培养自己的德行，保持心灵的安静和自足。中国国学大师季羡林评价，举国上下所宣扬的和谐思想，是一个伟大的思想。无所谓无神论有神论，只要你的人生是纯洁的，是高尚的，是有所收获的，就不需要别人为你定义，自然终归自然，同样也属于万物的造化之一。只要心存信仰，人生的道路就不致迷失。中国基督教领袖丁光训主教就曾提出"中国神学建设"的创意，从"创造"、"爱"、"真善美"等基督教信理上和"宇宙的基督"之观念上推崇人类的对话与和解，表现出开放、包容、合作、博爱的精神。正是宗教领袖与广大信众的共同努力，宗教的冲突得以不断消除和化解，人类正朝着更多"对话"和"理解"的方向前进。不过，宗教的和平理想在其现实奉行中并非一帆风顺，它因错综复杂的社会政治、经济、文化等因素而使理想与现实之间仍存有较大的距离。正是在这种现实氛围中，联合国与世界宗教领袖共同合作，关心和平，展示齐心协力消除暴力、化解冲突的决心及行动。特纳广播公司总裁特纳指出："如果你想得到世界和平，你必须把宗教和精神领袖们带入联合国，让他们签署和平协议。"他还向时任联合国秘书长安南提出了邀请世界著名宗教领袖召开世界和平千年大会、签署《世界和平宣言》的积极建议。这样，宗教领袖个人努力和自发努力与联合国这一重大国际组织的联合努力相结合，将使人类消除战争、化解冲突的工作更有成效，更显活力。为此，联合国秘书长高度评价这种合作，强调"联合国是一块织锦，不仅仅是一般的服装，而且还是牧师的衣领、修女的服装、喇嘛的长袍，是主教冠、无边便帽、圆顶小帽……在世界各大宗教的教义和联合国章程的价值观之间存在着一种基本的亲和力"。通过世界宗教领袖的密切合作，人类在克服冲突、消除暴力、维系和平上将会更加努力，更加取得成效。

（四）时尚领袖之新

人人都在追求时尚，只是各自对时尚的理解角度有所不同，对时尚的追求，完全有可能让一些人成为时尚领袖。时尚是个宽泛甚至有些模糊的概念，它的触角深入生活，人们对它的理解也体现着明显的个性。

1. 青年领袖异军突起

江山代有才人出，各领风骚数百年。当前，技术发展和社会进步的迅猛变化，造就了一个"领袖"辈出、风起云涌的新时代。全球化与网络化的兴起，使塑造领袖的机遇与资源，不再需要以往数百年之功，而是在短时间内成几何级地集聚。"领袖"不再距离人们十分遥远，不再站立于可望而不可及的神坛。只要具备新时代领袖的素质，把握时代的机遇，同样能够成为弄潮一时的领袖。传统意义上的领袖，似乎总是散发着"崇高"且略带神圣的光环，总使人们感到仰视尚不可及。伴随着时代的进步和科技的发展，世界也逐渐进入了一个多元化的崭新时代。在这个时代下，一方面，信息的作用前所未有地强大，其影响范围也空前广泛。同时对信息的获取也变得前所未有的便捷，这样的时代环境，使得领袖概念的内涵、外延都发生了相应的变化。高不可及的"领袖"开始逐渐走下神坛，回归到普通而真切的生活中。人们对时尚的追求，促使生活更加美好，无论是精神的还是物质的，时尚融入人们的理念形成时尚，外化在各种时尚载体之上。世易时移渐次开放的转型时期，抛弃关于政治或意识形态的见解，鼓励更多的"青年领袖"出来抛头露面，各行各业的"青年领袖"，同样以时代价值与生活进步的捎客姿态出现于公共视野，但并不实施任何强制的说服。"领袖下凡"与"凡上领袖"展示的就是社会、国家从封闭走向开放的图景。"领袖"与凡人之间，没有高高在上与低低在下的区别，"领袖下凡"和"凡上领袖"促使"领袖"回归平凡。自古以来，榜样及其力量一直被高歌。然而，榜样在不同时代有着不同的评价标准。如说古人为了维护男权社会的"贞洁政治"，于是把某些贞烈或守活寡的女人立为榜样。但开放的今天知道这不过是通过一种表扬的方式惩罚一个人，给一个活生生的人"盖棺定论"，使之成为远离其真实生活的符号的奴仆。显然，这种牺牲个人真实幸福以谋求道德秩序的行为在今天已不再受到人们的推崇。在一个开放的社会里，国家作为利益共同体，人们最关心的是公正平等的契约精神是否得到了有效执行，而不是竞争谁应该额外多付出一些，并以此指责别人不道德。从这方面说，青年领袖的进步意义也在于此。这些人之所以取得成就，并不是因为他们在创业之初，想着自己有朝一日要当选"青年领袖"号召他人，而是因为他们追求自我实现。"青年领袖"和榜样最大的不同就在于，前者是开放的，反对权威的，后者则是作为道德标杆的。没有权威性恰恰是"青年领袖"可珍视的地方。任何人都"有领有袖"，都可以借着自己独立的判断与奔放的热情，让自己或他人充当一时一势的英雄或"领袖"。为了实现自己的人生，或为丰富自己的生活，今日中国"青年领袖"异军突起，不禁联想起欧洲文艺复兴时期的"人之上升"以及随之而来的文化繁荣。也因此迎来"领袖辈出"的开放时代。时尚就是在某个特定时段内，由少数人率先尝试将为大多数人所崇尚和仿效的生活样式。时尚涉及生活的方方面面，如衣着打扮、饮食、言行、居住、消费甚至情感表达与思考方式等。因此，时尚领袖在这方面发挥作用，影响人的突出的标示。玛丽莲·梦露是美国 20 世纪最著名的电影女演员之一，她动人的表演风格和正值盛年的殒落，成为影迷心中永远的精神符号，成为流行文化的代表性人物。她金色的烫发引领了当时西方个人审美的时尚，在梦露电影中出现的各种白色长裙，成为西方女性穿着争相模仿的对象。《福布斯》中国名人榜中姚明、刘翔，代表了体育时尚领袖。2008 年是奥运的中国年，体育运动的风尚席卷着中国大地，作为成绩非常突出的运动员，他们以自己的运动理念影响着人们，并积极把这种理念传达给更多的人。在多元化的时代，时尚以更加绚烂夺目的形式表现出来的时候，人们对乡土文化的怀念和追捧，又形成了一种新的时尚。正如在流行音乐博得更多美国人喜爱的时候，乡村歌手朴实无华的曲风和歌词也感染了大量的听众。

模仿是追求时尚的"初级阶段"，而它的高尚境界应该是从一批批变化的时尚潮流中寻求至真，萃取出时尚的本质和真义，来丰富个人的审美与品位，进而形成专属于个人的时尚定义。随波逐流地追求模仿，看似置身于时尚的潮流之中，然而这种时尚是在物质"外包装"下的一种重复复制，吸引人们的焦点不是本真而理智的自然，却是多种视觉冲击叠加组合的昙花一现。时尚不在于被动的追随而在于理智而熟练的驾驭时尚，时尚是从客观物质的属性中去寻找美的根源，同时从精神中去寻找美的根源。时尚带给人的是一种愉悦的心情和优雅、在纯粹与不凡中品味和感受生活，能体现出高尚的生活品位，在细节之处展露个性。生活在"地球村"里，套用诗人韦尔特书信里的词语，传播"正在改变地球的面貌"。当赋予一些青年才俊以"领袖"之名，以致"镁光灯下，领袖辈出"时，无论是台上的"领袖"，还是台下的观众，都更应该有一颗平常心。将"青年领袖"视为一群穿戴着光鲜或古老的时代价值的模特儿。换句话说，人们用自己的方式推选出几个"青年领袖"，一方面，是开放社会对青年才俊的奖赏，是理性社会自我激励的实现。另一方面，也为平凡无奇的生活添选一点亮色。虽然这些才子佳人在某种程度上被称为"引领时代精神"，但是，这并不意味着他们可以遂其心愿左右整个社会，让社会在他们的哨声里齐头并进。无论这些青年荣膺怎样的"领袖"头衔，社会并没有赋予他们任何强制力。青年领袖的出现，实际上是中国社会走向开放的一个标志性的事件。必须承认的是，自20世纪80年代以来，中国已经取得了前所未有的进步。究其根源，就在于中国从一个积贫积弱的封闭社会走向了一个人各有志的开放的社会。因为开放，中国人正在源源不断地获得历史的酬劳。

2. 意见领袖问政新态

"意见领袖"是美国著名传播学先驱拉扎斯菲尔德提出的，拉扎斯菲尔德发现，大多数选民获取信息并接受影响的主要来源并不是大众传媒，而是一部分"意见领袖"，他们频繁接触报刊、广播等媒体，对有关事态了如指掌。来自媒介的消息首先抵达"意见领袖"，"意见领袖"再将其传递给同事或其追随者。这一过程即为著名的"两级流动传播"。随着信息技术的高速发展，互联网正改变着人们的生活世界，给人类的传播方式带来了巨大的冲击和影响，也使得原有的传播理论发生了嬗变。在传统人际交往中，"意见领袖"扮演着中介者的角色。在以自由、平等著称的网络交往中，网络媒体不同于传统媒体最大的一点在于，融合大众传播和人际传播的信息传播特点，回归人际交往的互动性传播。在网络这个"虚拟的公共空间"中，广大受众得到了一个信息交流共享的平台，没有传播者和受众之分，没有主次之分，也没有中心和边缘之分。受众可以主动寻找自己感兴趣的信息，定格自己需要的信息内容，还可以在网上自由发布信息。正是人们共同享有信息的发送与接收权，不再区分人际传播的主与次、中心与边缘，使得受众能够以个人的方式，通过论坛、博客等发表意见、公布消息，淡化媒体"把关人"的角色地位。信息传播方式在网络的改变下使得"意见领袖"的范围扩大。与传统媒介相比，互联网给人们提供了一个发表自己观点的公共空间，因此，"意见领袖"产生的范围更广、更草根化。在论坛、博客这样更具群体交流倾向的场所，以个人名义张贴的文章，依托热点话题和具有独特人性的文字，体现自身的能力和特征，影响信息的传播与共同话题的表达，充当网络意见领袖的角色。马克·波斯特在《第二媒介时代》中提出，网络媒介是一种"双向型、去中心化"的"新型互动媒介"，能够对传统的传播学理论产生解构。"意见领袖"不仅使得更多的公众加入到"意见领袖"的行列，并形成一个"网络公众舆论空间"。

3. 音乐领袖渊源流芳

音乐根植于社会，激情于生活，效力于人类。古往今来，音乐激励人们拥抱生活，音乐时而威武雄健，深震广域，时而轻歌曼曼，沁人肺腑。音乐又是力与美的交响，悲与壮的礼赞，情与爱的抒发，具有强烈的心灵震撼，抒发着人们的情怀，滋养着人们的精神生活。音乐领袖和音乐大家为此发挥着至关重要的作用。无数音乐领袖给人们留下了珍贵的艺术瑰宝，酿造了众多精神盛宴。贝多芬是德国著名的音乐家，德国的骄傲，被人称为"乐圣"，他给后人留下了许多不朽的作品，法国著名作家罗曼·罗兰曾以他为原型，写下了著名的长篇小说《约翰·克利斯朵夫》，他曾对贝多芬的一生感慨万分："世界不给他欢乐，他却创造了欢乐来给予世界！"他之所以如此说，是因为贝多芬成就的取得非同一般，经历了常人想象不到的磨难。原来贝多芬弹得一手好钢琴，正当他奋发向上，准备向新的高峰挺进时，一场可怕的灾难降临到他的头上，他患了耳疾，这对一个搞音乐演奏和创作的人来说，真是致命的打击。他内心受着煎熬，却不愿向别人说出这巨大的不幸。他的听力越来越衰退，在田野上漫步时，再也听不到昔日远处牧羊人的歌声和婉转悠扬的笛声，他痛苦至极，他绝望了，他想到了死，甚至给弟弟写好了遗嘱，想结束自己 32 岁的生命。然而，坚强的意志和对音乐的热爱，为艺术献身的精神，最终使贝多芬鼓起了生活的勇气。不能再弹琴了，他就转而把精力都投入到创作上，专门从事音乐创作。有时为了"听"一下曲子的音响效果，他就用一根木棍儿，一头咬在嘴里，一头插在钢琴的琴箱里，通过木棍来感受音乐。经过不懈的努力，患有严重耳疾的贝多芬到逝世时，为人类留下了二百多部作品，其中不乏不朽之作，如《英雄交响曲》和《热情奏鸣曲》等，其中许多作品是在他耳聋之后创作的。他用音乐讴歌了欧洲人民反抗封建专制的斗争精神，抒发了他们对自由和幸福生活的向往，以顽强的斗志获得了巨大成功。具有顽强意志的人，面对困难和挫折，不灰心不丧气，更不会退缩，克服常人克服不了的困难，激发出潜在的巨大能量，发挥出超常的聪明才智，最后一定会走向成功。近代音乐领袖斯特拉文斯基，1882 年 6 月 17 日出生在俄国彼得堡附近的奥拉宁鲍姆，他在作品中表现出所处时代的社会潮流，而且也能以最有力的艺术表现方式去影响这个时代的艺术生活，改变人们的欣赏趣味，对于艺术的发展起着领导作用。人们可以从他近半个世纪创作生涯中，探寻出现代音乐的发展程。这位从小在音乐熏陶下长大的艺术家，所受的教育一直是业余的但从未间断过，除了有几年他在里姆斯基·

柯萨柯夫那里学到许多东西外，他的作曲技法基本上是靠自己的摸索而获得的。他是位才思敏捷、想象力丰富、"面孔"多变的作曲家，创作中，他总是不断地实验、探索、开拓发展艺术领域。他多变的音乐风格、不拘一格的作曲方式，经常使批评家和同行们感到疑惑不解。但无论如何，他的创作总是典型的他自己，典型地表现他的音乐思想，他力求"著我"独辟蹊径。斯特拉文斯基的创作广泛采用各种新的风格和手法，他的风格大体来说可分为三个时期，以第一个时期的创作最为成功。1908年由于他的《幻想曲》的演出，使他有机会与著名的艺术世界小组组织者之一佳吉列夫相识。佳吉列夫是芭蕾舞编导和剧团经理，他曾使俄罗斯艺术在巴黎的俄罗斯艺术节上，获得辉煌艺术成就。由于佳吉列夫的赏识，他的音乐生涯发生了重要的转折。1911年，他应佳吉列夫的邀请写了三部舞剧，从此一举成名，这就是他的第一个时期。民族主义时期，或称俄罗斯风格时期，以三部舞剧《火鸟》、《彼得鲁什卡》、《春之祭》为代表。《火鸟》出自俄国民族主义传统，是根据俄罗斯童话题材写的舞剧音乐，里面有他的老师里姆斯基·柯萨柯夫的东方异国情调和浓郁美感的配器。《彼得鲁什卡》是描写俄罗斯木偶变为人，其中的复节奏、痉挛性节奏、打击性的平行和弦和漫画式的、故作多情的圆舞曲，这些都是独创一格的表现手法。另外将节奏作为音乐的一个实体加以发展，借助不规则的节奏组合，打开了传统音乐中要求拍节前后一致的枷锁，采用不平衡的节奏力度，造成了异常猛烈但有控制的气势。这是他在技巧上对音乐所作的最大贡献，在他这个阶段创作中，几乎随便选出其中一段就可以显示出各种惊人的节奏设计。粗野的不对称节奏，在第二部分的《圣舞》中达到登峰造极的地步。他常常产生出一种犹如乘飞机突然掉进一个气穴的感觉，使人喘不过气来，一霎时失去了平衡，然后又恢复了平衡。这种节奏的设计使人产生了一种推动感，被音乐家认为是西方音乐发展的转折点。在配器上，他开辟了许多新的音响领域，从而大大提高了乐器的使用价值，丰富了管弦乐队的表现力。此时斯特拉文斯基才28岁，他的音乐在节奏、和弦、配器上都是全新的，给当时观众视觉与听觉上以强烈震撼。斯特拉文斯基不相信那些闭着眼睛聆听音乐的人，他说："我永远都不能忍受闭着眼睛，和没有视觉积极参与地去听音乐。这两种感官对全面吸收音乐绝对是不可缺少的。"斯特拉文斯基其人本身具有十分敏锐的观察力，他能记起几十年前见过的人的外观形象，以至随手几笔就能准确地描绘出，像著名歌唱家费利娅-利特温的樱桃小口；法国画家安德烈·纪德说话时，只有嘴唇和嘴动，脸上其他部分毫无表情；德彪西的女儿舒莎长着与父亲一模一样的长牙齿等。斯特拉文斯基对感官的记忆令人叹为观止。正如有评论家说"他的音乐具有釉磁般的光泽和清泉般的透彻，可以用耳朵去看穿它"。他的感官异常敏锐，作品给人以强烈的视觉与听觉上的震撼，是一个显著特点。所以，他的音乐不仅需要听觉参与，而且有视觉的参与。斯特拉文斯基是一个永不满足于现状，永远要开拓新领域的人，他不愿意重复自己的昨天，尽管这很艰难，甚至有点冒险。他1925年定居于素有国际艺术都市之称的巴黎，那里人才济济、思想活跃。身在其中的斯特拉文斯基与同在此地的绘画大师毕加索、作家纪德、诗人瓦勒里交往甚密，他们的创作思想，特别是在美术界以风格多变著称的毕加索，对他的影响最大。他认为：音乐就其本质而言，是不能表现任何一点东西的，不管这是一种情感、一种态度、一种心理状态、一种自然现象或者其他什么。新古典主义恪守均衡、冷静、客观。结果必然是用笔简练，和声是变化音与自然音并用，有时或模仿或引用，或影射早先的音乐家的具体旋律或风格特点。他的新古典主义创作长达三十余年。作为新原始主义和新古典主义音乐的代表人物，斯特拉文斯基旨在表现原始音乐的粗野稚拙，崇尚狂烈的节奏撞击的不谐和音，都是以返蹼归真和铺张扬厉的，与后期浪漫主义相抗衡的艺术思潮。他思考人心灵的痛苦，人内心受到外界刺激的反应，他的创作始终带有个人的印记，不管哪个时期的创作，节奏始终富于灵感，音色清晰明确，和声新颖丰满，曲式灵活潇洒，音乐的色彩鲜明而独特。他是一位典型的现代艺术家，始终保持了高度的理性和逻辑，而绝不像浪漫时期的人们那样，把音乐作为情感表露的工具。也许，这正是高科技的新时代在艺术领域里的具体反映。斯特拉文斯基的创作博采众长，汲取各种营养，作品题材和体裁极为广泛，从多种教古风到古希腊神话，从 17—18 世纪音乐到俄罗斯现代音乐，从中世纪法国音乐到美国音乐，从爵士乐到弥撒曲无不囊括。斯特拉文斯基作为 20 世纪音乐艺术历史现象，他作品的艺术价值，为巩固民族音乐学派和对世界音乐所作的贡献，都值得学习和借鉴。斯特拉文斯基不仅能够在作品中表现出他所处时代的社会潮流，而且也能以最有力的艺术表现方式去影响这个时代的艺术生活，改变人们的欣赏趣味，对于艺术的发展起着领导作用。他就是这样一位领导人物，人们可以从他近半个世纪创作生涯中，探寻出现代音乐的发展历程。

（五）精神领袖之魂

精神领袖往往有着超凡的毅力，纵使困难如泰山压顶也不会倒塌，他们总是想尽方法来化解困难，通过人格魅力往往会成立无坚不摧的创业团队，可以想见，精神领袖也是极富凝聚力的活动组织者。

1. 精神领袖散发的迷人色彩

精神领袖一个重要的特征，是有常人不及的重大影响。精神领袖建立在惊人观察力的基础上，从容驾驭形势，体现了特有的睿智。精神领袖往往有着超凡的毅力，有着泰山压顶不弯腰的信念，总能想方设法化解困难和问题。精神领袖确实存在着个人品牌，人格魅力的价值指向就是个人品牌。人格魅力是客观存在的，人们常常听到"我以人格来担保"，讲的就是人格的魅力。精神领袖同样也是极富凝聚力的活动组织者。精神领袖的凝聚力有时也是一种可怕的力量。由于内部的高度团结，如果由精神领袖提出的某些战略存在重大失误也往往会顺利通过。所以提倡凝聚力，不主张凌驾于一切之上，需要有相应的监管机制。精神领袖的重要特征是他有常人不及的执行力，在创业艰难时执行力绝不是口号，而是建立在惊人的观察力基础上的，从容驾驭形势常常具有神话色彩，殊不知其间包含了多少睿智和经验总结。精神领袖受人瞩目的主要原因是有着更胜一筹的效果，他们懂得集结最优化的资源来创造价值，来升华自己。对精神领袖执行力的倾倒，使合作伙伴在颠覆时不离不弃，这是一个奇迹，是信誉的奇迹，更是精神领袖的奇迹。精神领袖的个人品牌客观存在，个人品牌的形成将使得未来的格局更加纷纭。精神领袖绝不仅仅是超凡出众的洞察力，更主要的是他们的品格，品格是决定领袖自身价值高低的重要方面，也是人格魅力的重要源泉。精神领袖的内敛，作为舵手的精神领袖有着其特殊的作用，是精神领袖的一种价值指向。人格的确有魅力可言，人格魅力客观存在。精神领袖往往都是极具人格魅力的人，如成吉思汗、毛泽东，他们的人格魅力至今人气不灭。精神领袖仿佛有散发不尽的迷人魅力，甚至会使人包容他的一些失误或过错。这种缜密的思维所带来的行为力度和深度，使得精神领袖往往高高在上。泰国在一个时期，红衫军闹事，世界各国对此都有微词，但泰国的一些官员在外交场合中并不是特别着急，仍以笑脸轻松地回答，认为泰国不会出现内部真正的危机。他们认为关键时候只要泰国国王出来说上一句话，一切动乱就会全部解决，一切矛盾都会迎刃而解。王权意识在这个国度的影响可以想见，还令人感到，国王的权威是至高无上的，精神领袖的作用达到了极致。

2. 学派精神领袖非权力影响

学派精神领袖是科技发展的领路人，是技术进步的带头人。1875年，著名化学家霍夫曼在其著名的法拉第演讲中说："如同各个时代的所有伟人一样，李比希是其军队的精神和领袖。如果说有人如此狂热地追随他的话，那是因为他是一个令人钦佩和爱戴的伟人。李比希教导的字字句句和音容笑貌时时表现出对我们的关心和帮助，他的赞成往往是我们的荣誉和其他方面引以为自豪的象征，而我们最值得骄傲的是有李比希这样一位导师。"在哥本哈根学派，尼尔斯·玻尔也被尊称为"精神教父"，玻尔的人格力量吸引了大批真诚的追随者和坚定的支持者。半个多世纪以来，在科学界传播的"哥本哈根精神"在很大程度上就是玻尔个人精神风范的体现。玻尔对其学派成员的精神激励作用乃至对当时整个物理学界的作用在罗森费尔德的言辞中得以体现："感谢玻尔，他使我们的科学视野和哲学视野得到了惊人的扩展，他给我们提出了更丰富、更和谐的世界观，提出了使科学的疆域更加广阔、使科学的呼声更有人性的科学功能观。他在我们的心中的位置，是那些和我们最亲近的人们的位置。"20世纪的生物信息学派领袖德尔布吕克，被人们誉为"生物学上的甘地"，尽管他丝毫没有掌握任何世俗的权力，却是一种经常存在的，而且有时是令人不安的精神力量。德尔布吕克个人的工作作风和思想方法以及他极具魅力的个性深深影响了生物信息学派的性质和特色。由此可见，在科学学派的研究机构中，尽管学派领袖们常常处于领导者与管理者的地位，但他们更多地运用着自己的"非权力影响"。学派领袖对科学事业的执著追求与献身精神、他们的渊博的学识和深刻的智慧、高尚的道德修养、民主的和宽容的工作作风、对人的真诚与信赖形成了一种强大的感染力，对周围人形成一种精神上的激励和人格上的表率，从而唤起他们共同奋斗的强烈愿望。这在无形之中造就了他们的权威。权威管理而非权力管理构成了现代科研管理的本质特征。科学学派是具有一定内在结构与功能的学术共同体，学派领袖在其中担负的角色必然有其相应能力上的要求。关注科学学派，人们首先会把目光投向学派的核心人物，尤其是学派领袖的身上。因为，他们是科学学派形成的关键，是学派形成的核心要素。他们的个人感召力是科学学派凝聚力的来源，他们的学术思想构成了科学学派这一学术共同体的灵魂。他们是科学事业的发起者、促进者、组织者。科学学派的领袖在其从事研究的领域具备渊博的学识，通晓相关学科的各个分支，极富远见地提出关于本学科未来发展的设想。"科学学派的首要的和基本的特征，首先是由站在他所聚合的集体前列的领导者所创立的某些独特的思想和理论，根据这些思想或理论可以确立科学中以前从未提出过的完全新的研究方向。"在19世纪末，面临世纪之交，作为哥廷根数学学派领袖的希尔伯特在深入了解数学发展的历史与现状的基础上，系统地提出了预示整个数学界在20世纪发展方向的23个问题。这些问题引导了数学各分支在百余年时间里的演化发展，成为数学家们研究探索的指路航标。学派领袖不仅要具备渊博的学识和敏锐的洞察力，能为本学派指明研究工作的方向，他还须具有非凡的勇气和胆略，能够以探险家的激情带领自己的学术团队深入未知领域，以百折不挠和甘冒风险的精神开拓前进。在19世纪初的化学领域，无机化学已经取得了长足的发展，然而有机化学则相形见绌，尚是一片无人敢于涉足的处女地。正如化学家维勒在给其老师贝采利乌斯的信中所说："有机化学当前足以使人发狂，它给我的印象就好像一片充满了最神奇的东西的热带原始森林；它是一个狰狞的、无边无际的使人无法逃得出去的丛莽，也使人害怕走进去。"正是在这样的处境下，年轻的李比希却领导着他的学术团队坚定地向着这片"黑暗的丛林"进发了。经过数载披荆斩棘、锲而不舍地艰苦探索，他们终于打开了一条通向成功的光明之路——有机基团理论，从而为有机化学领域奠定了牢固的理论基础。学派领袖是一位优秀的教育家，在传授知识的同时，也要把自己的治学理念、道德理想灌注其中。不仅要具备崇高的学术威望，还必须具备演讲和授课技巧，知道如何以自己的言谈举止去影响和引导学生。对于自己的学术导师，学生们印象尤为深刻的也许是他们的"民主的、不拘礼仪"的授课方式，对首创精神的推崇以及他们天才的对话艺术。作为拥有众多优秀人才的物理学派导师和领袖的德国著名物理学家玻恩，他的学生鲁麦尔回忆道："马克思·玻恩并不强迫任何人接受自己的思想和兴趣。他喜欢在理论物理学的各个分支领域同自己的任何一位同事讨论各种思想，并且在讨论中从不摆弄自己的权威来压制人，从不表现自己的优势地位。他认为需要让所有与他争论的人都享有最广泛的学习和创造的自由。"对于物理学学派领袖卢瑟福，他的学生卡皮察写道："卢瑟福作为导师的最优秀的品质，是他的那种指导工作、支持科学家的壮举、正确评价所取得成果的本领。他对学生评价最多的是独立思考、首创精神和具有个性。同时，还应该认为，卢瑟福利用了一切可能性来向人们表现他的个性。他准备牺牲很多东西，只是为了使人们养成独立思考和首创精神；如果谁能做到这些，他就特别关心和鼓励谁的工作。"学派领袖作为科研工作的发起人，作为科研机构的当家人必须具备与外界打交道的能力，具有广泛的社会联系和较强的社交能力，这样才能为自己的科研基地争取到足够的财力和物力支持，并与学术界建立起广泛的学术联系，及时获取有用的学术信息，避免孤陋寡闻、闭门造车。

3. 精神领袖焕发着长远影响

世界上一些国家和民族，总有一些杰出的人物，让人们永远不能忘记，他们的思想和形象长期激励和影响着后来人，不会因为时代的变迁，日月星辰的变移而减弱，他们是永远的领袖，永远的精神领袖。比如在当今土耳其，穆斯塔法·凯末尔·阿塔图尔克的影子无处不在。所有城市、各大广场都立有他的巨大雕塑，家家户户、公司商场都挂着他的清晰画像，军政机关、学校机构都刻有他的撼人话语。在首都安卡拉，建有安放凯末尔遗体的博物馆；第一大城市伊斯坦布尔，则以他的姓"阿塔图尔克"来命名国际机场。现代土耳其各派政党，都宣称是凯末尔的继承者。凯末尔（1881—1938 年）生于奥斯曼帝国末期，正值国家内忧外患之际，在第一次世界大战后更面临将被瓜分的空前危机。凯末尔在国家和民族生死存亡关头挺身而出，勇担救国救民重任，擎起反帝反封建大旗，率土耳其军民浴血奋战，赶走残暴的外国侵略者，推翻了奥斯曼帝国的封建腐朽统治，以其杰出的领袖能力，力挽大厦于将倾。民族解放战争胜利后，凯末尔于1923年建立了土耳其共和国，并被选为共和国首任总统兼武装部队总司令。之后凯末尔继续在政治、社会、文字等方面实行了大幅改革，领导土耳其从一个落后的宗教神权国家，走上复兴和成为现代化强国的道路。凯末尔是拯救一个民族于危亡的典范，建立现代文明国家的先驱，土耳其人民永远铭记的领袖。凭借对土耳其国家和民族的巨大贡献，凯末尔被议会赐予"阿塔图尔克"之姓。土耳其历任政府皆秉持凯末尔确立的国策方针，其精神至今仍在指引着国家发展的方向。凯末尔生于今希腊境内萨洛尼卡市的一个木材商家庭，其父亲曾在1877年的土俄战争中任民兵部队中尉，并对军队有特殊感情。凯末尔出生时，父亲把自己的佩剑挂在儿子摇篮上方，寄望于儿子将来能在战场上建功立业。受父亲影响，凯末尔自小酷爱军事，年仅7岁时就自行参加了少年军事学校的入学考试并被录取。14岁时凯末尔升入军事学校，18岁进入伊斯坦布尔军官学校，21岁进入参谋学院，毕业时在全班57人中名列第五，授上尉参谋军衔，成为当时奥斯曼帝国主要的年轻军官之一。青少年时代的军校学习使凯末尔具备了相当的军事指挥能力，为其日后在战场上叱咤风云打下了基础。毕业后，凯末尔曾在不同部队任职，同时，也对帝国内忧外患的局面进行了深入思考，加入了爱国反封建组织统一和进步协会。在民族独立战争中，凯末尔于1921年指挥了关系国家命运的萨卡利亚战役。9万希腊侵略军向土耳其中部发起总攻，企图拿下首都安卡拉，一举灭亡土耳其。危难时刻，凯末尔出任国民军总司令，果断命令土军撤退到安卡拉附近的萨卡利亚重新构筑防线。当时，希军进攻的炮声已传至安卡拉市区，政府机关和市民纷纷撤离。凯末尔则镇定自若，亲赴前线指挥战斗，并向全军下达一道充满必胜信念的命令："祖国的每一寸土地，在浸透同胞们的鲜血之前决不丢弃！"1922年的伊兹密尔战役中，土军一举将希腊侵略军完全赶出了土耳其，取得了独立战争的完全胜利。1923年土耳其共和国宣告成立，凯末尔被选为共和国首任总统，兼任武装部队总司令。在反侵略和独立战争中，凯末尔卓越的军事才能，敏锐的战略眼光，不怕牺牲的勇敢精神，同甘共苦的领兵方式，助其取得了一场接一场战争的胜利，最终赶走了侵略者，建立了独立的民主共和国，也奠定了自己著名军事家和国家领袖地位。凯末尔忧国忧民的情怀，绝不屈服的斗志，坚定彻底的革命精神，以及睿智精明的政治头脑，引领土耳其从危亡走向复兴，这也是同时代亚非殖民地半殖民地国家唯一取得成功的一次革命，极大鼓舞了其他国家的民族独立运动和反封建斗争。凯末尔作为土耳其民族的救星和伟大领袖，在领导人民取得资产阶级革命胜利后，总揽全局，指明国家发展方向，致力于将百废待兴的土耳其建成文明国家。凯末尔指出："军事胜利对于民族真正解放来说是不够的。在民族的政治、社会生活中，在民族的思想教育中，我们的指南将是科学和技术。能否成为现代文明国家，是决定土耳其生死存亡的问题。"凯末尔秉持这一思想原则，在政治、社会、宗教等方面推行了一系列以世俗化为核心的资产阶级现代化改革，为国家长远发展指定了明确方向，为摆脱封建落后局面扫清了制度障碍，为发展现代化文明奠定了坚实基础。凯末尔作为土耳其的总设计师，为了国家的未来而殚精竭虑，为了民族的发展而不辞辛苦，其推动和引导的革命意义深远，并逐步形成土耳其民族资产阶级的思想理论体系——凯末尔主义。凯末尔将永远作为土耳其"国父"受到后世的尊敬与怀念，其不朽功勋将被人民世代传诵。凯末尔的影响不仅限于土耳其，而且是世界性的，在中东地区近代历史上，难有能与凯末尔比肩的人物。有西方人曾评价说："1981 年的土耳其是一个看起来已一片涂地、不可救药的国家、而在 20 年后的今天，我们看到的确是一个屹立于欧亚之间的新国家，其经济和文化上一片繁荣，国际地位日益重要……今天的土耳其是一个欧洲必要刮目相看的大国了。"由于积劳成疾，凯末尔于 1938 年辞世，年仅 57 岁。但所有土耳其人民永远铭记他深情的话语："我微小的躯体总有一天要埋于地下，但土耳其共和国将永远屹立于世。

苦难对于天才是一块垫脚石，
对能干的人是一笔财富，
对弱者是一个万丈深渊。

人在遇到危难和祸患时，容易诚惶诚恐。

诚惶诚恐所以行为端正，行为端正所以深思熟虑，深思熟虑所以获得成就。

第七章　领袖特质

（一）人生执著专注使命的特质

领袖个体隐含着一系列特质，如极高的自信力、支配力及坚定的信仰。人们认识到领袖的特质是在实践中形成的，现代特质的思路更像一种风格，既强调内在的实质，也强调外在的形式，于是产生了现代特质理论。

1. 过人和超凡是真实超绝的影像

领导特质理论，主要是指有效领导者具有一定的品质与特征，才能将有效领导与非有效领导区别开来，以期预测选拔具备什么特质的人作为领导最合适。了解领导者与非领导者相比具备哪些人格特质，由此而形成了领导特质理论。领导的有效性是由领导者、被领导者及其环境因素共同决定的，要根据具体情况来选择领导方式，于是出现了领导权变理论。性格来源于希腊语的"雕刻、铭记"，从某种意义上讲，性格就是生活在人身上打下的烙印，每个人在成长中都会形成自身的独特性格。有性格的管理者极为活跃，并乐此不疲，丝毫没有不适的感觉；自尊心极强，重视高效率，适当运用自己的风格，朝着个人的目标迈进，朝着未来的形象成长。这种人重视动用理智，用大脑来移动双脚。领袖有舍我其谁的自诩和气魄。毛泽东作为开国领袖有着独特的人格魅力，更重要的是有着特质的领袖人格，这造就了他在现代中国不可替代的地位。他的领袖人格是富有超凡魅力的，也是人们普遍怀念，持久怀念的原因。毛泽东既有雄视古今，扭转乾坤的领袖气魄，还有驰骋宇宙、激扬文字的情怀。他产生富有审美意义的政治豪情和艺术激情形诸笔端，折射出崇高的伟人形象，放射出灼热的人格魅力，从而荡漾起澎湃的生命潮水，开创出超越一切的境界。他留下的人生足迹卓尔不群，是一个平凡而伟大的人格，真实而超绝的影像。性格是产生魅力的主要来源。这种理论产生的原因，一是为了选拔和预测的需要。二是确定哪些方面能造就一个有效的领导者。传统特质理论认为领导者的特性是天生的，生来不具有领导特性的人就不能当领导，因而传统特质理论也称为"伟人说"。吉普认为天生的领导者应该具有诸如善言、外表英俊潇洒、智力过人等先天特性。有一句军事谚语说："有官阶就有其特权。"很少会有高层领导人曾要求过那种特权。实际的超凡魅力不能分析和还原，它只能在否定的意义上被体验。超凡一个是超越芸芸众生，一个是超越滚滚红尘。领袖是超越情感满足和物质利益追求的，帝王统御将帅必须有威严，藏而不露，含而不露就是树立威严最有效的方法。谨言慎行，但行动却神秘莫测。部属越想知道领导动机的好恶，领导便越是掩饰，以此来保持一种威严，对下属造成一种压力，使他们感受到领导不但至高无上，而且无所不在，无所不能。好像有一双眼随时盯着自己，有一双大手准备扼住自己的喉咙，这样，对上级唯有俯首听命、不敢造次。上层懂得施展深藏不露、不怒自威的艺术，给自己披上一层神秘外纱，令人捉摸不定。这正是有距离才能产生美，越神秘越有魅力。其实，在权谋家那里应该是越神秘越让人觉得恐怖。

2. 贡献和成功是一个硬币的两面

要想取得伟大成功，必须做出伟大贡献。伟大的贡献和伟大的成功是一个硬币的两面。如果你只想做有益于自己的事情，根本不想做出更大的贡献，即使成功了也只是很小的成功，而且可能仅仅对自己成功，对别人却没什么意义。要想达到巅峰必须全身心投入，如领导者从基层就三心二意，那么半路就可能被淘汰，根本就没有达到巅峰的机会。在种族歧视从来没有消失的美国，奥巴马能参加竞选本身，就是一件非常有勇气的事。他面临的不仅是一场政治选举的竞争，更是对全美人民的信念、价值观和未来希望的考验。政选是个无比复杂的事情，美国民众不会仅仅为了向世界证明这是一个一切皆有可能的国家，而投票给一位黑人。有人说奥巴马是外黑里白，但草根背景和不懈的奋斗史，让选民们更加相信自己的美国梦。不管舆论多么赞扬奥巴马的演说才能，不管奥巴马赢下了多少竞选辩论，他的发言总是提醒人们，他参选不仅代表一个政党、一种政见，更代表美国梦这个令全美人民无比自豪的价值观。2004 年，奥巴马竞选联邦参议员的时候说："美国依然是世界上最伟大的国家。这不是因为我们拥有强大的军事力量和雄厚的经济实力，而是因为这里的每一个孩子都能够真正不折不扣地实现自己的梦想。"奥巴马本人正是这样一个孩子。他没有显赫的出身，父亲在他两岁的时候就离开了他。在高中时代他的梦想是成为一个篮球运动员，他曾流浪街头、吸食大麻。靠自己的努力进入哈佛法学院，并成为《哈佛法学评论》第一任黑人主编。草根背景和不懈的奋斗史，让选民们更加相信奥巴马这个美国梦。这个价值观曾带给美国黄金般的过去，也成为美国度过不可捉摸的未来的希望。在任何一个危机当中，坚定已有价值观，坚定曾取得成功的价值观，就是坚定信念和信心。2006 年奥巴马出版了《无畏的希望》。和其他政客请人捉刀不同，奥巴马自传的每个字都是自己写的。与他的演讲一样，奥巴马的文字真实而充满个人魅力。自传中奥巴马展现了政治抱负，具有先见之明，在书中尽展美国梦。无畏的希望是不惧怕，不畏缩才能获得希望，这正是危机中人们所企盼的。不能忽视坚定的信念带给人们情感上的触动，更不能小看这种触动所带来的力量。在任何一个组织里，领导者的自信都不应仅仅来自于个人能力，而更应来自于他敢于承认自己的缺点，并用能力弥补缺点。奥巴马敢于承认他的不完美，就像从来不掩饰他的野心。2006 年，奥巴马在接受媒体访问时说："我为林登·约翰逊着迷，我身上有他的影子。那种如饥似渴的欲望，奥巴马用昔日政敌的光彩，证明了自己的胸怀，征服了更多旁观者甚至反对者的心。通过自己的声音，他给无声者以声音。通过自己的行动，他给脆弱者以勇气。不顾一切地赢得利益、获得满足、夺取成功、谋取支配权。我不知道哪个政客身上没有这种卑鄙龌龊的本性，但这并不是我的主要特点。另一方面，我清楚这也不是林肯的主要特点。他是一个善于思考的人。"奥巴马没有什么管理经验，这是他最被诟病的短处。同时，他没有任何外交经验，这让人对他的执政能力充满怀疑。每个领导者都会遇到前所未有、没有相关经验的难题，但是很多人选择了掩饰和逃避，奥巴马所做的是取人之长、补己之短。在战胜希拉里之后，他更显示出了用人上的睿智。对于外交的弱点，他通过挑选副总统来弥补，在获得民主党候选人提名之后，奥巴马选择了特拉华州联邦参议员乔·拜登为他的竞选伙伴。拜登以他的国际关系和国家安全经验而著称，时任在制定美国外交政策方面握有重权的参议院对外关系委员会主席。虽然拜登曾公开小看过奥巴马，但奥巴马并没在意。在挑选竞选伙伴时，奥巴马还称赞他"是一位能提供明智建议并能直言进谏的人士"。这种大度，更表现在他大选获胜后挑选希拉里出任国务卿。此一消息一经公布，媒体一片欢呼，这证明了奥巴马的大度自信，能把国家利益放在第一位。自信，但不自以为是。这是人们对奥巴马的个人评价。事实上，在任何一个组织里，领导者的自信都不应仅仅来自于个人能力，而更应来自于他敢于承认自己的缺点，并任用能弥补这个缺点的人。鲁迅早就揭示，人总是有缺陷的，倘要完人，天下配活的就很有限。

（二）永不言弃坚忍不拔的特质

领袖的工作是一项复杂而沉重的事务，困难与障碍在所难免。任何一个有崇高理想和坚定信念的领袖都要为实现其远大的目标而不懈地奋斗，在复杂的环境中，种种不足的因素和迅速变化的局势都可能会给领袖造成意想不到的困难和打击。

1. 大凡胜利者都坚忍而坚强

领袖的成功更多依赖的是在逆境中的恒心与忍耐力，而不仅是天赋与才华。布尔沃说："恒心与忍耐力是征服者的灵魂，它是人类反抗命运、个人反抗世界、灵魂反抗物质的最有力支持。"纵观历史画卷，敢于尝试的人比比皆是，最终登顶的却寥寥无几。缺乏恒心是大多数人最后失败的根源，没有恒心会让先前苦苦争到的成绩毁于一旦。人生犹如一盘棋，开局的盛气凌人，中盘的风调雨顺，没有恒心将优势保持到最后一秒，注定终将与胜利擦肩而过满盘皆输。拿破仑也曾说过："不会从失败中吸取教训的人，他们的成功之路是遥远的！"因此失败并不可怕，真正可怕的是不会从失败中吸取教训和经验，而后又轻言放弃。古希腊军事家色诺芬说："一个领导者必须以行动证明，在夏天能够忍受炎热，在冬天能够忍受寒冷；同时他还必须表明，他在困难的时候，至少能和下属们一样，也能忍受痛苦。"遇到困难挫折永不放弃是西点人的一个重要品格。西点军校对士官生的学术、体能和军事等方面定的标准很高，要达到要求，士官生必须有坚忍不拔的意志和坚定不移的信念。如果在多次尝试之后仍然达不到学校标准，学生将被要求退学。在 4 年中，西点士官生达不到学校要求而退学的比例高达 15%。理解士兵，换位思维，人们通常认为西点最大的闪光点就是没有任何借口，下级对上级指示绝对服从，将军一句话令行禁止。但是在西点访问得出的印象却远非如此，西点的教学中特别强调对士兵心理的理解的领导品格。领导力教学重点之一是要提高领导的情商，而在情商五要素中，情感换位能力又是领导力核心中的重点。情感换位的能力是能够对士兵的心理情感有准确的把握，而不要对其武断专横地发号施令。在培育领导者换位思维能力中，西点经常放的一部电影描述了北部联邦军队张伯伦将军在对待俘虏问题上的高度敏感性和情感换位能力，以致能够在南北军队决战时刻用个人的魅力把大批逃跑的俘虏吸引到自己的队伍中共同参战，最终取得了战役决定性的胜利。领袖具有坚强的意志，可直接带动整个集体的士气，意志的坚强是保证领袖事业成功的重要力量。只有那些遇到困难和挫折时，能够知难而上、无所畏惧、顽强拼搏的领袖才能不被眼前的困难和挫折所吓倒，以坚定信念斗志和不达目的誓不罢休的决心和勇气以求事业的成功。罗斯福是美国历史上一位具有坚强意志的领袖。1920年的一次游泳后，他的双腿突然麻痹，继而失去行走的能力，经受着身体上的痛苦和精神上的折磨。成为总统后，罗斯福在美国经济的危难时刻大刀阔斧地实行新政，挽救了美国经济。二战中的关键性决策又为他赢得了巨大的政治声誉，他打破了华盛顿开创的不连任三次的传统，连续四次登上美国总统的宝座。他以坚强的意志最终成就了非凡的事业。世上没有比脚更长的道路，没有比头更高的山峰。再长的道路只要勇敢地走下去，一定能到达目的。丘吉尔最后一次演讲，是在一所大学的结业典礼上。这一天，台下挤满听众，来聆听这位世纪伟人成功的秘诀。丘吉尔站上讲台，默默地注视台下一言不发，足足过了好几分钟，人们听到一个苍老而遥远的声音："坚持到底，永不放弃！"台下继续静悄悄，在等待这位伟人精彩的下文，可是丘吉尔恢复了沉默，一言不发，似是冥思，又如回忆，又过了几分钟，人们又听到那个遥远而苍老的声音："坚持到底、永不放弃！"而后，丘吉尔在听众注视的目光中，缓慢离去。这是丘吉尔的最后一次演讲。这次演讲被载入史册，为人们广为传诵。20 分钟的演讲丘吉尔只讲了两句相同的话，他以自己一生的经验告诉听众：其实成功根本没什么秘诀，如果说有秘诀的话就只有两个，一个是坚持到底、永不放弃，第二个仍然是坚持到底、永不放弃。

2. 大凡胜利者都孤独而执著

《圣经》上说："人哪！你为何摩拳擦掌？你为何这样急于求成？你要耐得住孤独，因为胜利的光耀就荫蔽在它的背后。"耐得住孤独是一种心境，一种智慧，是一种精神内涵积蓄的惊人力量。在领袖战胜困难的机会面前，如果遇到羁绊的藤蔓，就必须拿出战胜自我的气魄。只有自信主动、心态积极、坚持开发自己潜能的人，才能真正领会超越自我的含义。一件事情的失败无非意味着三种可能性：一是此路不通，需要另外开辟一条路；二是某处故障作怪，应该想办法解决；三是还差一两步，需要你作更多的探索。这三种可能性中的任何一种，都会引导走向成功。大多数机遇不是偶然的，而是自己努力追求的结果。莎士比亚曾说："假使我们自己将自己比做泥土，那就真要成为别人践踏的东西了"。很多人失败，通常是输给自己，而不是输给别人。因为自己如果不做自己的敌人，世界上就没有敌人。丘吉尔说过这样一句名言："悲观者，在每一个机会中看见困难；而乐观者，则在每一个困难中看见机会。"耐得住寂寞，无论处于人生的巅峰还是低谷。在领袖问鼎高峰的道路上，如果遇到丛生的荆棘，就必须拿出坚如磐石的意志。在领袖艰难跋涉的绵延长途中，如果遇到冷落的荒漠，就必须拿出韧如蒲草的耐力。许多成功人士在取得辉煌成就之前，曾经过了漫长的寂寞。发展心理学里有个著名的"糖果实验"，那些忍住诱惑的孩子，成年后在事业上更易成功。实验是这样的，美国心理学家瓦特·米伽尔给一些4岁的小孩子每人一颗非常好吃的软糖，同时告诉孩子们可以吃糖，如果马上吃，只能吃一颗；如果等20分钟，则能吃两颗。有些孩子急不可待，马上把糖吃掉了。另一些孩子却能等待对他们来说是无期的20分钟，为了使自己耐住性子，他们闭上眼睛不看糖，或头枕双臂、自言自语、唱歌，有的甚至睡着了，终于吃到了两颗糖。这个实验后来一直继续了下去，那些在他们几岁时就能等待吃两颗糖的孩子，到了青少年时期仍能等待，而不急于求成。而那些急不可待只吃了一颗糖的孩子，在青少年时期更容易有固执、优柔寡断和压抑等个性表现。当这些孩子长到上中学时，就会表现出某些明显的差异。对这些孩子的父母及教师的一次调查表明，在4岁时能以坚忍换得第二颗软糖的孩子常成为适应性较强，冒险精神较强，比较自信和独立的少年。而那些在早年经不起软糖诱惑的孩子则更可能成为孤僻、易受挫、固执的少年，往往屈从于压力并逃避挑战。研究人员在十几年以后再考察那些孩子的表现后发现，那些能够为获得更多的软糖而等待得更久的孩子要比那些缺乏耐心的孩子更容易获得成功，学习成绩相对好一些。在后来几十年的跟踪观察中，有耐心的孩子在事业上的表现也较为出色。1796年的一天，德国格丁根大学一名 19 岁的学生吃完晚饭，开始做导师单独布置给他的每天例行的三道数学题。像往常一样，前两道题目在两个小时内顺利地完成了。第三道题写在一张小纸条上，是要求只用圆规和一把没有刻度的直尺做出正 17 边形。青年做着做着，感到越来越吃力。开始，他还想，"也许导师见我每天的题目都做得很顺利，这次特意给我增加难度吧。"但时间一分一秒地过去了，第三道题竟毫无进展。青年绞尽脑汁，想不出解题的方法。这道难题反而激起了青年的斗志，一定要把它做出来，他拿起圆规和直尺，在纸上画着，尝试着用一些超常规的思路去寻求答案。终于，当窗口露出一丝曙光时，青年长舒了一口气，他做出了这道难题！见到导师时，青年感到有些内疚和自责。对导师说："您给我布置的第三道题我做了整整一个通宵，我辜负了您对我的栽培……"导师接过青年的作业一看，对青年说："这是你自己做出来的？"青年有些疑惑地看着激动不已的导师，回答道："当然，但是，我很笨，竟然花了整整一个通宵才做出来。"导师请青年坐下，取出圆规和直尺，在书桌上铺开纸，让青年当着他的面再做一遍。很快，青年做出了一个正17边形。导师激动地对青年说："你解开了一个有两千多年历史的数学悬案！阿基米德没有解出来，牛顿也没有解出来，你竟然一个晚上就解出来了！你真是天才！"多年以后，当这个青年回忆起这一幕时，总是说："如果有人告诉我，这是一道自古希腊时代以来有两千多年历史的数学难题，我不可能在一个晚上解决它。"这个仅用没有刻度的直尺与圆规，便构造出了正17边形的青年，就是高斯，他为欧氏几何提供了第一次重要的补充。高斯的成功，是个人天才的体现，更是战胜自身恐惧心理的典范，成败往往一念间。正如美国著名的潜能开发大师席勒有一句名言："任何一个苦难与挫折的背后，都有一个更大的祝福！"

（三）卓尔不群善于禀赋的特质

"顺境造就幸运儿，而逆境造就伟人。"吃得生命之苦，方有人生之甜。巨大的压力甚至深深的痛苦是实现目标过程中不可缺少的条件，更是发挥潜能的必要条件。压力与不屈结合之后，就形成了百折不挠的巨大力量。

1. 冒险与恒心是征服者的灵魂

领袖拥有敢于冒险的信心，就会永远向前。愿意冒个人风险的领导者通常都是冒险型的，敢于冒险会增加他们的魅力。领导者为实现共同理想准备承担的个人风险或所带来的个人损失越大，他们在值得完全依赖的意义上就越有魅力。成功没有那么多的理由，一个敢字道出了真谛，领袖靠的是别人不敢我敢的自信。冒险，在一些人眼中是不怎么光彩的名词。头脑简单者会给这个名词添上鲁莽的色彩，保守主义者更是会嘲笑它的危险，但领袖会将冒险作为通向成功的悬梯。纵览古今，成功的人是因为相信自己能够完成艰巨的任务，绝不会为出现的障碍挡住前进的勇气和步伐，只要去做万事都有可能。尽管任何事都有成与败的两面性，但连一丝风险都不愿承担的人，就没有资格去期望成功。当领袖摆脱一切羁绊，勇敢探索神秘的未知世界时，成功之门就已经打开了。领袖对民众心理的调动，危机时刻体现得明显，发挥出最大效果。二战初期，纳粹德军在苏德战场上快速纵深推进，苏联军队节节败退，初战损失严重。1941 年 7

月 15 日，德军攻下了苏联首都莫斯科的门户斯摩棱斯克，离莫斯科仅有 380 公里。9 月底德军启动代号"台风"的军事行动，以最精锐部队进攻莫斯科，企图一举攻下莫斯科，彻底摧毁苏联的抵抗意志，击败苏军主力，达到结束对苏战争的目的。斯大林留在莫斯科，亲自指挥保卫战，国防委员会宣布莫斯科戒严，号召首都人民誓死保卫莫斯科。苏共中央政治局、国防委员会、最高统帅部和总参谋部作战组一概不离开莫斯科。11 月 7 日，苏联在德军兵临莫斯科城下的生死存亡关头，冒着德军的炮火，在红场举行阅兵，纪念十月革命胜利 24 周年。列宁墓的讲台上传出斯大林那熟悉而充满号召力的声音："红军和红海军战士、指挥员和政治工作人员、男女游击队员同志们！全世界都注视着你们，把你们看做是能够消灭德国侵略者匪军的力量。处在德国侵略者压迫下的欧洲被奴役的各国人民都注视着你们，把你们看做是他们的解放者。"斯大林以坚定的声音说："伟大的解放使命已经落在你们的肩上。你们将不辜负这个使命！你们进行的战争是解放的战争、正义的战争！""让伟大的列宁的胜利旗帜引导你们，彻底粉碎德国侵略者！我们的任务就是把侵入我们祖国领土的所有德国人——占领者一个不剩地歼灭掉！"伴随着斯大林的讲话，革命歌曲响彻云霄，口号声、欢呼声连成一片，全场都在高呼："伟大的斯大林，乌拉！""伟大的苏维埃社会主义共和国，乌拉！"全副武装的苏联红军，迈着雄健的步伐从红场列宁墓前走过，接受了检阅，随后就从红场直接开赴前线。为了母亲祖国，为了首都莫斯科，他们义无反顾地踏上这条充满了血与火的征途。阅兵带给苏联红军战士和人民的鼓舞作用是不可估量的，当时斯大林曾说：这个非常时期的阅兵，不亚于增加几个师的军力。对于这次阅兵，英国《新闻纪事报》当时报道说："通往莫斯科的要冲鏖战正酣，莫斯科却组织了传统阅兵，这是英勇和无畏的榜样。"可以说，阅兵式的成功举办，沉重打击了德军的进攻意图，极大地激发了苏联人民的战斗意志。

2. 挫折和忍耐是征服者的良师

任何一项事业要取得成就总会遇到困难，遭受挫折甚至失败。学识上想有所创新，越深入难度越大。技术上想有所突破，越攀登险阻越多。著名科学家法拉第说："世人何尝知道：在那些通过科学研究工作者头脑里的思想和理论当中，有多少被他自己严格的批判、非难的考察，而默默地隐蔽地扼杀了。就是最有成就的科学家，他们得以实现的建议、希望、愿望以及初步的结论，也达不到十分之一。"就是说，世界上一些有突出贡献的科学家，他们成功与失败的比率是 1 : 10。因此，在迈向成功的道路上，经受失败的磨炼，是非常关键的问题。"艰难困苦，玉汝于成"。苦难对领袖的折磨，领袖成功的磨砺之苦，是摘取胜利成功的阶梯。巴尔扎克说过："苦难对于天才是一块垫脚石，对能干的人是一笔财富，对弱者是一个万丈深渊。"承受住了生活之苦，用苦难磨砺自己。倘若没有苦难，人不能体会到生命的真谛，更谈不上成功。东方的社会主义，西式的民主，历史惊人地相似，不同的文化背景领袖精神却如出一辙，在成为领袖的道路上，付出了怎样的代价，付出了怎样的努力，忍受了多少别人不能忍受的屈辱、憋闷、痛苦，有多少人愿意付出与他们一样的代价，获取与他们今天一样的成功？对一般人来说，忍耐是一种美德，对领袖来说，忍耐却是必修课。健全的领导必须富有忍耐德性，忍耐是最好美德，是坚定不移、勇敢又有勇气接受恶劣事情的梯级，使人能够渡过失败关头而不至于失败，能够时常高兴愉快地迎接看不见的事情。领袖的成功更多依赖的是在逆境中的恒心，而不仅是天赋与才华。布尔沃说："恒心与忍耐力是征服者的灵魂，它是人类反抗命运、个人反抗世界、灵魂反抗物质的最有力支持。"缺乏恒心是大多数人最后失败的根源，没有恒心会让先前苦苦争到的成绩毁于一旦，一切领域中的重大成就，无不与坚忍的品质有关。没有恒心将优势保持到最后一秒，注定与胜利擦肩而过满盘皆输。许多人拥有崇高的理想，许多人也曾在艰难中跋涉过，然而，大多数人却因路途坎坷而最终选择了放弃，以致行百里者半九十。刘墉曾经说："失败的时候你可以坐在地上，检讨自己为什么失败，也可以伤心落泪，但一边擦眼泪，一边站起身，准备再一次向前冲。"在人生的道路上，挫折与失败在所难免，当不幸突然降临的时候，当求职处处碰壁的时候，千万不要轻言放弃，否则就什么也得不到。再长的道路只要勇敢地走下去，一定能到达尽头。成功的道路上永远都充满着荆棘与坎坷！每一次失败都是走向成功的铺路石。辉煌是从超凡的毅力起步的。心中只有既定目标能抵得住各种诱惑的人，不仅能够赢得事业的成功，也会成为生活的强者。忍耐是考验一个人能否取得成功的试金石。成功人士在取得辉煌成就前，经过了漫长的寂寞。拿破仑也曾说过："不会从失败中吸取教训的人，他们的成功之路是遥远的！"因此失败并不可怕，真正可怕的是不会从失败中吸取教训和经验，而后又轻言放弃。日本松下电器驰名全球，但公司的总裁松下的一段经历却鲜为人知。松下年轻时，家庭很困难，靠他一人养家糊口。他到一家电器工厂去求职，厂方的负责人见他又瘦又小，衣着肮脏，不愿意接受就推托说："我们暂时不缺人，一个月以后你再来看看吧。"这本来是托辞，没想到一个月之后，松下又来了。那位负责人又借口说："现在有事，过几天再说吧。"过了几天松下真的来了。如此反复了好几次，那位负责人不得已说出了真心话："你这样脏兮兮的，是进不了我们工厂的。"于是松下回去后，借钱买了一套新衣服返回来。可是这人又说："你对电器知识了解得太少了，我们不能要你。"两个月后松下再次来到这家工厂说："我已经学了不少有关电器方面的知识，你看我哪方面还有差距，我一项一项地来补。"这位负责人盯着他看了半天才说："我主管人事工作已经几十年了，还是头一次遇到像你这样来找工作的，我真佩服你的耐心和韧劲。"结果松下成了那家工厂的一位员工，在以后的日子里，他又以其不懈的努力慢慢地成为一位非凡的人物。许多事告诉人们，坚持到底就是胜利。

3. 寂寞和痛苦是征服者的财富

耐得住寂寞是一个人思想灵魂修养的体现，是难能可贵的。人生中寂寞是难以摆脱的，它如同喜怒哀乐一样，时刻陪伴着我们。要正确看待寂寞，耐得住寂寞，其实容易，重点就取决于对寂寞的认识和追求胜利的动机。一个胸无大志、目光短浅的人，是决然耐不住寂寞的。假如有着尊贵的思想境界，有着追求事业的良好心态，就能够在纷繁混杂的生活中告别声色犬马，走出烦躁喧嚣的世界，真正静下心来，踏踏实实地干好工作，郑重认真地做好事业。耐得住寂寞是一种心境，一种智慧，是一种精神内涵积蓄的惊人力量。或许与寂寞为伴是痛苦的，但寂寞不是一首悲歌，而是一条向前的大河，在迂回波折中孕育出的开心才是人生真正的开心。耐得住寂寞的考验，就会对生活中的痛苦和开心有所感悟，精神灵魂就会得到升华，天然也学会享受寂寞，在寂寞中创出自己的一番成绩。成功的辉煌就隐藏在寂寞的背后。耐得住寂寞，无论处于人生的巅峰还是低谷，这句话正是对人生的最佳忠告。刘墉曾经说过："年轻人要过一段'潜水艇'似的生活，先短暂隐形，找寻目标，耐住寂寞，积蓄能量；日后方能毫无所惧，成功地'浮出水面'"。当划过了一段最艰苦的河道之后，我们常能感受到一种放舟千里的喜悦。"天将降大任于斯人也，必先苦其心志，劳其筋骨，饿其体肤，空乏其身，行拂乱其所为，所以动心忍性，增益其所不能。"不要将生命中的苦难视做洪水猛兽，贝弗里奇讲："人们最出色的工作往往在处于逆境的情况下做出。思想上的压力，甚至肉体上的痛苦都可能成为精神上的动力。很多杰出的伟人都曾遭受过心理上的打击及形形色色的困难。若非如此，他们也许不会付出超出群众所必需的那种劳动。"一面是永不动摇的勇气，一面是如履薄冰的谨慎。战胜挫折而不服输，忍受痛苦而不气馁，经受磨难而不垮塌，是必修的严峻的一课。1864年9月3日，寂静的斯德哥尔摩市郊，突然爆发出一阵震耳欲聋的巨响，滚滚的浓烟霎时间冲上天空，一股股火焰往上蹿。仅几分钟，一座工厂已荡然无存。火场旁站着一位三十多岁的年轻人，突如其来的惨祸和过分的刺激，已使他面无人色，浑身不住地颤抖着……这个大难不死的青年，就是后来闻名于世的诺贝尔。诺贝尔眼睁睁地看着自己所创建的硝酸甘油炸药的实验工作化为灰烬，人们从瓦砾中找出了五具尸体，其中一个是他正在大学读书的活泼可爱的小弟弟，另外四人也是和他朝夕相处的亲密助手。五具烧得焦烂的尸体，令人惨不忍睹。诺贝尔的母亲得知小儿子惨死的噩耗，悲痛欲绝。年老的父亲因太受刺激引起脑出血，从此半身瘫痪。然而，诺贝尔在失败和巨大的痛苦面前却没有动摇。惨案发生后，警察当局立即封锁了出事现场，并严禁诺贝尔恢复自己的工厂。人们像躲避瘟神一样避开他，再也没有人愿意出租土地让他进行如此危险的实验。困境并没有使诺贝尔退缩，几天以后，人们发现，在远离市

区的马拉仑湖，出现了一只巨大的平底驳船，驳船上
并没有装什么货物，而是摆满了各种设备，一个青年
人正全神贯注地进行一项神秘的实验。他就是在大爆
炸中死里逃生、被当地居民赶走了的诺贝尔。大无畏
的勇气往往令死神也望而却步。在令人心惊胆战的实
验中，诺贝尔没有连同他的驳船一起葬身鱼腹，而是
碰上了意外的机遇，他发明了雷管，雷管的发明是爆
炸学上的一项重大突破，随着当时许多欧洲国家工业
化进程的加快，开矿山、修铁路、凿隧道、挖运河都
需要炸药。于是人们又开始亲近诺贝尔了。他把实验
室从船上搬迁到斯德哥尔摩附近的温尔维特，正式建
立了第一座硝酸甘油工厂。接着，他又在德国的汉堡
等地建立了炸药公司。一时间，诺贝尔生产的炸药成
了抢手货，源源不断的订单从世界各地纷至沓来，诺
贝尔的财富与日俱增。然而，获得成功的诺贝尔并没
有摆脱灾难。不幸的消息接连不断地传来，在旧金
山，运载炸药的火车因震荡发生爆炸，火车被炸得七
零八落。德国一家著名工厂因搬运硝酸甘油时发生碰
撞而爆炸，整个工厂和附近的民房变成了一片废墟。
在巴拿马，一艘满载着硝酸甘油的轮船，在大西洋的
航行途中，因颠簸引起爆炸，整个轮船全部葬身大
海……一连串骇人听闻的消息，再次使人们对诺贝尔
望而生畏，甚至把他当成灾星。如果说前次灾难还是

小范围内的话，那么这一次他所遭受的已经是世界性的诅咒和驱逐了。诺贝尔又一次被人们抛弃了，甚至全世界的人都把自己应该承担的那份灾难给了他一个人。面对接踵而至的灾难和困境，诺贝尔没有一蹶不振，他身上所具有的毅力和恒心，对已选定的目标义无反顾，永不退缩。在奋斗的路上，他已习惯了与死神朝夕相伴，炸药的威力曾是那样不可一世，然而，大无畏的勇气和矢志不渝的恒心最终激发了心中的潜能，最终征服了炸药，吓退了死神。诺贝尔赢得了巨大的成功，他一生共获专利发明权 355 项。用自己的巨额财富创立的诺贝尔科学奖，被国际科学界视为一种至高无上的荣誉。诺贝尔用他一生的成就告诉我们：战胜敌人的人只能成为勇者，唯有能够战胜自己的人才可成为领袖。

（四）经世善治关心部署的特质

领袖从哪里来？领袖不会从天上掉下来。"从群众中来，到群众中去"的论述作了准确回答。毛泽东指出："在我党的一切实际工作中，凡属正确的领导，必须是从群众中来，到群众中去……如此无限循环，一次比一次地更正确、更生动、更丰富。"

1. 从群众中来宣布了领袖的诞生

人是不能唯出身论的，但领袖却不一样。不同的出身决定不同的领导理念、原则和方法。禅让的领导人就不同于委任的领导人，世袭的领导人也不同于选举的领导人，篡位的领导人同样不会同于打江山的领导人，这一点已为古今中外的领导活动实践所证明。领袖是从所处的时势中诞生的，但是，这更像他的发源地而不是他的诞生地，真正的领袖只能从群众中诞生。当然，领袖不会从群众中自然而然地诞生，还要借助超越和回归。领袖必须完成这跳出来，否则老是与群众相混，就成不了领袖。跳出来是从群众中超越出来。跳出来不是在时间空间上拉开距离，不是在认知上的，而是在心理实践上的。领袖的诞生仅有跳出来是不够的，还应该有回归。弗洛伊德指出，回归的实质是"重建各种人际关系"，找到"回到形式的集体形式中去的路"。领导的回归，是先回归到群众中，再通过群众去开展工作完成任务。从领袖的诞生中，集体是值得人们关注的，一个领袖总是需要集体，集体总是需要它的领袖，领袖与集体是共生的，也是互动的。领袖与集体的关系就是对立统一的关系。领袖的产生与集体构成是共生的，利益、价值、情感三位一体。社会灌输给人最初印象的领袖是英明、伟大、正确，领袖是一个历史范畴，集权的君主统治时代，一切以君主意志为转移，百姓自然把眼光瞄向了君主是否开明上，当君主意志与百姓意愿有所耦合，并带来些福祉时，百姓自然就视这样的君主英明。且对那些叱咤风云的人物情有独钟。人们推崇超人精英型领袖。在成者为王、败者为寇意念支配下，上演更多的却是成也萧何、败也萧何的闹剧。因为人不可能永远正确，一有闪失，前功尽弃，所以历史总是演绎许多惊人的相似。有句训条叫做"一失足成千古恨"，其实千古恨就是针对君主之类的人物。当今社会情境变化多端，知识更新急剧加快，领袖必须具有与凡人众生相区别的特质。领袖之所以获得追随者的神迷和盲从，除了存在着追随者个人的非理性成分外，究其根本还是因为领袖确实做出了超出一般人的业绩。领袖的魅力不是空穴来风、与生俱来的，也不是追随者完全凭空想象的结果。领袖只有通过生活中表现力量，才能获得和维持自身的权威。任何政治领袖的成功必须具备特定的社会基础和必要条件，缺少某种特定的社会基础和必要条件，任何政治领袖都不可能有所作为。领袖首先指那些伟大人物、非凡人物，大家关注焦点集中在非凡记忆、情感方式、品行特征、难以捉摸的性格和习惯等特质上。社会力量和环境作用对领袖的形成十分必要，社会结构因素最为重要，是领袖能诞生的决定性因素。

2. 到群众中去促进了领袖的成长

领袖是历史事件的当事人，历史事件的多样性，同领袖的个人特性密切相关，为当时社会发展所约束。领袖是事件的直接策划者和指挥者。因此，深深地打下了人物的烙印，反映出特殊的历史外观，展现出不同的历史形态。就一定历史时期一定历史事件而言，领袖人物起决定性作用，甚至改变了历史发展的局部面貌，正是这些形成造就了领袖，树立了领袖的权威。但从长期的历史发展看，历史人物只能使历史事件发生曲折或跳跃，不能决定历史发展的总方向。人民群众是物质财富和精神财富的创造者，是社会变革的决定力量，是推动历史发展的根本力量，领袖则是历史发展的助推器。罗荣桓元帅指出："人民群众是领导干部身上的血液，领导干部脱离了群众，生命就要枯竭。"一切为了群众，一切依靠群众，从群众中来，到群众中去，集中起来，坚持下去，这是我们党的根本工作路线，也是我们党的优良传统和优良作风。把群众路线坚持好、发扬好，这是我们党始终立于不败之地的根本保证。领袖起决策作用，而真正实施则是依靠部署，只有相信部署的工作能力，自己才能安心地做出决策。领袖构成的情感、人格和事业三位一体，很难想象一个人没有突破集体构成中情感联系的束缚，不具备独立自主的个体心理可以成为领袖，很难想象一个人没有形成领导人格可以称为领袖，很难想象一个人没有事业心可以作为领袖。弗洛伊德是在人格理论上有重要建树的学者，他的人格理论，不仅只是理论上的和认知的问题，而且也是人们通常能感受到和体验到的。娴熟运作的思维武器，是弗洛伊德的基本立场、方法和观点。源自弗洛伊德人格理论精髓实质的鲜明观照，但又不囿于弗洛伊德的论断，有更为广泛的学术包容性和探索的现实性。特别是对领导者人格形成的论述，他从人们身边习以为常的一些实事分析入手，认为领导人格的形成，是从对压抑的领悟开始的。而这种领悟的实质，是人格构成或人格形成的诸矛盾开始转化的第一个环节，也可以说是这个转化的最初的契机。由此带来整个人格的重组和人格发展方向的完全改变，这种转变是一次巨大的飞跃。过去，人们通常认为领袖是登上权力顶峰，取得辉煌业绩的人。对领袖的界定，没有突出权力大小，没有突出群众多少，甚至没有突出事业一定要成功，这就显得更具有平民性、更具有现实指导意义。美国作家普里尔著作《十九颗星》里记载了二战时任盟军最高统帅的艾森豪威尔为前方将士献血的故事：上周，盟军总部呼吁，前方急需 O 型血液，要求自愿献血。两天后，自愿献血的人都在门诊所前排队。有一个军官走进献血室，起初并没有人注意到他。他躺在一张担架床上，一名护士走过来，在他的胳膊上缚上了压脉器。邻床的一名士兵，无聊地左右张望，当他眼光回扫过来时，大吃一惊，旁边那个人竟是艾森豪威尔。门诊所的一名工作人员康拉德·西格林说："和其他美国兵一样，将军并不特殊。他进来抽完血，喝了杯咖啡就走了，就是这样。"一名排队等着抽血的士兵见到最高统帅出来，便对身旁的人说："哎，那个人的血是值得一争的。有了那个人的血，也许我就能成为将军了。"艾森豪威尔听到他的话，转过头来笑着说："如果真如此，我希望你不要继承我的坏脾气。"埃及前总统纳赛尔是一个质朴而谦虚的伟人，对自己要求很严格，处处为人表率。埃及革命后不久，纳赛尔任命亚历山大大学的一位教授为国家指导部部长助理。对此，在咖啡馆里的人们传言："选上他，因为他是纳赛尔的姐夫。"在一次记者招待会上，一位埃及记者问起了这件事。纳赛尔微笑着说："我愿意告诉你们，我以我没有姐妹来结束我的谈话。"纳赛尔竭力反对高级官员的裙带风，对袒护自己亲戚的人一贯严惩不贷，他对自己的亲戚也十分警惕。有一次，一家报纸登载了纳赛尔父亲的照片，纳赛尔见后当即打电话给报馆老板，斩钉截铁地说："我不喜欢在人们中间传播我父亲的消息，因为我害怕他乱来。我要我的父亲、兄弟都像普通人那样生活，不愿意我的地位使他们觉得有恃无恐，可以为所欲为。"从那以后，纳赛尔亲戚的照片就很少出现在报纸上了。在亚历山大有一位富有的法国太太遇到了麻烦，因为她违反了政府一个部门的规定。她去求纳赛尔的舅父从中斡旋。他的舅父真去调解了。于是那个部门的首席长官请示纳赛尔。纳赛尔尽管一直深深地爱着母亲，而舅父又是母亲的亲兄弟，但最后还是不徇私情，秉公而断，下令逮捕舅父，并把他投进了大牢。1956 年，埃及遭到英国、法国、以色列等国侵犯，纳赛尔的同伴和部属为他准备了一个隐藏室。典礼官对纳赛尔说："这个隐藏室十分坚固。"总统决定去看看。典礼官感到很兴奋，他告诉总统："总统阁下，它是一个能够承受若干吨炸弹轰炸的隐蔽所。"纳赛尔看了隐蔽室，闷闷不乐地质问典礼官："就是这个？它能够容纳 2500 万埃及人吗？我们怎么能够置随时可能遭到死亡和创伤威胁的 2500 万埃及人不顾，心安理得地躲在这里呢？修筑这个隐蔽室的那些工人应当在离开这里之前使它恢复原样。我应是第一个受到威胁的人，而不是最后一个。取消这种儿戏吧！"当纳赛尔外出履行公务时，他乘政府配给他的小车，但是，他从不乘公车去办私事，他自己有一辆私车。纳赛尔在外事活动中，一些国家政府和首脑会赠送他贵重的礼物，他都婉言谢绝。印度和巴基斯坦曾送给他一只装满礼品的箱子，里面全是珠宝，价值连城，令人眼花缭乱，还有四枝雪弗尔纯金笔。纳赛尔收下了一枝金笔，把其余的东西退了回去。但是外宾执意将东西又送了回来，总统便用它来救济穷人。

3. 在群众中善用众智之慧者必明

"自古英雄出少年"，领袖人格的形成从对压抑领悟开始的话，那么领袖事业的成功则从对矛盾领悟开始。只有领悟了矛盾，才能发现问题，抓住问题，找到解决问题的方法。人们一直在喊不拘一格降人才，而事实上"格"不是在减少，而是增多。从现实来看"格"，不是随系统的完善而减少，反而是随系统的完善而增加。当系统的"格"增加到一定程度，就要出现突破，这是既定系统的悲哀，却是人才成长的福音。人尽其才，才尽其用是领袖用人的战略思想，是领袖与人才和合共生、和谐共进的体现。它体现了领袖的容人之量、成人之胆。高明的领袖在用人实践中摸索出一条准则，对所用的人，要给予充分信任。信任是人的一种精神需求，是对人才的极大褒奖、安慰和激励。它可以给人以信心和力量，使人充分地发挥自己的才能。用人不能三心二意，如果用人多疑，则上不信下，下不信上，上下离心，以至于败。领袖不一定样样才干过人，但必须善于用人。凡重用众才之能者必兴，凡善聚众智之慧者必明。人的特长具有用进废退的性质，特长越是用它，越能发展，越能增进它的优势。领袖能用进废退，善于在使用中开发人的特长，挖掘人的特长，促进人的特长发展。通过使用，在实践中培植人的特长，养育人的特长，开发人的特长。一个艺术家的作品是从不同的角度去欣赏世界的结果，一个好领袖的凝聚力来自从不同方位去欣赏他的追随者的过程。领袖用人善于取长补短，把各种不同类型的专才或偏才组织成互补结构，任何人才，只有在集体中各显其长，互补其短，才能充分地发挥其作用。美国总统林肯曾经说过："我的生活经验使我深信，没有缺点的人往往优点也很少。"某刊物曾刊载这样一篇文章，题目叫"综合测评"，文中给了三个人的大致表现，问哪个人能造福全世界。候选人 A 笃信巫医和占卜家，有两个情妇，有多年的吸烟史，而且嗜好马提尼酒。候选人 B 曾经两次被赶出办公室，每天要到中午才肯起床，读大学时曾经吸食鸦片，每晚都要喝一夸脱的白兰地。候选人 C 曾是国家的战斗英雄，保持着素食的习惯，从不吸烟，只偶尔来点啤酒，年轻时没有做过什么违法的事。一般的人是不愿把票投给有那么多缺点的 A 和 B 的，而 C 则是比较理想的候选人。可文中给出的结果却绝对让所有的人瞠目，有缺点的 A 和 B 分别是美国总统罗斯福和英国首相丘吉尔。而那个没有多少缺点的人竟是臭名昭著的希特勒。罗斯福和丘吉尔之所以能成为杰出的领导者，绝不是因为上述缺点，而是因为他们的智慧和才能。心理相容是人才相互结合的前提，做到刚柔相济，快慢相宜，才不失默契。人才当中有多谋善断和领导才能强的人，称为指挥人才。有善解人意、忠诚积极、埋头苦干、任劳任怨的人，称为执行人才。有公道正派、铁面无私、熟悉业务、联系群众的人，称为监督人才。还有思想活跃、知识广博、综合分析力强、敢于坚持真理的人，称为参谋人才等。这些人如果孤立起来看，几乎都是偏才，但一经合理组合，各展所长，就成了全才。列宁说组织能使力量增加十倍。领袖的关键在于用人，得人才者得天下，失人才者失天下。敢不敢用人，敢不敢放权，体现了一个领袖的魄力。会不会用人，善不善用人，则体现了一个领袖的智慧。领袖的重要任务，就是选用合适的人，做合适的事，依托人才成就事业，用人的本领比个人的才智更关键。选人用人之道，博大精深，是所有立志于凝聚人心，干一番事业的人必须练就的本事。元帅和将领不用亲自冲锋陷阵，真正的才能在于调兵遣将、运筹帷幄。领袖只要善于汇聚众人的智慧，把各种各样的人用好，人尽其才，各尽其能，事业便可望兴旺发达。社会上各种人，个性、能力千差万别，有人胸襟广阔，有人心地狭小，有人处事平和，有人个性急躁，有人富于理性，有人感情用事，正所谓千人千面，千人千心，若是把好人当成坏人，或是把坏人当成好人，还会给事业带来损失。善于把恰当的工作分配给最恰当的人。用好下属，借人成事。钢铁大王卡耐基曾经亲自预先写好他自己的墓志铭："长眠于此地的人懂得在他的事业过程中起用比他自己更优秀的人。"领袖有一种特长，就是善于观察人，并能吸引才识过人的人士来合作，激发共同的力量，这是成功者最重要、最宝贵的用人经验。任何人如果在某项事业上获得巨大的成功，首要的条件是要有一种鉴别人才的眼光，能够识别出他人的优点，并在自己的事业道路上利用这些优点。所选的人才与你的才能相当，那么就好像用了两个人一样。如果所选的人才，尽管职位在下，但才能超过你，那么你用人的水平可算得上高人一等。领袖的过人之处还在于能够准确识人，准确识人方能发掘真正人才。庄子说过："凡人心险于山川，难有于知天。"晚清名臣曾国藩产生中流砥柱的作用，与他善于发现使用培养和管理人才，有着十分重要的关系。曾国藩把自己的识人用人之道概括为八个字：广收、慎用、勤教、严绳。关于曾国藩识人有一个令后人赞叹不已的故事：李鸿章向恩师曾国藩推荐了三个年轻人，曾国藩让这三人在庭院里等了很长时间。然后自己悄悄走了过去，悄悄在离他们不远处的地方停了下来，暗暗观察这几个人。大厅前的庭院里三个年轻人都站着，炎炎夏日，长衫已经汗湿一片。一个人不停地用眼睛观察着房屋内的摆设，似乎在思考着什么；另外一个则低着头规矩地站在庭院里；剩下的那个相貌平庸，却气宇轩昂，背负双手，仰头看着天上的浮云。曾国藩又观察了好一会儿，看云的年轻人仍旧气定神闲地在院子里独自欣赏美景，而另外两个人已经颇有微词。曾国藩又继续观察了一会，才悄悄回到房间，传令召见。三个年轻人一齐来到客厅里，曾国藩微笑着请他们坐下，和他们攀谈起来。曾国藩发现，不停打量自己客厅摆设的那个年轻人和自己谈话最投机，自己的喜好习惯他似乎都早已熟悉，两人相谈甚欢。相形之下，另外两人口才就逊色多了。不过那个抬头看云的年轻人虽然口才一般，却常常有惊人之谈，对事对人都很有自己的看法，只是说话过直，让曾国藩有些尴尬。谈完话之后，三人起身告辞。曾国藩待他们离开之后，立刻吩咐手下对三个人安排职位。出人意料的是，与曾国藩谈得最投机的年轻人只安了个有名无权的虚职。很少说话的那个年轻人则被派去管理钱粮马草。最让人惊奇的是，那个仰头看云，偶尔顶撞曾国藩的年轻人被派去军前效力，他还再三叮嘱下属，这个年轻人要重点培养。面对大家的疑惑，曾国藩哈哈大笑，说出了用人秘诀："第一个年轻人在庭院里等待的时候，便用心打量大厅的摆设，刚才他与我说话的时候，明显看得出来他对很多东西不甚精通，只是投我所好罢了，而且他在背后发牢骚发得最厉害，见了我之后却最恭敬，由此可见，此人表里不一，善于钻营，有才无德，不足托付大事。第二个年轻人遇事唯唯诺诺，谨小慎微，沉稳有余，魄力不足，只能做一个刀笔吏。最后一个年轻人，在庭院里等待了那么长的时间，却不焦不躁，竟然还有心情仰观浮云，就这一份从容淡定，便是少有的大将风度，更难能可贵的是，面对显贵他能不卑不亢地说出自己的想法，而且很有见地，这是少有的人才啊。"曾国藩一席话说得众人称是。"这个年轻人日后必成大器！不过，他性情耿直，很可能会招来口舌是非。"说完，曾国藩不由得一声叹息。那个仰头看云的年轻人没有辜负曾国藩的厚望，在后来的一系列征战中迅速脱颖而出，受到了军政两界的关注，并因为战功显赫被册封了爵位。不仅如此，他还在垂暮之年，毅然复出，率领台湾居民重创法国侵略军，从而扬名中外。他便是台湾首任巡抚刘铭传。不过，正如曾国藩所言，性情耿直的刘铭传后来被小人中伤，黯然离开了台湾。曾国藩为政四十年，幕僚共计四百多人，大部分都被他培养、推荐为朝廷、军队和地方的高级干部，左宗棠、李鸿章、彭玉麟等众多名臣就是其中的佼佼者。

（五）平衡工作真诚生活的特质

社会发展实践告诉人们，人类需要告别超人时代，走进领袖平民化的时代。华盛顿和丘吉尔时代的人民，20世纪后几十年兴起的团队式领导模式，为这样的选择在推波助澜，制度化法理化社会更需要这样的选择。

1. 不张扬是领袖的一种气质

俗话说"阎王好过，小鬼难搪"，说的是大领导德高望重、礼贤下士，而一些小人物却趾高气扬、恶语伤人。生活中，真正的领袖不是靠摆谱来体现权威。艾森豪威尔1942年11月7日宣布由他担任盟军总司令时，他坚持战场的公报不要标明他的姓名。担任盟军进攻欧洲的最高统帅时，他指示从总部发布的新闻要注明"盟军总部"或是"盟军最高指挥部"，而不是"艾森豪威尔将军的总部"。开战的时候，有一大堆战地记者聚集到他的总部，艾森豪威尔将这堆人分到每个主要发行点只留一名代表。有位记者说，一位将军坚持缩减报道篇幅颇不寻常。艾森豪威尔对于照片也采相同看法，他的观念是，他在报纸和杂志中出现得越少越好。战争期间唯有两次机会，他不得不坐下来让人画像，而且是由某高层人士的个人坚持，他才肯这么做。当他帮助别人的时候，他不希望因此得到称赞。有个在1939年加入英国皇家空军担任战斗飞行员的美国人，在一次任务中受了重伤回来。在医院时，他的生还机会还不确定，他要求调回美国陆军航空队。这是一段温馨且感人的故事。当艾森豪威尔知道这位飞行员的希望时，他立即答应这个要求，但是他坚持这次的调职应归于欧洲战场总部，而不是他自己。"我不要个人的功劳，"他说，"尤其是以这位不幸飞行员所付出的代价。"欧洲的战事于1945年5月结束。受降文件一一签署后，艾森豪威尔的幕僚为最高统帅准备许多胜利消息的草稿，预备向全世界宣告。艾森豪威尔以"盟军的任务于1945年5月7日当地时间凌晨两点四十一分完成"。消息的简单化正符合自己特性，他并没有利用机会为自己造势。从欧洲获胜回到美国以后，他要求官方的活动减到最少，最好自己去钓鱼。他在战争后的演讲中不时强调"我的职位只不过是一种象征，我不是个英雄"。"军事专业能力及领袖气质的力量，"艾森豪威尔后来在他的回忆录中写道，"向来是高阶军官所必备，但也常因不幸的领袖气质而毁，最常见也最具破坏性的领袖气质，就是过于明显渴望得到大众的喝彩，及幻想达到这种目的力量是来自傲慢和难缠的行为表现。有个军人曾说过，对自己能力有信心的人不须骑上一匹马。" 1970年11月9日，戴高乐由于心脏病发作猝然去世，遗嘱是早就写好并密封起来的，离世后遗嘱被公布了，内容是："我希望在科龙贝教堂举行葬礼。如果我死于别处，我的遗体必须运回家乡，不必举行任何公祭。" "我的坟墓必须是我女儿安娜安葬的地方，日后我的夫人也要安息在那里。墓碑只写夏尔·戴高乐（1890—　）。" "葬礼要由我的儿子、女儿和儿媳在我私人助手的帮助下安排，仪式必须极其简单。我不希望举行国葬。不要总统、部长、议会代表团和公共团体参加。只有武装部队可以以武装部队的身份正式参加，但参加的人数不必很多。不要乐队演奏，也不要军号。不要在教堂或其他地方发表演讲。国会里不要致悼词。举行葬礼时，除我的家庭成员以及我的解放功勋战友和科龙贝市议会成员之外，不要留别的位子。法国的男女同胞如果愿意的话，可以陪送我的遗体到达它的最后安息之地，以给我的身后遗名增光。但我希望要静默地把我的遗体送到墓地。" "我声明，我事先拒绝接受我的任何称号、晋升、荣誉和勋章，不论是法国的还是外国的。授予我任何一项，都将违背我的最后愿望。"1983年美国总统里根的办公室里请来了一位小客人。他叫比利，只有7岁。比利患了一种绝症，医生说他不会活过10岁。小比利心中有一个想当美国总统的美好梦，里根得知后，决定让小比利当一天美国总统，而自己做这位"小总统"的助手。里根向"小总统"详细介绍了日常工作和职务范围，随后就忠实地侍候在小比利的身边。部下呈上的文件，"小总统"都请里根参加讨论，取得一致意见后，请里根代签并盖章。在办公之余，里根与"小总统"进行了友好的交谈。里根告诉比利，他自己7岁时，只梦想成为一名消防队长，还未曾想到过当总统。里根对待小孩子的趣事，显示出他的非凡之处。

2. 生活俭朴乐于为人的本质

领袖人物公正透明表里如一，讲原则守信用，不因人设事，只因事而用人，能虚心听取来自四面八方的声音，甚至来自于反对派或不同政党之间的意见，凡是为最大多数人民群众谋利益的事，就坚决去做，而且要做好。秉公就一定不能偏私，不能以领袖个人的好恶随意地执行和使用国家和人民赋予的最高权力，领袖更不能利用手中的权力，为自己牟私利。亲情是一道越不过去的坎。然而共和国的领袖们却以其自身的大智慧，在亲情面前公私分明，成为人民共和国廉洁的风范。毛泽东对于有困难的亲朋好友，总是给予无私的关怀与帮助。但这种关怀总有一把看不见的尺子，从不离开某个度。毛泽东有八个表兄弟，相互之间关系都很好。新中国成立后，毛泽东曾多次给他们写信，寄钱寄物，并接他们到北京。但当他们提出要毛泽东推荐介绍到北京工作时，毛泽东都未答应，他说这样做"人民会说话的"。毛泽东一直关照杨开慧的家人，杨开慧的哥哥杨开智，建国初期曾抱了很大的希望给毛泽东写信，毛泽东的回信则是"不要有任何奢望，一切按正常规矩办理"，既感人又不失原则。对待子女，毛泽东要求他们与老百姓一样，不允许搞特殊化，他常说的一句话是"谁叫你是毛泽东的儿女呢？"无论是对待毛岸英的婚姻问题，还是对李讷上学往返、住校、吃饭等问题，都是这一句话。毛泽东终生保持着相当节俭的生活习惯。他不仅是一支钢笔不舍得丢掉，一块手表不舍得换新，一双袜子补了又补，一件睡衣打了73个补丁。这件睡衣陈列在韶山毛泽东遗物纪念馆，所有人看了之后无不感慨万分。毛泽东对穿着的要求十分随便，但随便中包含着严谨。在款式上喜欢穿宽松肥大的衣服，酷爱灰色。毛泽东在穿着方面有着鲜明的个性特征。1962年埃德加·斯诺在中南海再一次见到毛泽东时就这样描述到："他身穿一件领子扣紧的素色深灰呢料质地大衣，相同质料的裤子，毛的皮鞋已经需要擦油了，一双纱袜松松地掉到了脚踝上。"毛泽东在接待外宾时，卫士长李银桥总要事先提醒：主席坐在沙发上要收回腿，一伸脚就会露馅了。在饮食上长期坚持党的艰苦奋斗优良传统，毫无半点奢侈浪费之气。饮食习性全然与平民百姓无异。卫士把大米、面粉、蔬菜、辣椒和油盐酱醋茶细细一算，认为每天开销不能低于3元。毛泽东接过菜单一看，蹙紧眉头说：3元钱填饱肚子是不是太高喽，卫士说3块钱还要招待客人，实在低得不能再低了，毛泽东才在菜单上批了"照办"二字。他没有专门餐厅，有时由卫士把饭端到办公桌上或卧室里吃。对于辣椒，则是每餐必备，以致到了无辣不下饭的程度。他认为辣椒不仅营养丰富，而且有开胃进食、祛病延年之功效。但到晚年，因患有多种疾病，特别是脑系科病，他对辣椒不能随心所欲吃了，便由服务员用筷子蘸一点往嘴里一抿。对此，他总是高兴地说："好香，一直辣到脚尖了。"进餐时常联想起国家和人民的利益，保持着艰苦奋斗的作风。吃饭时从不许碗里剩下一颗饭粒，碗沿碗底吃得干干净净，若掉了饭粒和菜叶到桌上，总要夹起来往嘴里送。他使用筷子极有功夫，即便掉了一粒小饭，也能夹起来。他说浪费粮食是最大的可耻，要知盘中餐，粒粒皆辛苦。有一次，一名工作人员回农村探亲，毛泽东叫他把农民吃的饭带来，结果带回来的是糠窝头。毛泽东刚吃一口，眼圈就红了，湿漉漉地闪着泪花。他把身边的工作人员全部叫来，要大家都必须吃，每人一个。那窝头快要馊了，糠皮粗糙得能划破嘴。毛泽东带头吃了一个，对大家说：这是农民吃的饭，你们要比比自己平时吃的饭，要将心比心呀！最后一句话毛泽东拖长声音说得很重。那期间由于长时间营养跟不上，毛泽东腿脚一按便是一个窝，浮肿得很厉害，连布鞋都穿不进。周恩来劝说：主席吃一口猪肉吧，请你为全党全国人民的利益吃一口肉吧。毛泽东摇头，后来医生强行要厨房搞几个有营养的菜，毛泽东看到桌上有一两个好菜，就习惯地敲敲碗盘感叹两句：什么时候农民也能吃上我这样的饭菜，那就不得了啦，那就太好啦！有一次湖北云丹农民，为了感谢共产党和毛主席，将当地生产的被历代王朝规定的贡米50斤寄往中南海，送给毛泽东。没想到一个月后，他们竟收到毛泽东寄的米钱和一封信。信中说："米钱寄上，以后再不要向中央领导人寄赠任何物资，这是我们党的纪律所不能容许的。"消息传出，人们深受感动。在领袖人物中，有些始终保持着平凡和平民的作风，非洲布基纳法索前总统桑卡拉在任期间，家产只有一处以分期付款方式购买的平常住宅，在该国属中等水平。他家里有一部电视机，一个冷藏柜，一台坏了的冰箱。有两辆比赛用的自行车，另外，还有一辆旧日产小轿车，是政府供他上班用的。这些家产对一般家庭来说，也是相当寒碜的。有人曾多次表示要改善一下总统生活条件，均被桑卡拉以"人民尚不富裕，总统何谈享受"为由坚决拒绝了。桑卡拉之所以安贫乐道，是因为他决心以身作则来推动全国的为政清廉运动。1983年，桑卡拉上台，雷厉风行地严惩了贪官污吏，下令成立了"全国反贪污委员会"，组织了强有力的班子，重点审查从中央到地方各级官吏的贪污、走私、受贿等经济案件。他本人以身作则，为全国表率。有人赠给他4辆不同型号的豪华小轿车，他全部交公。有人塞给他钱，数额甚巨，也原封不动地交给政府。最令人折服的是，这位总统不仅不义之财分文不取，而且还将分内之财的巨额职务津贴主动放弃，不止一次自减已十分微薄的薪水，与民同甘共苦。他当了总统以后，他的夫人上班仍然乘一辆破旧的日本小汽车，并在丈夫支持下谢绝了一家公司总经理的任命。在他们夫妇的带动下，部长上下班都坐西德赠送的"大众"牌小型轿车。部长在节假日走访亲友一律不得动用公务车，且车内不安装收录机和空调设备。为防止政府官员利用政治权力攫取经济上的额外收益，布基纳法索还采取了两项措施：一是实行财产登记。政府成员的个人私产，包括家里养的猫、狗，都要进行申报，并在报纸上公布。桑卡拉率先进行了申报。家产公布后，全国人民都惊呼："桑卡拉是一个穷总统。"二是禁止官员经商，防止官员以权经商，牟取暴利。由于桑卡拉在位时廉政措施得力，法制严明，加之采取了发展经济的正确措施，这个地处西非内陆，自然条件极差的小而穷的国家取得了可喜的经济成就，人民生活水平也有了较大的提高，成为撒哈拉以南非洲少见的经济增长高于人口增长的国家。

3. 健康心理争强好胜的体质

健康的体魄和心理素质，是领袖政治人格形成的基本前提。它为领袖坚毅、果断、大度等优秀政治人格形成提供了可能性。领袖必须具备良好的生理素质，才能形成完美的政治人格。生理因素主要包括遗传、体格与体型、性别等因素。正是由于基因组成的千差万别和基因表现的多态性，使每一个人都具有自身独有的特征，从而影响着人们从事某种活动的选择及能力。如体格健壮者，往往外向活跃，积极进取。而体格虚弱者，则表现得较为内向胆怯。其中，遗传在生理因素中起着特殊的作用，决定着人的体格、气质、性格等，这是一个人与生俱来的。但后天的锻炼是不容忽视的，年轻时代的毛泽东主张野蛮其体魄，文明其精神，乃期望于千千万万健康的个体汇织成屹立不倒的巨人。人生的健康与体育特别是年轻时的体育运动紧密相关。毛泽东存世有三张打乒乓球的照片，最早的一张应拍于 1947 年早春，即陕北转战前夕，不过一年多后就将与蒋介石数百万军队进行三大战役决战了。那时生活物资极度匮乏，又生产，又打仗。毛泽东每天日理万机，但他并未忘记锻炼身体，以此保持高度的革命乐观主义精神和强健的身体。后勤部的木匠师傅动手找来弹性较好的木材，做成又能打球又能开会的一对桌子，自己织网又做支架。乒乓球正好由缴获敌人的物资中获得几盒，也有从上海、北京等大城市来的学生和海外华侨带来的。那是大雪后的一天，虽然太阳被薄云遮住，树上、墙上和砖沿上都挂满了雪，四周白皑皑银光反射，所以光线挺不错。在王家坪毛主席开会的窑洞前，战士们清扫了积雪的院子，支上了土球台，特别请毛主席出来打打球，呼吸呼吸新鲜空气，活动活动疲惫的脑子和筋骨。走出窑洞的毛泽东头戴棉帽身着棉衣，就忙着和警卫战士开始打球。第二张拍摄于上海住所，毛主席正横握球拍，笑呵呵地击球，这一张广为人们所熟知。第三张是 1962 年摄于武汉东湖，身着标准灰色中山服的毛主席刚刚放下批阅的文件和书籍，他路过走廊上摆放的墨绿色、标准国产红双喜球台旁，在服务人员邀请下又兴致盎然地拿起著名的红双喜双面海绵加正胶的球拍，这次毛主席一改延安的直握法，横握"大刀"了。他左推右挡击打过来的球，当左边来球又低又快时，老人家还低下身子去侧身救球，球高了还猛地抽杀一番，打上了两边观众鼓掌欢呼，打不着他也笑着摇摇头，遗憾自己练得少，球才会不断出界和下网。20世纪60年代初，北京举行建国以来第一个世界级体育比赛第26届世乒赛，中国取得了前所未有的辉煌战果，夺取了三项世界冠军。毛泽东非常高兴，暑期特地邀请全体乒乓健儿到北戴河海滨休息，在所住别墅还兴致勃勃地观看男女选手的精彩表演。第28届世乒赛，中国队再接再厉一举夺得了五个冠军。中国队凯旋后，毛主席在贺龙陪同下零距离仔细观看了从外国人手里夺回的五个银光闪亮的奖杯。70年代初，在日本举行第31届世乒赛，毛主席用他的巨手，把小小银球"打"到了大西洋彼岸的美国。他特别邀请了美国等五国乒乓球运动员访华，从此打开了中美20多年冰冻的政治僵局，引来了1972年初春，美国总统尼克松走进了中南海毛主席的书房。此举震惊了世界，留下了"小球拨动大球"的千古佳话。毛泽东非常注重这方面的锻炼，在晚年时期，仍然畅游长江。其实，这就是一种品质的磨炼。鲜为人知的是，日理万机的首任共和国总理周恩来居住办公的中南海西花厅，在办公室走廊里也摆放了一张乒乓球台。他一天通常工作 16 个小时左右，累得常常握着笔就睡着了。所以在"文革"以前，秘书、警卫还有邓大姐总是把他拉出来打一会儿乒乓球，好让他休息休息头脑，活动活动身躯。他青年时代在南开上学，那时乒乓球刚刚传入中国不久，他打过几次，有点基础。但他的右臂在延安骑马时摔伤，伸屈不够自如，但他还是能执拍上阵沉稳回球。星期天，客人和孩子们来时，当时的卫士长杨德中和秘书班子都示意他们要硬拉总理出来打一会儿，哪怕运动个十来分钟，能休息一下再工作也好啊！里根是一个竞技体育的热爱者。在《里根自传》里回忆说："那些关于大学生活的书籍，以及关于名牌大学中的生活和橄榄球比赛的激动人心的故事，在我心中形成了我众多梦想中的第一个梦想。我把这些故事读了又读，并且开始梦想我在大学校园里，穿着校服，甚至成为足球队里的明星人物。"里根自传中贯穿了许多关于体育竞技、不良习惯、疾病和健康方面的内容。也许正是由竞技体育激发出来的斗志，使得原本对政治家这一职业毫无兴趣也未曾有一点经历的里根，在"国家已经骚动不安，纷乱像野火一样蔓延开来"的背景下，由于众多人的期望和压力而被迫参加加州的州长竞选，并且出手不凡，成了一位平民政治家。多年后，在他准备过退休生活时又在期待和压力下被迫参与总统竞选并一直干到 77 岁。竞技体育可以教给人们许多哲理。罗斯福在 1933 年的话就对里根很有启迪："每当我准备击球时我不指望棒棒击中，我所追求的是可能击中球的最高平均值"。野蛮其体魄，目的在于文明其精神，否则，将是有害的。对此，里根深有感触。这个竞技体育的热爱者在竞选总统时深知将面临自己的年龄问题。"因为如果在 1980 年当选为总统，在就职仪式后不久就满 70 岁了。那将是美国有史以来年龄最大的总统。事实上，我觉得我才 39 岁或者更年轻，和过去比较起来，我没有任何不同或更老的感觉，但我意识到压力必然会集中到我的年龄问题上"。"一天又一天，我们从早到晚在大雪覆盖的高速公路上奔跑，我对每一个愿意听我说的人演说，然后回到车上开往另一个地方，很少在午夜之前睡觉"。结果里根大获全胜。当上总统后的里根，仍然坚持用不少时间锻炼身体："我穿上运动服，到一间我们已将其变成健身房的客房里锻炼身体，练上差不多一个半小时"。良好的身体为里根的八年执政奠定了基础。卡内基在《人性的弱点》中进一步补充说明，竞技体育是激发人的斗志和促进各种事业成功的非常重要的原因之一："争强好胜的欲望加上挑战的心理，对一个血气方刚的人来说，是一种最有效的激励方法。任何一个成功的人，酷爱竞争。因为正是在竞争中，才能更充分地表现自己，证明自己的价值和能力。所以，世界上有各种各样的竞技比赛，这些比赛都是为了满足人类争强好胜的欲望，和渴望受到别人的重视。"家庭是领袖政治人格生成的基础环境，是人格塑造的摇篮。一个人做人的原则、性格的培养、能力的提高，无不受到家庭环境的影响。良好的家庭氛围对于人的成长具有重要的作用。和谐、民主、充满亲情味的家庭会使孩子富有包容心、同情心，为人刚正不阿，同时也激发了孩子平等、独立的意识。英国前首相布莱尔及其全家都是大大小小媒体关注的对象。也许正因为这一点，布莱尔特别注重保护孩子的隐私。为了让自己的4个孩子在正常的环境下成长，布莱尔使出了浑身解数。2000年，布莱尔最小的孩子里奥出生前，很多媒体已经为独家拍摄婴儿的第一张照片展开了激烈的竞争，甚至有媒体愿意用6位数字的金额赢得独家拍摄权。但布莱尔坚决拒绝新闻媒体为孩子拍照，不想让媒体介入他们的生活。最后，他雇了一名摄影师来拍第四个孩子诞生后的照片以及全家福，然后免费散发。普京在对女儿的教育问题上，很擅长放权。看起来很严肃的他从来不会向她们强加某些东西，从不询问她们考了多少分，不会在她们厌倦的时候强迫她们上学，而是让她们的个性得以自由发展。他的两个女儿都认为有这样的老爸非常幸运。普京的妻子柳德米娜曾经透露，普京从不反对她教育子女的方法，总是习惯于提出一些方向性意见，并说这只是他的个人建议，具体的决定都由她来做。在孩子的学习和休息方面，普京从不吝惜钱财。当然，在普京和妻子的巧妙管理下，两个女儿都非常争气，学习成绩优秀，掌握了三门语言，还对中国武术颇有兴趣。

领袖的力量，源自人性的魅力和号召力。

成功的秘诀始于爱，也终于爱。领袖在起伏万变中把握着主线，在大象无形中掌握着有形，在饱满的热情中体现着爱的情感。

第八章　领袖魅力

（一）领袖魅力在于人格

领袖引领追随者，靠的是强大的人格魅力。"魅力"源于希腊语，意思为"天赋"。在《圣经》中所描述的魅力天赋包括预言、统治、教化、传道、睿智以及净化等。魅力发诸内而形于外，是领袖光环上耀眼的明珠。古今中外杰出领袖凡在历史画卷中留下重彩的，无一不具备卓越的人格魅力。

1. 人格至高无上

人格是一个涉及多种学科，有多种含义的概念。伦理学上主要是指人品，心理学上主要指个性特征，包括人的气质、性格、思维方式和行为方式等方面的特点。总之，人格是一个人个性、气质、道德等基本特征的总和，是身心统一、内外统一的整体。领袖人格魅力是高尚修养和追求的自然流露，它构成的吸引力和辐射力，是领袖品格、真诚、智慧和才能凝结的巨大力量。戴高乐说："那些具有品格的人会放射出磁石般的力量，对于追随他们的人来说，他们是最终目标的象征，是希望的象征。"魅力型统治，是建立在献身于某个人以及由他所默示和创立制度的神圣性、英雄气概或楷模样板的基础之上。人们服从具有魅力素质的领导者，相信这种魅力，由于个人信赖默示、英雄主义和楷模榜样而服从他。魅力能体现领袖人物超越凡俗的品质，不同凡响的气质、人品、性格、学识、智慧和能力，可能是凡人不能理解的神授魔力。魅力即"神鬼莫测"之力。魅力被视为具有超自然的、超人的、他人无法企及的力量，或被视为由神灵差遣，或被视为楷模，因此也被视为领袖。魅力型领导表现为领导者强调共同的愿景与价值观，促进共享意识，展现理想的行为模式，以及展示自信、勇敢、坚决、乐观、革新意识的形象。领袖魅力具有三项特质，即极高的自信、支配力以及对自己信仰的坚定信念。魅力型权威建立在非凡人格、英雄气概、创业奇迹的基础上，来自对领袖个人魅力的崇拜。领袖魅力能使下属完成不寻常的任务。马克斯·韦伯解释是指一个人所具有的被视为非凡的品质。它体现为预言家、精通医术或法术的智者、狩猎的首领或战争的英雄身上的那种魔力。美国著名女诗人西尔维娅·普拉斯曾经说过："魅力有一种能使人开颜、消怒，并且悦人和迷人的神秘品质。它不像水龙头那样随开随关，突然迸发。它像根丝巧妙地编织在性格里，它闪闪发光，光明灿烂，经久不灭"。人类历史上的许多伟大领袖，都具备极强的人格魅力，正是这样的人格魅力让他们的领袖之路长青。毛泽东一生奋斗不息，自小就有革命理想，13 岁时就认识到"天下兴亡，匹夫有责"。1910 年 7 月，毛泽东离家到东山高等学堂读书。临行前，他将一首诗留给父亲："孩儿立志出乡关，学不成名誓不还，埋骨何须桑梓地，人生无处不青山。"诗中非常强烈地抒发了他为国家、为理想外出求学的抱负与心情。在东山高等学堂学习时，他博览群书，对中外历史上的伟大人物无比敬仰和崇敬，决心以天下为己任，以改造社会、改造人民生活为大业。在青年时代，他就向苍茫大地宣告了"谁主沉浮"的宏大理想，对中国历史上至大至刚的英雄，极为推崇。推崇朱自清"宁可饿死，不领美国的救济粮"的气节。1935 年 10 月，红军经过艰苦卓绝的长征即将到达陕北，毛泽东于岷山之巅遥望奔腾起伏的昆仑群峰，激情浩荡，挥笔写下"太平世界，环球同此凉热"的豪情。毛泽东的人格无论从伦理的还是从心理的角度看，都具有丰富的内容，是成就伟大事业的重要条件。解放战争时期，他提出了"原子弹和一切反动派都是纸老虎"的论断。建国后，毛泽东作为党和国家的最高领导人，自觉地维护中华民族的尊严，从不向帝国主义、霸权主义屈服，从不向强势力、恶势力屈服。斯大林要毛泽东在中国划出一块地方给他们建立橡胶种植园，赫鲁晓夫蛮横地要求和中国建立联合舰队，妄图控制中国的领海、领空等，都遭到了毛泽东的坚决反对和严词拒绝。强烈的民族意识和崇高的民族气节，体现了毛泽东至高无上的人格，真正成为中华民族之魂，这正是毛泽东顽强斗争意志的源泉。在毛泽东的一生中，他不怕恐吓，不怕高压，不怕困难。顽强的斗争意志，是他事业成功的内在因素，是他伟大人格的重要体现。毛泽东的领袖气魄逐渐展示在人们面前，他的大智大勇征服了人心，而毛泽东的领袖人格，也凝练为一种人格力量。人们由衷地佩服他，并转化为心理内驱力，自觉自愿、主动地服从他的领导，毛泽东的人格魅力继续被人们接受，他为革命事业制定正确的战略路线，引导中国革命不断从胜利走向新的胜利。

2. 人格崇高优美

歌德曾认为，美有两种，即崇高感和优美感。人格之美是崇高之美，人格的力量巨大，它是领袖魅力的核心。它不是建立在权力的基础上，而是下属心理认同产生的崇敬。人格魅力是领袖最为宝贵的资源，能产生潜移默化的感染力，众星捧月的吸引力，一呼百应的号召力，万众一心的凝聚力。领袖品格就是在他人心里建立诚信，得到他人的信任。领袖应修炼人格陶冶情操，人格魅力的修炼和培养是长期持续的过程，高尚的人格是平凡的小事积累而成。人格高就要做真人。真与伪是相对而言的，真就是实在、纯朴、客观、本色，不文过饰非，不弄虚作假。真是人格的核心价值，在心气浮躁社会风气仍需净化的环境中，要将做真人作为修炼人格的基础。著名教育家陶行知治校的箴言是："千教万教教人求真，千学万学学做真人"。真是诚的基础，诚是真的升华，诚是待人的态度。古人云：以诚待人者，人亦诚以应。精诚所至，金石为开，以诚相待，以心换心，就会产生信任。待人以诚就是要有诚心，在自己的思想上确立诚恳之心，并真正落实在行动上。重诚信重承诺守信用，说到做到不滥开空头支票。诚挚不仅要有态度，还要有真挚的情感。做到了诚就为建立良好人际关系奠定了基础。只有正气，没有傲气，正直、公正的领导部属才会敬重。学习知识，提高素质是教育目标，品格教育早在亚里士多德的年代就开始提倡。亚里士多德说过，美德不能仅仅是教，还要通过表现美德的行为来形成习惯。当前中国精英带着自己的专业水准与心态走进世界舞台，硬件部分不比许多发达国家差，但在软件部分，在提高品格和素质方面，仍存在潜在的危机。智力诚实是德性和灵性的一部分。人若不在智力上诚实，便是不诚实。领袖品格的最大特点是清楚自己生命的目的，人的生命中应该有一个伟大的目的。假设一个人把所有的时间、精力、资源都投入在一件事上，在成功的楼梯上一步一步爬，爬到最上面的时候才发现这不是他人生的目的，那就前功尽弃了。领袖要除掉一切拦阻品格成长的障碍，自律正直，很好地领导自己，其他人就愿意跟随。邓小平说：我是中国人民的儿子，我深情地爱着我的祖国和人民。热爱人民，一切为了人民，时时刻刻把绝大多数人民群众的利益放在心间，这是邓小平在长期革命实践中锤炼出的最鲜明的风格。无论在艰苦卓绝的革命战争年代，还是在社会主义建设的和平年代，他都一以贯之地坚守着共产党人的这一宗旨。即使在他被错误地打倒、身处逆境的情况下，也不改变这个初衷。在政治生涯中，曾有过三起三落的坎坷经历，但心中想的是人民的利益。他说：我出来工作，可以有两种态度，一个是做官，一个是做点工作，我想，谁叫你当共产党人呢，既然当了，就不能够做官，不能够有私心杂念，不能够有别的选择。邓小平作为领袖，始终保持着普通平凡的本色。他没有官气，讲真话讲实话，不讲空话、套话。他的语言精练、精确、精辟。邓小平理论通过富有特色的语言表述，胜过多少长篇巨论，令人难以忘怀。如"不管黑猫白猫，捉住老鼠就是好猫"，也就是人们总结的"猫论"。"摸着石头过河"，也就是"摸论"。"允许让一部分人先富起来"、"逐步达到共同富裕"，也就是"富论"。这些名言警句，具有石破天惊的震撼力量。

3. 人格互换补偿

韦伯提出的"克利奇玛"概念已成为研究政治领袖的重要范式。美国学者道顿从心理学的角度分析了"克利奇玛"现象的原因。他称属于"心理互换补偿"现象，即通过领袖和追随者两者之间的互换补偿过程，双方都可以成功地互相满足人格需要。道顿指出，领袖人物对追随者"克利奇玛"式的感召力来源有两个方面：一为心理距离，即因为追随者在"自我"与"超我"之间设定的目标存在差异，而以"自我"取代领袖人物。二是认同危机，追随者与领袖人物之间的关系通过有效地调和"本我"和"超我"之间的冲突，而有助于培养追随者特有的人格。根据双方心理需要的内容不同，道顿又进一步把"克利奇玛"式领袖分为革命型领袖和保守型领袖。

两类领袖同样可以满足各自的追随者的心理需要，革命领袖满足了那些追求革命、投身革命甚至准备献身革命的追随者的心理需要。同样，保守领袖满足了那些反对变革、维持现状的追随者的心理需要。据此，道顿得出结论说，"克利奇玛"式领袖既有可能成为引起变革、造就革命、推动革命的革命性因素，也有可能是维持现状、拒斥变革的保守性因素。领袖必须赢得跟从者的信任。一个人要想成为领袖，必须要有跟从者。有跟从者的领袖要追求真理，评判是非，在行动中还要有勇气和承诺。领导者起作用的程度，取决于对团队成员真正理解、关心。奥马尔·布拉德利将军写道："领导者应当懂得理解人，关心人。人不是机器，也不应当被当机器看待。我并没有以任何方式暗示要纵容属下。但人是有智能的复杂生物，会对理解和关心做出积极反应。理解人、关心人的领导者不仅会得到每一位部属全心回报，还有他们的耿耿忠心。"适应性体现领导者的品格。提倡适应能力，对变化的形势能做出迅速的反应，同时在很短的时间内做出战略上、战术上、心理上的调整。在短时间内恢复精力是领导者的一种特殊品格，这种品格和平常训练很有关系，同时也涉及本人的态度和自我控制的能力。最有成效的生活特点是有能力在迎接挑战的时候全方位投入，而且还要定期让自己退出以补充精力。

渊博的知识是周恩来赢得众人敬仰的原因之一，基辛格曾评价周恩来是"杰出的历史人物，精通哲学，熟谙往事，长于历史分析，足智多谋，谈吐机智而又风趣，样样都卓越超群"。用领袖品格打造出精神力量，大于个人利益的团队，要以生命捍卫诚信。联合国教科文组织总干事马约尔精辟地阐述："我们留下一个什么样的世界给子孙后代，在很大程度上取决于我们给世界留下什么样的子孙后代。"

（二）领袖魅力在于道德

亚里士多德强调领袖道德素质时说：统治者的道德品质应该力求充分完善，他的职位既然寄托着最高的权威，他的机能就应该是一位大匠师，这样的大匠师就是理智，领袖要有道德的理智性。

1. 以德服人，心悦诚服

精神聚众的力量依靠道德。"以力服人者，非心服也，力不瞻也；以德服人者，心悦诚服也"。领袖的道德品质是人格魅力中必不可缺的重要部分，是领袖安身立命的基本条件，是指引事业正确航向的重要因素。把文化引导建立在道德的规范上，从而树立起领袖的权威，这也是树立领袖权威的一种方式。恩格斯曾明确指出："人们自觉地或不自觉地，归根到底总是从他们阶级地位所依据的实际关系中——从他们进行生产和交换的经济关系中，获得自己的伦理观念。"道德的本质是被社会经济关系决定的一种社会意识。对利用道德引导树立领袖权威，要通过领袖特殊地位来引导社会道德建立，通过没有约束力的规范强化道德行为，通过潜移默化地影响规范行动，在内化为人们自觉行为的同时，形成领袖权威的认同。要用领袖自身的道德行为来引导。道德有角色示范传递效应，行为的传递引起模仿行为的现象。用不同角色及其行为相互联系转化，在道德生活中主体标准的实践情形，不同程度地引起道德升华和下降。领袖在道德活动中，具有牵一发而动全身的示范作用。当领袖的道德积极到位时，产生良好的审美效果，产生积极的引导影响。反之，没有践履角色道德，会导致多米诺式道德退落。"上好礼，则民莫敢不敬；上好义，则民莫敢不服；上好信，则民不敢不用情。"因此，领袖道德行为的示范对整体道德实践有重要作用，同时影响着领袖的权威。意识形态作为一种思想体系，往往是某些著名人物创立的，但反映的不仅是个人的思想，也是社会群体的要求和理想，根本目的为社会集团维护制度服务。社会主流地位的意识形态是统治阶级的。马克思指出，"统治阶级的思想在每一时代都是占统治地位的思想。这就是说，一个阶级是社会上占统治地位的物质力量，同时也是社会上占统治地位的精神力量。"意识形态反映特定阶级、社会集团的根本利益。领袖树立自己的权威，有意识地利用国家机器加强意识形态的掌控。范仲淹"先天下之忧而忧，后天下之乐而乐"的高尚品德闻名于世，他始终以天下为己任，入朝后敏于朝政，敢于直谏。当时刘太后垂帘干政，文武百官不敢异议，屈于太后的虎威，范仲淹闻知立即上书要求还政仁宗。晏殊闻知后特别恐惧，找到范仲淹，指责他好出风头将祸及自己。范仲淹坚持个人的主张，后来因触怒太后被贬出朝，他仍关心百姓疾苦，上书反对朝廷大兴土木，加重百姓负担。刘太后死后，范仲淹被调回京都任右司谏，有一年蝗灾旱灾蔓延全国，淮南京东灾情尤其严重，他奏请朝廷遣使巡视灾区，赈济灾民。范仲淹没有得到答复，十分气愤，冒着丢官甚至杀身的危险质问仁宗，仁宗只好派他去安抚江淮灾民。到灾区后调拨大批粮食，率领灾区人民开展生产自救，禁止官府挥霍浪费，灾后瘟疫流行死者无数，他又遍设医疗诊所，免费提供医药和治疗，之后又特意把饥民吃的一种野草带回京师，献给皇帝，并请他转示六宫贵戚，力劝他们不要大肆挥霍奢侈。又呈上《救弊十事》，论述朝政弊病，他的敢于直言使朝廷为之一振。但也得罪了部分权贵，二次被人排挤出朝。范仲淹到了苏州，看到那里因地势低，河道堵塞，连年发生水灾，又奏请朝廷兴修水利，经过和当地人民一道努力，把那里变成了大粮仓。他还兴办学校，请名师去任教。后来，他又被召回京师，但受到威胁，不让他议论国政，他毫无畏惧，宁可舍命也不姑息奸恶。他三进三出京城，官位升降不定，把个人的升迁置之度外，取信于百姓，时时替百姓着想，忠于职守做到了"先天下之忧而忧，后天下之乐而乐"，他的道德品质已经熔铸成为中华民族的传统美德，影响了千万人。恩格斯指出："在道德方面也和人类知识的所有其他部门一样，总的说是有过进步的。"随着社会的发展，人道精神程度逐渐增长，公正概念越加深刻。在调整社会行为的过程中，个人作用和社会道德行为的范围愈来愈广，道德的进步体现在四个方面：自然或科学、民主进程、个人创造和群众实践。领袖不仅是政治上的领导者和最高权力的行使人，领袖更应该是以德修身、道德实践的表率。政治原则表现为坚定的政治立场和执著的政治信念，领袖一生追求的政治目的必须与国家和人民的利益相关。柏拉图说："尽可能使国家作为一个整体得到幸福，而不是只为一个阶级考虑，只使一个阶级得到幸福。"领袖总是具有至高的政治地位和至高的权威性。政治家是否应具有良好的道德品质，长期以来存在着不同看法。16世纪意大利政治学家马基雅维利在他的《君主论》一书中，就将自己在政治上轻视道德的主张发挥得淋漓尽致。他认为：一个君主如果需要保持自己的地位，就必须知道怎样做不道德的事情。君主必须依靠掳掠、勒索、敲诈和使用他人财物，必须懂得怎样善于使用野兽和人类所持有的斗争方法；君主应当效法狐狸和狮子，当于己不利时，绝不能够、也不应当遵守信义。所以一个君主必须有一种精神准备，随时顺应命运的风向和事物变幻情况而转变。法国大革命时期，雅各宾派的领袖之一丹东，享有"革命家"的盛名，人们难以忘怀外敌入侵时，丹东在议会中发出的"大胆、大胆、再大胆，法国就得救了"那挽救民族于危亡的口号，但丹东却极端地鄙视道德，他曾经不加掩饰地说："没有任何道德比每天夜间我和我老婆的情谊更牢靠的了。"正是这位有"革命家"盛名的道德鄙视者，放浪无形，利用职权营私舞弊，大发国难财。尼克松在《领袖们》一书中也对道德表示了某种程度的轻视："美德不是伟人领袖高于其他人的因素。"此外甚至有人认为道德与权力是矛盾对抗的。美国人多诺万曾尖锐地指出："任何一个能使自己被提名并获得当选总统的人，在道德上都不够资格成为一位总统。"实际上，这些对道德的蔑视的认识都基于一个不正确的出发点，即将权力等同于权术。权术往往是不择手段的，在不科学的权力机制下，它可能起作用，正如伏尔泰所言："国家的繁荣昌盛仅仅系于一个人的品格，这就是君主国的命运。"然而越是在科学的、制度化的民主权力机制下，这些认识显然越是行不通的。一个职业经理的道德品质往往会成为他最终成败的关键。关于丹东，罗伯斯庇尔就曾认为"他的手和心一样黑，像他那样一个毫无道德可言的人是不可能成为自由事业的捍卫者的。"最终丹东被革命送上了断头台；尼克松最终也因水门事件而颜面丢尽。因此，只有道德上被人认可，才能通向权力之巅，只有道德上被人认可，才能行使有效的领导。领袖是人类社会中占有特殊地位的少数人群，首先是凡人、是普通的人。领袖并非都是圣人，但起码应是君子，应具有较强的自我道德修养和高尚的道德品质。正如《大学》所说："白天子以至于庶人，一是皆以修身为本。"修身旨在心正，心正旨在意诚。意诚作为修身的境界，其实就是道德的养育，道德表现着领袖本性的健康和完善性，费尔巴哈说："道德不是别的，而只是人的真实的完全健康的本性。因为错误、恶德、罪过不是别的，而只是人性歪曲、不完善、与常规相矛盾，并且常常是人性的真正低能儿。"中国历史上有以德治世的思想传统。孔子认为，"政者，正也"，就是从道德上对为政者下的定义。道德，是以内在的潜移默化式的方式影响和制约着每一个社会成员的思想和行为，并赋予人的思想行为以合理合适的价值导向。从本质上说，决策的顺利执行需要道德。民本思想的重要环节是君道观，要求执政者正人先正己，是中国古代一种有积极意义的君主观念，李世民对正人和正己的关系也有深刻的认识，他说："若安天下，必须先正其身。未有身正而影曲，上治而下乱者。"君王是一国的表率，君王不正，则百姓难正。帝王贵为一国之君，他的一举一动、一言一行都会对天下产生巨大影响，正是看到了这一点，李世民非常注意加强自身的修养。他说："君天下者，唯须正身修德而已。此外虚事，不足在怀"，李世民把自身修养作为统治者的第一要务来看待，他的民本思想符合了历史潮流，有利于历史进步。治理国家，德作为一种政治观念、政治原则、管理文化和个人素质的出发点，可以形成更强的向心力，吸引更多的追随者，更加高效地达成管理的目标。运用道德教化以及道德内在的约束力，达到社会稳定与发展是领袖战略行为的艺术境界。

2. 以德治心，依德治世

朱熹在《论语集注》中讲："德之为言得也，得于心而不失也"。治心的最终归宿也是教民得礼、以礼相待。关键在于让民众得实惠，满足生存需要，解决基本的生存条件，才能提高其道德修养。这是道德泽惠于民、教化民众的前提。在得的前提下治心，无须强令百姓自然趋之若鹜。如孟轲所言："乐民之乐者，民亦乐其乐；忧民之忧者，民亦忧其忧。"中国历史上耕者有其田便是乐民的重要举措。道德主体修养具有辐射功能属性，自身道德影响社会成员的道德行为，在这种辐射影响下，将道德规范内化为社会成员的自觉意识。对于依德和以德这两个概念，虽一字只差，却体现出不同道德进步的世界观。充分关注和把握道德进步的特质，在新的道德规范下，施行德治是社会进步对领袖的要求。"以"体现着用、拿之意，以德是以某个道德主体的道德品质进行辐射，这使德的内涵选择更多的是从选择者的本位利益考虑，未必能够体现道德进步、社会进步的时代要求。而"依"德是依靠推动发展的力量，敏锐把握时代条件下的道德进步，把自身修为和其他个人、团队在进步中的贡献统一起来，运用其在道德进步中的实践成果。以德和依德都是领袖人物德治的手段。对民众而言，依德更突出民众的地位，也更容易接受。因此，领袖应把依德作为优于以德的德治方法论。依德不是简单的为我所用，它体现出领袖的战略眼光、整合能力和提升创新能力，这是一种驾驭随机性前瞻的艺术。依德与以德并不冲突，以德是依德的基础，正如只有民族的才是世界的，只有承认道德的继承性和全人类性，才可能发现道德进步的独立增量，进而推动这种进步，最终建立更合适的道德规范。孙中山曾经强调："人心就是立国的大根本，用主义感化人心比军事奋斗更重要。"古希腊思想家柏拉图提出理想的城邦国家社会体制与统治者治国原则，包括城邦国家的社会构成及伦理基础，注重以德治心。领袖优先考虑治心，治心教化民众，将进步理念、道德规范等形成认同并固定下来，是德治的重要手段。以德治心、以德治世的思想影响从政者。从治心开始，与民众的利益紧密联系在一起，使得政策的执行力极强。没有战略眼光的人不可能倡导这些精神。1936年4月9日，周恩来与张学良在延安一座天主教堂会面。周恩来对张学良说："我们都是爱国主义者，我们一定要打败日本，挽救中国。"张学良听了深受感动，因为他当时正被国人称为不抵抗将军。周恩来又说："如果张将军仍然怀疑共产党参加抗日统一战线的诚意，我愿意留在西安作为人质。"张学良连连说："没有必要，没有必要。"在后来的接触中，张学良逐渐被周恩来的道德人品和共产党人为争取实现统一战线的执著追求所倾倒。正是在周恩来等共产党领导人的影响下，在广大民众强烈抗日要求的感召下，张学良的政治立场发生了巨大转变，终于接受了抗日民族统一战线的主张。12月12日，张学良在力陈苦谏蒋介石无效的情况下，与杨虎城一起发动了震惊中外的西安事变。张学良在90岁高龄接受日本电视台访问时，仍对周恩来钦佩备至，他说："我和周恩来虽然初次见面，却像老朋友一样，一见如故。我和周恩来能够相互理解，他是个了不起的人物。"

3. 以德塑形，道德人生

科学的进步，使得人类可以从克隆动物到克隆人类器官或完整的人，一些传统的人类伦理道德因此受到新的挑战。民主进程推动着民众的变革意识，转型阶段的社会形态往往呈现出社会意识领先社会进步，道德进步的力量也随之产生。道德人格，就是具体人格的道德性规定，是个人脾气习性与后天道德实践所形成的品质和情操的统一。领导者道德人格，就是领导者职业实践对人格的道德性规定。站在科技肩膀上的个人，对社会或科技的发展作用越来越大，影响也越来越远，而且这种创造投射到自然人的范围在扩大，推动进步的力量不局限于特定的群体，时代赋予每一个自然人推动道德进步。用榜样的力量引领民众前行，是领袖经常使用的方法。领袖作为公众人物，一举一动会产生广泛的影响。领袖的率先垂范，比常人有明显的示范作用，对教化民众更有说服力，对确立新制度更有执行力。领袖做表率以己正人以理服人，模范的典型效应就会转化为群体效应，扩散为社会效应。在众多不同的道德和伦理困境做出示范，需要坚持不争。不争的一层意思是反自我利益，这是指宣传给宣传者带来很大的利益，利益越多别人就越不接受。反之，宣传对宣传者没有好处甚至有危害，别人就容易相信。有时候承认自己有缺点，暴露自己的缺点不会影响到威信，《社会性动物》里面有一句话："一个人暴露了一点缺点、毛病，不是减少别人对你的喜爱，而是增加别人对你的喜爱。"在西方德治思想也是源远流长的，柏拉图提出国家管理方面，毕生鞠躬尽瘁为国家利益效劳，而不做任何不利于国家的事情。经历种种环境考验始终坚持原则，有坚定护卫国家的信念，对引诱守身如玉。柏拉图强调治国原则是通过教育培养人的美德。认为良好的道德教育比法律更重要、更根本。通过美德的教化和引导，人们就能养成遵守法律的精神，这种守法精神就会处处支配孩子们的行为，使他们健康成长。一旦国家发生变化，他们就会起而恢复固有的秩序。道德人格的理想追求，正是由于领导者的特殊性，它所要求的道德人格从理论上要超越社会人群。道德人格的高低是衡量人性素质的标志。恩格斯曾经明确指出："人来源于动物界这一事实已经决定人永远不能完全摆脱兽性，所以问题永远只能在于摆脱得多些或少些，在于兽性或人性的程度上的差异。"说明了人格完善的必要性和艰巨性。所谓兽性就是人的自然属性，人与自然物几乎无差别，同源、同一的本原性。人类增进人性减少兽性的努力，最终表现为道德人格的提高。道德人格标志着人格的道德性，那种丧失起码的道德，处在最低道德人格或低于最低道德人格层次的人，是他丧失了人格。马克思和恩格斯说：特殊的人格的本质不是人的胡子、血液、抽象的肉体的本性，而是人的社会特质。领导者道德人格不是先天的，而是进入国家政府行政实践领域，不断处理发生的种种道德关系。领导者道德人格的高低，不仅对领导者人格品行有决定性的作用，对国家政府的行政作风，以及社会风气也具有严重的影响。卡特尔早在 1954 年就首创了"领导力潜在素质"方程式，基于对军中领导人品格得出的，包括情绪稳定、主导能力、勤勤恳恳、处事大胆、意志坚强和自制力。道德理想人格的造就并不是轻而易举的，而是蕴涵着艰难的实践过程，一方面需要社会道德状况的改善，需要执政党风气的改良，需要国家良性运行体制的保障。一方面需要个人不懈的自我教育，苦心砥砺的自我修养。两方面的相辅相成，以个人道德理想人格的确立为主要方面，影响和制约着人们道德风貌的形成，进而影响整个社会道德风尚的发展。

（三）　领袖魅力在于超然

具有魅力权威的领袖，必须拥有某种超人甚至超自然的素质，也是其他人无法达到的力量。超人权威的本质是敬仰，根据逻辑意义权力不能称为领袖魅力。

1. 不知有之与亲而誉之的魅力

领袖魅力的特点影响着历史事件的外貌，影响着社会的进程。列宁在 1920 年指出："政党通常是由最有威信、最有影响、最有经验、被选出担任最重要职务而称为领袖的人们所组成的比较稳定的集团来主持的。这都是起码的常识。"列宁还指出："造就一批有经验、有极高威望的党的领袖。这是一件长期的艰难的事情。"当今世界，无论是理论上还是实践中，都没有培养领袖的专门学校。没有评价过去、现在和未来领导人的标准，没有强有力的现代哲学标准。没有理论和经验上的积淀，没有起指导作用的概念，且没有经过深思熟虑的实践经验，人们就无从了解和认识领袖。无论哪种政治形态，无论什么样的政党，都是由具体的人组成的。忽略了具体的人，便无从解析历史，也无从确切地把握国家政治。理想是最有吸引力的选择方案，领导的动机通过技术专长、个人承担风险、自我牺牲及非常规的方法建立信任，通过角色模范和非常规的策略展示。要特别花心思在脆弱环节。马克斯·韦伯提出了理想模型社会的三种权力形式：个人魅力型权力、传统型权力和法理型权力。个人魅力型权力即"卡里斯玛"型权力。是由追随者的承认决定的，追随者深为领袖所致力的使命而感动。领袖在他们的心目中显现出一种超越性的神奇力量。这种力量使得他们愿意服从与奉献，领袖具有把人们吸引在周围，成为信徒并通过追随者支持来统治的能力，基本特征是不需要行政僚属、组织架构来运作。传统型权力普遍存在于前现代社会，表现为统治的合法性是来自他人承认的历代相传的神圣规则，比较典型的是家长制和世袭制，统治的权力来源于继承或一个更高统治者的授予，行政管理班子的组成人员不是官员，而是统治者个人的仆从。法理型权力建立在制度和法律的合法性基础上，统治者根据法律进行统治，典型的法理型统治者被视为上级，人们所服从的不是领导者个人，而是运行的制度，是非人格化系统，是非个人的依靠法律和契约行事的。从身份上看，服从者是社会公务人员，由制度赋予统治者明确使用界限的权力，即理性合法权威。在日常政务活动中，会显现其大领导与小领导的不同格局气象。这里说的领导之大小，并不以职务高低论。有的人职位高，却可能是小领导。有的人职位低，则可能是大领导，主要指他们不同的格局气象。大领导是战略性的领导者，小领导大体是战术性的领导者。大领导与小领导是有区别的，大领导忙大事，忙职分内的事，忙得其所。小领导则凡事忙，分内分外都忙。大领导干大事平心静气，惠风和畅。小领导干实事，忙得不亦乐乎。通常大领导胸襟格局大，运筹调控能力强，思路清晰、善于授权、大智若愚、注重让部属和同事有成就感。大领导个人的性格影响到社会，大领导远见卓识，具有从战略角度制定政策、把握方向的能力，驾轻就熟指挥和动作的能力。大领导从容，行政绩效高，领导的团体风格面貌不一样。表现为审时度势、缓急有度、大气度、大格局、大胸襟。在全球化的动态环境中，这些能力特征越来越凸显。有这样一种说法：一流的领导者，使人不感到他的存在。二流的领导者，能让人服从。三流的领导者，只能让人仰视。大领导的特征是，让下属越忙越有积极性，当实现工作目标后，会让下属们说这是我们自己干的。印证了《老子》的话："太上，不知有之；其次，亲而誉之；

其次，畏之；其次，侮之。"使人不感到他的存在的领导者，老子称之为不知有之和亲而誉之的领导者，就是一种大领导。《荀子·天论》中，称为"大巧在所不为，大智在所不虑"。有的小领导比较看重权位，喜欢强势频出，搞绝对权威。在用人上自觉不自觉地喜欢用没有威胁的低端人员。所以，尽管忙碌绩效低。团体很难出现真正高端的人才，大部分成员一定是由听话、循规蹈矩、能力平平者组成，成员中不是由于出色的创造力受重视，相反，正是因平平被视为稳当，团体创造力匮乏。手下很难有杰出人才发挥才力的天地。现实中，还有少数小领导表现为自以为是、小聪明、小气度、小格局、小人得宠。总之，从管理幅度上看，大领导的管理幅度，总是大于小领导。管理幅度指一个人或组织直接管理的下属人员或机构的数目，亦称控制幅度。管理幅度受领导者智能、精力和时间的限制。对于忙碌的小领导而言，管理幅度过宽，会导致行政负担过重或出现管理混乱。从管理层级上看，领导的管理层级，总是多于小领导。管理层级指组织纵向划分的管理层次的数目。管理幅度越宽，需要设置的管理层级就越少。反之，管理幅度越窄，需要设置的管理层级就越多。小领导的管理层级不宜过多，只能控制在很小数目内。

2.　举重若轻与举轻若重的魅力

领袖提出能解决危机的许诺，使下属被领袖所吸引，相信领袖超凡的能力，相信领袖能解决危机，并通过实践证明是成功的。魅力型领袖的条件包括天赋和超群的品质，解决社会出现危机的能力，使下属被吸引并开始相信领袖的超凡能力和激进愿景。领袖产生新的魅力，与他的行为心态同样能影响到其他人。乐观主义是永远的力量，乐观主义可以辐射整个群体。如果领袖是一种积极自信的态度，那么下属就很容易被这种态度感染，进而增强革命激情。反之，消极悲观会使效率下降，并打击群众的积极性。领袖超凡魅力的创造力和群众的一般能力，二者之间存在着某种反向形成的关系。一般群众越是缺乏创造力，越是不能得到发挥和实现，领袖就会越被赋予极强的创造力，领袖的魅力也就越超凡。领袖在领导方法的个性和风格方面，有举重若轻和举轻若重的不同。这个风格对领导绩效有着深刻的影响。在工作实践中，领袖的举重若轻或举轻若重，有着不同的着力点和绩效观，对领导工作的局面有着较深的影响。两种不同类型的风格，可以互为补充、相得益彰。如果从更为广阔的历史进程看，凡面临大转折、大变革、大发展、大决策时，往往更需要举重若轻。因为领袖对环境的敏感度、对环境的限制与变革的大势以及所需的资源都心中有数，在指导时必须把握抓大放小，突出重点，掌握全面。二战时英国领袖丘吉尔，有着超乎寻常的战略远见和决策能力，但他对细节的把握，有时却被认为飘忽不定。在二战的特定时期，英国和世界需要的是大权在握，掌握战场的主动权，对一些细枝末节，暂放一旁。丘吉尔正是这样的领导，他能举重若轻地看清未来的方向。在20世纪30年代，敏锐地意识到希特勒的崛起对欧洲的潜在威胁，并坚定地认为对付这种威胁只能靠抵抗而不是绥靖。后来，丘吉尔又把握住了关键的一点。英国与希特勒作战中获胜的唯一可能，是把美国作为盟友带进战局，后来他实现了这一目标。每一种刺激都是令人愉快的，但却是以不同的方式。康德说："属于一切行为之优美的，首先在于它们表现得很轻松，看来不需艰苦努力就可以完成；相反地，奋斗和克服困难则激起惊叹，因而就属于崇高。"举重若轻的领导风格常常显得表面轻松，但在绩效方面，却在战略大决策上有着绝对优势，具有推动时局、改变面貌的天然力量，是剧烈变革的推动者。举轻若重的领导个性在和平时期见其长。对于变数不大，正常发展的过程来说，重精确、重细节，在领导过程中，注重发挥领袖与领袖团体的作用，这种举轻若重的领导风格展现了精细化作业的艺术，整个领导过程在发展阶段显得更重要、更不可或缺。举轻若重体现了精细化管理的特点，它揭示了做事要认真，因为世界上最怕认真二字，人们应该最讲认真。在领导艺术中，把举重若轻和举轻若重两种领导风格相互影响、相互指导，就会产生巨大的力量。

3. 无为而治与事必躬亲的魅力

知人善任的人，能领导天下，会办事的人可以做大臣。领袖要知人善任，大臣要办事能力强，不要忘了旧有的典章制度，天下就太平了。商汤问伊尹说："要选拔三公九卿，二十七大夫，八十一元士，有什么方法？"伊尹回答："以前尧见到一个人就知道他是否贤能，但舜要等任用以后才知道他是否贤能，而禹要等到一个人成功以后才任用他。这三位领袖举用贤能，用的方法不同，最后都获得成功，然而他们还难免有些误差，何况没有法度根据，凭着自己的私意用人，失误肯定更大。所以，一个领袖要使大臣能贡献出自己的本领，才能万无一失。"无为而治与事必躬亲不仅是一种政治形态，也是一种政治哲学，领袖个性和领袖心态以及领导方法都体现了这种领导形态。无为而治的主要特点是清静无为，与民休息，没有政绩表演，没有政务噪音。事必躬亲则不仅凸显有为观，而更有着亲为观。中国历史上，有过一些与民休息、无为而治的朝代。这样的朝代都有较好的社会与经济发展的绩效，为后人所称道。一些有智慧的政治家，主张清静无为，孔子论无为而治说："无为而治者，其舜也与？夫何为哉？恭己正南面而已矣。"无为而治也是一种领袖心理状态，是对前人政治智慧的尊重。根据实际情况建立起来，在实践中行之有效的规章制度，在客观情况没有发生根本变化的时候，不应该随意变动。如果人为地变动，政策不稳定，制度没有连续性，必然会引起混乱，阻碍社会发展。很多领导者只知奋发有为，而不知无为而治。只知打造、创举、重新安排河山，不知治大国若烹小鲜。殊不知有时奋发正是通过无为来表现，无为也是一种奋发。有时无为而治，有时守成平实如水，却是一种大聪明、一种大智慧。这种无为，其实正是一种作为，而且可能是一种大作为。无为而治的无，实际上是最大的有。通过无达到有，是一种至高的领导艺术。如何成为领导者而不仅是管理者，这是领导层次的重要区野。管理者进行适当的角色变化，就能够提高为领导者。从策略者到愿景者，从执行策略到规划愿景，这是一个质的飞跃。人们愿意跟随领导者去共享这种荣耀。好的愿景应该具备理想符合人们期望，具有积极的激励性，能创造出一种自尊成就感。好的愿景反映人们高度理想的卓越标准，令人心动的愿景目标能够引起广泛的关注。远景式的领导者是以一种鼓舞诱导的方式来达成目标，会用沟通的方式来代替命令。领导者要做那些别人未知领域的事情，这就要求变革，领导者的重要责任在于变革和创新，要扮演一个既创造又破坏的角色，但破坏的目的是为创造得更好。在科技理性时代，一定有着超越前人的理性，也必定有着超越前人的智慧。清人汪龙庄在《学治臆说》中指出："今人才识每每不如前人，前人所定章程总非率尔，不能深求其故，任意更张，则计划未周，必致隐贻后果。故旧制不可轻改。"毫无疑问，今人有超越前人的地方，也一定有不及前人的地方。有些前人的东西，不是能超越得了的。马克思在谈及古希腊雕塑时曾说，古希腊的雕塑不但能给人以艺术享受，而且就某方面说还是人类一种规范和不可企及的范本。事实上，不仅是希腊的雕塑，在许多社会事物上，前人的很多东西，未必超越得了。任何时代都有事必躬亲的领导者。在今天很容易把领导者的躬亲，看做是一种勤政或务实。其实，这种方法和风格是低绩效的原因。管理很重要的一个方面就是授权和委派，将一定范围的权力与责任授予部下，使之拥有自主权，领导者用自己的时间去管理部属，这是一种经常使用的工作艺术。领导者通过委派和授权，实现自己的意图，避免落入繁杂事务中，集中较多时间与精力，考虑大政方针和宏观决策。同时，也使部属获得驰骋才华的天地。成熟领导者，懂得区分自己与他人的职责，为其他职分发挥功能留出空间。无为而治是中国丰富的社会治理俚语，包含着历史经验和智慧，在现代治理之道中有很大的价值。从行政绩效看，无为而治对于抑制政绩冲动和政绩表演，以及形象工程，有着现实的作用，对于尊重社会发展的机制性，保持制度政策的延续性，维护公共治理的稳定性，有着十分重要的意义。在领导行为中，注重规避事必躬亲，适当运用授权，重视各级职能，不仅是现代领导的基本要略，也是提高绩效的必然逻辑。

（四）领袖魅力在于修行

人类的进步创新，无一不是有人向现存规则挑战，思维转变的尝试结果。领袖的每次创举，也是对常规背后所隐藏规律的探索，是思维层次成功突破的范例。

1. 领袖的立志、立新、立情

魅力型领袖最主要的特质，是对未来有着美好的设想。魅力型领袖是未来的趋向，明显地感知到事物现行运行方式与应该运行方式之间的差距，认识到现存秩序的缺陷，提出克服缺陷的设想。设想不仅是一种预测，而是表达整个组织未来的理想。领袖的设想为下属提供共同的概念框架，具有激励效用和凝聚效用。在起伏万变中把握着主线，在大象无形中掌握着有形，在饱满的热情中体现着爱的情感。因为成功的秘诀始于爱，也终于爱。领袖的幸福在于做了众人的朋友，领袖是爱人的人，因为富有爱的人有着不可思议的力量，这种爱才能激励人鼓舞人。领袖要永远充满热情，让别人感受到自己的热情，使这种热情得到有效释放，这才能形成领袖的魅力。假定领导者生性并不富有热情，就要在工作中寻找激发热情的潜在对象。领导者对工作默默地执著追求，有利于增强个人魅力，因为奉献或敬业的态度会引起别人的好感。通过默默无闻的工作，体现职业的可敬。热情与理性的结合，鼓励与激励的相通，这就是魅力领袖的作用。然而不按规律办事，不为老百姓做事，就会乱点鸳鸯谱，就会成为历史的笑柄。历史上有这样一则是非颠倒的故事，讲的是姓郭和姓徐两位县令分别赴楠县和梓县任职。这两个县常受洪涝灾害，百姓苦不堪言。郭县令到任后，为百姓办好事，办实事，亲自带领百姓修堤筑坝，以抵挡洪水的侵害。朝廷下拨的经费不足，他便要有钱的大户人捐款资助。这些大户人家，心怀不满，到处散播流言蜚语，说郭县令贪功扰民，聚俭无餍。朝廷听信谣言，便以抚驭无方、索取民财之名将其革职。而徐县令到任后，不理政事，整天花天酒地，朝廷下拨的修堤筑坝之款，全都落进自己的腰包，并用此款去交结朋友，贿赂官员。得到好处的一些乌合之众和昏官，便到处瞎吹徐县令勤政为民。不多久，朝廷便以清慎勤谨之名将徐县令提前晋升。第二年，恰遇特大洪水，楠县因为堤坝牢固而没有受任何损失。接替郭县令的新县令尽管是一个昏庸之官，但却以执政有方晋升为太守，而梓县却因为堤坝年久失修，洪水冲毁了堤坝、房屋，百姓死伤无数，无家可归。接替徐县令的新县令初至，尽管是一个勤廉之官却让朝廷以玩忽职守，而被斩首。面对朝廷这种做法，有人为郭县令鸣不平，并参奏徐县令溺植偷安，要求惩办。而朝廷却以宸衷已断、无容再议而将奏折强行驳回。这正是，勤政为民者罢，玩忽职守者升，坐享其成者赏，代人受过者斩。看完这段故事后，让人感到愤愤不平，世界上颠颠倒倒的事着实不少，但像这样离谱的事还不多见。让人想起《吕氏春秋·听言》中一段论述："听言不可不察，不察则善不善，不分；善不善不分，莫乱大焉。"以史为镜，以古鉴今，是非颠倒的故事给人们以深刻的启迪。马克思曾经说过：假如没有小偷，锁会达到今天这样完善的程度吗？假如没有假钞票，钞票的制造会有这样精美吗？在马克思看来，锁的制造日臻完善，钞票的印刷日臻精美，固然取决于生产者的努力，但引起这一努力的根源却应该到事物的对立面去寻找。

2. 领袖的立学、立识、立力

心理学家科特·勒温认为存在着三种极端的领导风格：一是专制型领导。领导者专断独裁，把权力集中在自己手上，支配着群体的决策过程。发号施令，要求下属服从，忽视下属意见，凭借奖惩和权力进行领导。二是民主型领导。领导者注意让下属参与管理，进行公开的沟通，就拟议的问题同下属磋商，如果得不到一致同意就不会采取行动。决策速度虽慢，但下属满意度高。三是自由放任型领导。领导者给予下属独立自主的权力，采取放任自流的态度，既不加以约束，也不加以指导。下属自己决定目标和采取实现目标的方法，领导者仅为下属提供信息，充当群体与外部环境的联系人，以此帮助下属工作。可以看到，在这三种领导风格与团体绩效的关系中，民主的参与模式可能是更高效的，专制的领导模式容易产生敌意、挑衅和不满，导致团体成员的依赖性，自由放任型容易产生松散，散沙一盘没有战斗力。领导者应依据自身的素质基础和职责特点，坚持不懈地进行魅力修养，强化自己的素质特征，增强社会的心理共鸣度。勇于从事挑战性的工作，培养符合个性特点和职责要求的领导风度。领导者提高魅力的途径在于，提高才识水平，塑造完美个性，培养优雅风度，树立领导权威，培养领导能力，增强体格健康，养成领导者作风。人在遇到危难和祸患时，容易诚惶诚恐。诚惶诚恐所以行为端正，行为端正所以深思熟虑，深思熟虑所以获得成就。行为端正，则无祸害。人生富贵叫做福。而福是生于祸的，所以说祸是福的依傍，知人性方能御臣治国。魅力作为一种内在的吸引力，是教养举止以及气质的黏合体。当领袖从事物的对立面思考问题时，能够更清晰地明确规律的脉络，使得对规律的利用达到新的境界层次，从而达成对规律的新利用。有深远影响的人最有信心，而信心就是眼光，信心使人有智慧。领袖肩负特殊的使命，是带路人，是导师，是设计师。领导者的才华是衡量领导资格、展现领导水平、形成领导魅力的重要标准。才华魅力体现在学识和能力方面。学识是所具有的知识和技能，识是见识和见地，识建立在学的基础上，没有学的底蕴，便不会有识的卓越。识要求目光敏锐，见地独到，睿思广闻，是非常高的标准。有学无识充其量是一介书生，唯有卓识方可堪当大任。领导成为通才，应具有广博的知识，不放弃吸收新知识。领导的才华表现为领导能力，能力是领导学识的集中体现。可分为观察力、判断力、预见力、决策力、组织力、创新力和统率力等。

3. 领袖的立功、立言、立德

古人认为的立功、立言、立德，虽不是魅力培植的标准，却为领袖培植魅力指明了方向。魅力型领导对下属的影响主要通过下属的自我概念起作用，通过自身的言行举止对下属产生自我暗示的影响，从而导致下属在行为上的转变。当组织内部缺乏统一标准考察工作绩效时，人们缺乏明确的外部标准来指引行为，很大程度上是由自我概念来引导，产生了较大的个人行为差异。为显示自身行动的正确性，人们愿意接受魅力型领导对自我概念的影响。北大教授费孝通的四句话，可以概括中国人做人处事方面的思维方式："各美其美，美人之美，美美与共，天下大同。"就是中国人希望实现人人和谐，天下大同。这也符合了中国人传统的中庸思维和儒家思想。在这种思维方式的指引下，中国人鲜少出现特立独行的言谈举止，容易抱着随大流的态度。当组织所处环境瞬息万变时，魅力型领导对环境的敏感，能帮助更好地认识到变革机遇，抓住机遇促进组织变革，实现组织的进步和成长，增加魅力成分。当组织处在一个多变的环境中，组织成员会对领导者有很多特殊的要求，要求领导者能对现状有独到的见解，有独到的创新性认识，并能采取一些特殊的行动来改变这种现状。此时，魅力型领导的生动描述恰好能够满足组织成员的心理需求，并能鼓舞他们对未来充满希望和信念，为实现美好的愿景而奋斗。因此，在充满变化和不确定的环境中，领导的魅力更能为组织成员所接受。因此，变革环境有利于魅力型领导产生。当一个新的组织刚创立时，组织面临的最大危机是如何生存。此时组织规模较小，控制和协调机制也不成熟，领导者依靠个人能力影响组织成员，带领组织度过危机。组织成立初，成员中存在对组织定位的不确定性，从内心深处寻找具有魅力的领导，并愿意接受他对组织使命和价值的描述，以及对组织未来的设想。魅力型领导产生的几率就大大增加了。成立新的组织，本身是创新性的举动，抓住环境机遇，设想美好愿景，就能显示出实现该愿景的信心。通过授权建立分权组织，实现大与小的结合，组织既可以维持一定规模，又获得以往小规模的灵活性，进入新的成长阶段。随着下属组织规模的扩张，行为变得越来越自主，上层领导产生失控的感觉。上下层的矛盾把组织推向控制危机，领导者的魅力将得到巨大的发挥。组织文化具有较强的适应性，容易随环境而改变时，有利于魅力型领导的产生。适应性的组织文化比非适应性的文化，更有利于魅力型领导的产生，鼓励高度自治、发挥才能和创新的解决方法，依赖于组织成员的责任感和互相信任，为领导者提供了足够的空间，发挥自身的个人影响，而非适应性的文化主要依赖制度化的控制，与领导者个人无特别关系。若组织任命新领导，前任非常具有领导魅力，则不利于该新领导成为魅力型领导。若前任领导是个相当具有领导魅力的人，在组织中受到广泛认可和高度评价，那么新领导要展现自身领导魅力就比较困难。马克斯·韦伯认为领导魅力是短期现象，从长期来看，这种魅力要么消失，要么固化。所谓固化，就是指魅力型领导所倡导的创新方式、价值观或意识形态，被转化成组织内部的制度、政策或不成文的惯例，而不再依赖于魅力型领导本身。基于这种观点，当前任魅力型领导离开岗位后，思想观念或行为方式对组织的影响仍根深蒂固，甚至成为组织成员的行为准则。新任领导者很难打破条条框框的束缚，要发挥自身的魅力，会遇到更多的困难和限制。从下属的心理角度，当一位魅力型领导离开时，通常会有一部分人愿意追随领导的离开，留下来会感到遗憾与不舍，接受新领导本身就有难度。而且，受前任领导的影响，下属对新领导的要求会在不知不觉中提高，新领导只要稍有不慎，就会被认为不如前任领导。从组织环境的变化来看，当人们对环境稳定性的要求增加时，对魅力型领导的需要和接受程度就会减少。魅力型领导的产生通常都伴随着高度活跃的氛围、强烈的情绪化和快节奏的变革。当一位魅力型领导离开后，通常希望能产生一位非魅力型领导，带领整个组织度过一段较为平稳的时期。所以，若前任是一位魅力型领导，新任领导成为魅力型领导的可能性就降低了。中国的传统文化及人情世故，一般比较注重念旧情，怀念前任魅力型领导的心态会延续得较为长久，新任领导花时间和精力才能得到大家的认可，要想成为一名新的魅力型领导，难度就更大。产生领导魅力要和下属保持一定的心理距离，只有当领导者处于组织高层时，才能与下属保持足够远的心理距离，产生一种不可思议并具有魅力的形象。从下属的角度来看，更容易将高层领导视为有魅力的领导者。下属本身就对高层领导心怀敬畏，认为领导的权威不可侵犯，更容易树立起高层领导的魅力形象。当组织的目标与主流社会价值观一致时，有利于产生魅力型领导。魅力型领导通过将目标和下属的价值观联系起来，从而对下属的行为产生影响，这些价值观应该是反映社会主流的价值观。

（五）领袖魅力在于平凡

魅力的平凡改变统治的性质，魅力平凡化就必须重视领袖的自身要求和形象。平常心要以知识为底蕴，无知识是不能拥有平常心的。平常心要以勇气为后盾，懦弱是不敢拥有平常心的。

1. 只有看淡一切，才能看清一切

英国学者帕金指出："个人魅力制一经产生，它的衰弱过程就开始了……国家的日常事务不能等待领袖的感化和惊人之举：任何持久的政权都不能仅仅依靠它的公民们对伟大人物的信仰去赢得对它的统治的服从。"领袖要别人诚服于你，自己必须行得端做得正，把持好自己，不断完善心智，调整心态。平常心是不墨守成规，不牵强附会，不察言观色，不患得患失，不人云亦云，不阶梯上屋，只有完全抛开了得失、荣辱以致生死的人才能做到。学会了看淡一切，也就能看清一切。马克斯·韦伯指出，"在很重要的方面，魅力的平凡化是与适应经济作为持续发挥作用的日常力量的条件相一致的。在这当中，经济是主导的，而不是被引导的"。领导魅力并非只有领袖人物所具有，每一个领导者都应把领导魅力的培植作为提升领导艺术的不懈追求。所有领导者都应追求领导魅力的崇高，修炼自己升华自我。高尚的人格、优良的作风、辉煌的业绩、饱满的热情、优秀的才华等是领导者魅力修炼的重要目标。领导魅力既体现为领导者的内在品质，也体现为领导者的外部行为。因此，领导者的魅力是通过外部的行为让优秀的内在品质得以充分展示，让下属追随他、欣赏他。领导魅力并不是与职俱来的，而是不断修炼和培植的结果。领导魅力的修炼无止境，一个优秀的领导者总是在领导实践中不断升华自身的魅力。领袖是工作团队的核心人物，既要把握好自己与工作伙伴之间的关系，也要懂得调适下属之间的关系。领袖人物必须学会沟通、变通、自处、如何与他人相处和建立关系的能力。最大限度地发挥自己的潜力和激发他人的潜力，从而在竞争中立于不败之地。恩格斯对马克思有这样一段评价：他像一艘整装待发的军舰，随时准备驰向任何思想的海洋。要与时俱进，富有创新意识，不按部就班，墨守成规，死气沉沉；要有敏锐的思辨能力，欢迎新事物，支持新事物，勇于接受新事物；社会变化日新月异，新生事物层出不穷。智慧是对学识加以最好利用的本领，就是识别、判断、明智和其他类似的种种能力的结合物。在圣经里，就是关于精神上和道德上真理的正确判断力。智能超过知识，知识只是事实的累积。智慧超过人类的聪颖，是超凡的识别。智慧是能洞察事物里面的知识，知道事物的真实底细，智慧包括对上帝和对复杂的人心的知识。智慧远非知识所能比。罗斯福说，智慧知识是及时聪明的事情。知道事实之后就很快作决定，是真正领袖的标志。活力代表着生机，代表着希望。华伦·宾尼斯强调，一个领袖应具备的六项质素：远见，身为领袖，必须具备清晰的前景，知道你要达到的目标和遇到阻力时有解决难题之能力。热忱，对自己追求的目标执著，而且内心散发热忱，影响追随者义无反顾，勇往直前。正直，有自知之明，言出必行。诚实，值得信赖，因敢于对己对人坦白，亦勇于面对困难。好奇，对任何事情都有好奇心，对有趣之事物加以学习或寻求解释。勇敢，不怕困难，勇于尝试、冒险、创新，不怕失败。学习是综合的学习，向书本学、向实际学、向同行学，要做到虚心向部下学。尺有所短，寸有所长。经常想到"贤人在于野"的古训，谦虚谨慎，不耻下问。据《湖北文史资料》1994 年第 1 期载，1950 年，中华人民共和国成立后的第一个春天，人们满怀喜悦之情，纷纷购回毛泽东彩色标准肖像，张贴在家里最显眼的地方。湖北省大冶县铜山口朱村的铁匠朱其升，瞧见毛泽东的彩色肖像，眼睛突然一亮，这面相好熟，走近仔细辨认，朱其升暗暗揣测，下巴上的那颗大痣是不会错的，难道就是润之弟，做了这么大的官了。1952年，朱其升到汉口，走街串巷给人修伞。他托夜校的孟老师给毛泽东写了一封信，没想到过不了多久就收到了北京的回信。当他小心翼翼地拆开信封，写在中央人民政府革命军事委员会信笺上挺拔的毛笔字展现在眼前。朱其升恭敬地将信纸递给孟老师，当孟老师读出其升兄三个字时，这位与毛泽东同过甘苦、共过患难的老实铁匠，顿时热泪盈眶。他心潮澎湃，激动地说，润之弟做了这么大的官还没忘记我这个普普通通的老百姓。孟老师继续读信，"其升兄：来信收到，甚为高兴，寄上人民币二百万元（旧币，折合现在的人民币200元），聊作小贸资本。彭友胜尚在人间，曾有信来。知注附告。顺祝，兴吉。毛泽东，一九五二年八月三十日。"当信读完时，朱其升仿佛又回到了几十年前的岁月。1911年，辛亥革命爆发，正在长沙求学的毛泽东来到军营，要求参加革命军。可负责接收新兵的长官说，你想参加革命军，必须有可靠的我们熟悉的人担保，这是上级的规定。毛泽东一再要求说："我是学生，不少同学都参加了学生军，这里只来我一个人，找谁担保呢？"负责人说，没人担保我不敢收。正在这时，已当兵两年的朱其升从军营出来，和蔼地问，这位兄弟，你有什么事。毛泽东看见这人讲礼貌，说话和气，就将前来投军的想法、自己的身世如实地告诉了他。朱其升询问了毛泽东的一些情况后，就进兵营找到好友彭友胜说，这位弟兄愿意参加革命军，无人担保，我们为他担保。彭友胜表示同意，就这样经彭友胜、朱其升担保，上司同意，毛泽东以"毛润之"的名字编入革命军，当了一名列兵。毛泽东和朱其升所在军队为湖南新军步兵第五十标第一营左队。在新军里，毛泽东和朱其升关系密切。朱其升是老兵，在生活和军事方面处处关心毛泽东。毛泽东刚入伍，没有发军衣和毛毯，朱其升将自己新发的棉衣给他穿。天气转冷，朱其升又要毛泽东与自己同床共被。有时还帮助毛泽东擦拭枪支。毛泽东聪颖过人，又有文化，对军事常识，一听就懂，一学就会。空余时间，毛泽东就教朱其升他们读书、写字。在毛泽东的细心辅导下，只读过3年私塾的朱其升大有长进。新中国成立后朱其升还常说，我之所以现在能记账、写字、做生意、办工厂，多亏毛润之的帮助。

2. 只有自然平凡，才能始然伟大

不同性格和不同的领导风格都是一种客观存在，社会要形成一种宽松氛围理智对待。要宽容对待不同的个性和不同的工作风格。凡为领导者，无不希望自己有凝聚力，像一块巨大的磁石，把部属牢牢地吸引在自己周围，以自己为首脑，部属为手足，无条件地服从自己的指挥。领袖应具备正直的素质，永远不忘目标，在目标与原则之间平衡，正直有原则。领袖应具备诚实的素质，反映追随者之价值和理想，领袖不是特权而是责任，职责是服务。领袖应具备聆听的素质，他听取接受服务者意见，但不囿于公众意愿，测试意见探索各方面可行性。领袖应具备尊重的素质，部属其实是追随者，对追随者要尊重，并对自己言行坚信不疑。宽广胸怀是领导干部一项基本素质，处在特殊地位，发挥着特殊的作用。大千世界，不同的生长环境，不同的教育程度，不同的人生历程，加上不同的遗传细胞等综合因素，构成千姿百态的性格特征，构成不同的领导风格。但有些人却无凝聚力，闹得人心涣散、众叛亲离，人皆盼其早点儿下台，自我却感觉良好，直到栽了跟头狼狈垮台，部属拍手称快乃至燃鞭相庆时，才大悟让部属厌憎已久。以权力为宝刀，办事凡经己手，必宰之割之。麻木不仁，对民众的疾苦，视若无睹，置若罔闻，百姓遭遇不公，毫不动容。对作假浮夸者，大加奖赏。不学无术，昏聩糊涂，却自以为天纵英明，事事皆懂。公道正派的领袖人人尊重，法国前总统希拉克身为父亲，他的内心深处却隐藏着一份多数父亲没有经历过的痛苦，长女患有严重厌食症。希拉克共有两个女儿，小女儿克洛德是父亲在政治上的得力助手，大女儿洛朗斯则从来没有和家人一起在公众面前出现过。洛朗斯从 15 岁起就患上了饮食紊乱症，这些年来曾多次试图自杀，不得不长期隔离护理。第一夫人透露她和希拉克像其他父母一样，对女儿的病感到茫然和无助。这些年来，洛朗斯变得越来越压抑，自杀倾向也越来越严重，而身为总统的希拉克唯一办法就是保持沉默。克林顿与一个小孩也有过一件趣事。克林顿到医院探视病人，有一位小孩突然钻到他的身边。这个小孩不断地看着克林顿，什么话都不说，就这样沉默了几秒钟之后，克林顿首先开口：你有什么话要跟我说吗？小孩用洪亮的声音说，我想要你的签名！克林顿露出微笑，拿起名片，很快地写上名字，正要交给小孩，小孩又要求说：我可以要四张吗？克林顿一脸笑意：为什么要这么多张？一张不够吗？小孩回答他：我要用三张你的签名去换迈克尔·乔丹的一张签名照，剩下的一张我会收藏起来。克林顿并没有因此而不高兴，他接连拿出三张名片，都签上了名字，并且说，我所疼爱的一个侄子，最喜欢迈克尔·乔丹，改天有空我也要帮他去换一张迈克尔·乔丹的签名照。高山离人们越近，就越高不可攀。真正明智的大人物，没有这种高山的近距离效应。特里莎修女是阿尔巴尼亚人，早年曾在英国受教育，后来她决定将自己的一生奉献给天主，于是她做了修女。因为年纪大了，大家都尊称她为"特里莎嬷嬷"。特里莎选择了印度作为她终身献身的地方，可是她到了印度才发现，大部分的印度人没有穿鞋，因为印度太贫穷了，所以她把自己的鞋子脱掉了。人家就问她："特里莎嬷嬷，你为什么不穿鞋啊？"特里莎说："我服务的印度大众都没有鞋穿，我穿上鞋子就感觉自己跟他们的距离太遥远了"。南斯拉夫内战爆发以后，特里莎跑去找到那些指挥官，说南斯拉夫战场上还有很多可怜的女人和孩子没有逃出来。那些指挥官说他们也没有办法，于是特里莎说自己要亲自到战场去。结果，当特里莎走进战区时，双方在望远镜里一看到她就立即停火了，等到特里莎把女人和孩子带出战场后又继续打了起来。最后，特里莎在印度逝世。出殡的时候，身上盖的是印度国旗，印度为她举行国葬，12个印度人抬着特里莎的遗体。当特里莎的遗体在印度大街上行进的时候，印度总理跪在地上，内阁大臣跪在地上，两边高楼大厦上的印度人全都下来跪在地上，没有人敢站得比她高。这就叫奉献，这就叫牺牲，这就叫伟大的人格魅力。

后　记

人事经而无返，文化进而无极。伟大时代的发展，需要这样一些人。他们是领跑者，具有远大抱负、远瞩高瞻、远见卓识。他们是领袖者，以国家兴盛为己任，以民族利益为职责，以人民大众为旨归。他们是国家的栋梁，民族的伟岸，人民的希望。我将他们的思想、作用、权威、统御、根性、品类、特质、魅力等写出来，让更多的人分飨。《领袖方略论》书稿杀青后，思绪浩叹，想起第一本《用人方略论》出版后，激发了写作热情，并坚持每三年写一本专著，以不断提高和升华自己。实际上写作的过程就是学习的过程，工余走笔，挑灯夜战，练笔即练心。担任领导工作常遇"工学"矛盾、"工写"矛盾，有时甚至想搁笔，但记起坚持到底、永不放弃的两句话，也就不断增强创作的意念。于是，扛得住工作繁忙、时间紧迫的压力。于是，挡得住优裕生活的侵扰。于是，无休闲地完成了这本《领袖方略论》。

　　《领袖方略论》截稿，人民出版社的同志提出，要把方略论系列重版组合成领导科学的套书，我又将十八年前的《用人方略论》作了较大修改。在写作中参阅了大量文献资料，从中得到不少启迪。中国书法家协会张海主席亲笔题写了书名，人民出版社社长兼党委书记黄书元亲自作序。吴学金、李椒元、陈光耀先生，肖辉女士给予很大支持，在此表示感谢！

　　我写《领袖方略论》的目的是使杰出的人物更加杰出，优秀的人才更加优秀。愿方略在手，成功拥有。

王永生

二〇一一年六月